LOKOMOTIVEN

Von den Anfängen bis heute

ZENTNERS ILLUSTRIERTE

CHRONIK

LOKOMOTIVEN

Von den Anfängen bis heute

OTUS

Inhalt

Vorherige Seite: Noch dominieren Pferd und Kutsche. Zeitgenössische Darstellung von den Anfängen der Eisenbahn in England im 19. Jahrhundert.

Rechts: Mittelstück einer Dampflokomotive der Baureihe 23, mit der die Deutsche Bundesbahn 1959 die letzte Dampflok in Betrieb genommen hat.

Nachfolgende Seite: ICE 3 und TGV im Gare de l'Est in Paris. Der seit Juni 2007 zwischen Frankfurt am Main und Paris verkehrende ICE 3 erreicht dabei auf der französischen Neubaustrecke eine Geschwindigkeit von 320 km/h, die höchste von einem ICE-Triebzug im planmäßigen Reisezugverkehr erreichte Geschwindigkeit.

DB

SNCF
501

ROCKET

VON DEN ANFÄNGEN

Am 27. September 2005 feierte England „180 Jahre Eisenbahn“. Die „Stunde Null“ war dabei ziemlich willkürlich festgelegt worden: auf die Fahrt eines Zuges zwischen Stockton und Darlington, der an jenem Herbsttag im Jahre 1825 zum ersten Mal nicht nur Kohle oder Erz, sondern auch Personen mit der Kraft der Dampflokomotive „Locomotion“ beförderte.

Schon zuvor aber, im Februar 1804, fuhr der erste mit Dampfkraft bewegte Eisenbahnzug der Welt auf der Hüttenwerksbahn von Merthyr Tydfil in Süd-Wales. Die Lokomotive hatte Richard Trevithick gebaut, der schon zwei Jahre zuvor Aufsehen erregte, als er mit einem Dampfwagen über die Landstraße von Redruth nach Plymouth kutschierte. Bis George Stephenson zehn Jahre später mit seinem Erstlingswerk, „Mylord“ genannt, in den Lokomotivbau eintrat, entstanden zahlreiche Dampfwagen, jedoch keineswegs auf dem Weg geradlinigen Fortschritts.

Trevithicks Lokomotive wies bereits allerhand Merkmale einer wesentlich späteren Entwicklungsstufe auf. So verwendete er für seine Dampfmaschine erstmals „Hochdruck“ von rund fünf Atmosphären, was James Watt zu der Äußerung veranlasst haben soll, sein Konkurrent verdiene einen Strick um den Hals.

Doch die Dampfmaschine erreichte damit bei kompakter Bauweise höhere Leistung und konnte so erstmals mit einem Fahrwerk versehen werden. Außerdem handelte es sich um eine doppelt wirkende Maschine: Der Kolben wurde von der Dampfkraft nach beiden Seiten bewegt. Besonders bemerkenswert erscheint jedoch, dass die Lokomotive mit ihren eisernen Rädern ohne Weiteres auf eisernen Schienen lief. Trevithick berichtet in einem Brief von der ersten Fahrt dieser ersten Dampflok am 13. Februar 1804, die Maschine habe auf fünf Wagen zehn Tonnen Fracht und zusätzlich siebzig Mann in vier Stunden und fünf Minuten über die neun Meilen lange Strecke gezogen – das waren knapp 15 km. Obwohl das Experiment als voll geglückt gelten konnte, wurde die Dampfmaschine – wie vorgesehen – wenig später als Walzwerkantrieb verwendet, das Fahrwerk wieder entfernt.

Bild oben: Eisenbahnpionier Richard Trevithick.

Linke Seite: „Rocket“, erste betriebstüchtige Dampflokomotive, die von Robert Stephenson 1829 in Newcastle gebaut wurde. Die Lok war mit Heizrohrkessel, wasserumspülter Feuerbüchse, 2 Sicherheitsventilen sowie einem Schlepptender für Koks und Wasser ausgerüstet.

Nachdem Trevithick noch einige andere Lokomotiven gebaut und 1808 auf einem Rundkurs für das Londoner Publikum Fahrten nach Zirkusmanier mit seiner „Catch me who can“ (Fang mich, wer kann) für einen Schilling pro Kopf veranstaltet hatte, ging er nach Südamerika. Auf die weitere Entwicklung der Lokomotive hatte er keinen Einfluss mehr.

Die ständig steigenden Transportbedürfnisse drängten auf Ersatz der Pferde durch leistungsfähigere Antriebe, wofür Trevithicks Versuche gewissermaßen die Initialzündung bildeten. Die Entwicklung schlug indessen zunächst einen zeitraubenden Irrweg ein. Das geringe Gewicht der Lokomotiven erlaubte nur geringe Anhängelast und genügte zur Überwindung spürbarer Steigungen nicht: Die Antriebsachsen „drehten durch“. So entstand die irrige Annahme, die Reibung zwischen Rad und Schiene sei grundsätzlich zu gering, um schwerere Züge auf Eisenbahnen ohne zusätzliche Hilfsmittel vorwärtszubewegen. John Blenkinsop konstruierte daraufhin eine Zahnradlokomotive und Schienen dazu, an die auf einer Außenseite eine Zahnstange als festes Gegenstück zum Antriebszahnrad der Lokomotive angegossen war. Damit konnte die volle Maschinenkraft ausgenutzt werden. Auf der Middleton-Kohlegrube in der Nähe von Leeds in Yorkshire wurde am 12. August 1812 die „Prince Regent“ als erste Lokomotive nach diesem System in Betrieb gesetzt. Drei weitere folgten 1813: „Salamanca“ und „Marquis Wellington“; der vierte Name ist nicht sicher überliefert: „Lord Wellington“ oder „Marquis Wellesley“. Der Zahnradbetrieb blieb auf dieser Zechenbahn bis 1835 bestehen. Immerhin sind dort zum ersten Mal Dampflokomotiven nicht nur für einen kurzen

Versuch, sondern für den regulären Betrieb eingesetzt worden. Für damalige Verhältnisse haben sie sich sogar bewährt. Die Middleton-Railway bei Leeds gilt heute als die älteste Eisenbahn der Welt. Am 9. Juni 1758 war sie mit der ersten königlichen „Bahnkonzession“ der Welt als „Waggonway“, Wagenweg, auf dem Grubengelände ins Leben gerufen worden.
Das vermeintliche Reibungsproblem führte noch zu anderen, teils kuriosen Konstruktionen: etwa einer völlig räderlosen Lokomotive, die William Brunton entwickelte und die auf Beinen und Füßen, einem Elefanten ähnlich, voranschritt.
In Deutschland baute 1816 Preußens Kgl. Eisengießerei in Berlin unter Heinrich Friedrich Krigar die erste Dampflokomotive, die der von Blenkinsop entwickelten ähnelte und

Linke Seite oben: „Invicta", Dampflokomotive, die von 1803 bis 1804 im Auftrag der Pennydarren-Eisenwerke in Süd-Wales von Richard Trevithick gebaut wurde. Sie soll 16 Tonnen Last befördert und eine Geschwindigkeit von 6-8 km/h erreicht haben. Nach 5-monatiger Betriebszeit wurde die „Invicta" in eine ortsfeste Dampfmaschine umgebaut, da die gusseisernen Schienen der Beanspruchung nicht standhielten.

Linke Seite unten: „Catch me who can", Trevithicks zweiter Versuch, 1809; als Publikumsattraktion auf dem Euston Square in London.

Bild rechts: John Blenkinsop konstruierte die erste Zahnradbahn der Welt, weil er die Möglichkeit der Kraftübertragung zwischen Rad und Schiene unterschätzte.

ebenfalls für Zahnradbetrieb vorgesehen war. Nach Probefahrten auf einem Versuchsgleis in Berlin wurde sie nach Oberschlesien gebracht, wo sie Kohle von der Königsgrube zur Königshütte transportieren sollte. Wegen konstruktiver Mängel, vor allem zu geringem Zylinderdurchmesser, scheiterte der Einsatz. Offenbar bestanden auch Schwierigkeiten mit der Gleisanlage: Die Spurweite soll nicht gestimmt haben. Immerhin arbeitete die Maschine dann in einer stationären Anlage auf der Zinkhütte Lydonia. Gleichermaßen als untauglich erwies sich eine zweite Dampflokomotive der Berliner Eisengießerei, die 1818 für 3176 Taler, 11 Silbergroschen und 9 Pfennige ins Saarland geliefert wurde. Sie sollte den Kohletransport auf dem 1,7 km langen, 1821 fertiggestellten Friederiken-Schienenweg von den Gruben Bauernwald und Großwald zur Verladestelle in Luisenthal an der Saar übernehmen. Seit 1819 bemühten sich mehrere namhafte Mechaniker, die Maschine auf einem rund vierzig Meter langen Gleis in Geislautern bei Völklingen in Gang zu setzen. Doch alle Versuche scheiterten, obwohl sie sich über mehrere Jahre hinzogen. Schließlich brachte die zweite deutsche Lokomotive 1835 nur noch 334 Taler, 6 Silbergroschen und 7 Pfennige für „altes Eisen".

Indessen unternahm William Hedley, der an der Notwendigkeit der Kraftübertragung mit Zahnrädern zu zweifeln begonnen hatte, auf der Wylam-Kohlegrube bei Newcastle-upon-Tyne erste, beinahe wissenschaftliche Untersuchungen über die Reibungsverhältnisse zwischen eisernen Rädern und eisernen Schienen. Zahlenmäßige Ergebnisse sind zwar nicht bekannt, doch führten diese Versuche die Entwicklung wieder auf die ursprünglich glatten Schienen und glatten Räder zurück. Unmittelbares Ergebnis war die von William Hedley im Sommer 1813 fertiggestellte „Puffing Billy". Sie ist im Original erhalten, allerdings mit Änderungen, die während ihrer Betriebszeit bis zur Stillegung der Grube 1862 vorgenommen wurden. Die nur wenig später in Betrieb gesetzte „Wylam Dilly" blieb ebenfalls erhalten. Im Deutschen Museum in München steht eine 1906 durch die Bayerischen Staatseisenbahnen originalgetreu nachgebaute „Puffing Billy".

Ein neuer Zweig des Bauwesens

Seit der Römerzeit waren keine so monumentalen Verkehrsbauwerke mehr entstanden wie zu Beginn des Eisenbahnzeitalters. Aus dem frühen 18. Jahrhundert sind Brücken erhalten, die sich mit römischen Aquädukten ebenso messen lassen wie mit neuzeitlichen Eisenbahnviadukten. Als bekanntester gilt der 1727 errichtete Causey-Tanfield-Arch bei Consett in der englischen Grafschaft Durham; die Spannweite seines steinernen Bogens misst mehr als dreißig Meter. Die darüberführende Kohlebahn ist zwar schon um 1800 stillgelegt worden, der Viadukt hingegen steht noch heute.

Trotz der vielfach nötigen kostspieligen Kunstbauten entwickelten sich schon im 18. Jahrhundert überall in England Bahnen, deren Bau und Betrieb im Hügelland billiger war als Kanäle. Freilich handelte es sich meist nur um kurze Verbindungen von Gruben zur Verarbeitungsstätte oder zur nächsten schiffbaren Wasserstraße. Nach und nach ergaben sich jedoch immer mehr Berührungs- und Kreuzungspunkte, so dass bereits von einem Netz gesprochen werden konnte. Damit begann der Bahnbau, eine eigene Disziplin zu bilden, wobei die „Mechaniker" durchaus noch universell in der Technik bewandert sein konnten. So kam George Stephenson, einer der Wegbereiter der Eisenbahn, vom Maschinenbau. Zunächst legte er die Strecke zwischen Stockton und Darlington an, deren Eröffnung den Beginn des eigentlichen Eisenbahnzeitalters markiert.

Stockton – Darlington

Die Kohlevorkommen im südlichen Durham um das Städtchen Bishop Auckland warfen trotz ihrer Ergiebigkeit längst nicht den Gewinn ab wie andere, die in leichter zugänglichem Gebiet und näher am schiffbaren Tyne lagen. Um diesen Standortnachteil auszugleichen, drängte sich schon um 1820 eine Schienenverbindung auf. Es hätte sich um eine von vielen gehandelt, wäre nicht George Stephenson 1821 mit dem Bau beauftragt worden und hätte er nicht darauf bestanden, wenigstens Teile der 35 km langen Strecke Shildon – Darlington – Stockton für Lokomotivbetrieb einzurichten.

Wegen der schwierigen Geländeverhältnisse sah Stephenson, Betriebsleiter in der Zeche Killingworth, auf der stärksten Steigung statt Lokomotiven oder Pferden ortsfeste Maschinen vor und im Gefälle Schwerkraft-

Bild oben: Mit seiner 1813/14 gebauten zahnradgekuppelten „Puffing Billy" bestätigte der englische Lokomotiv-Ingenieur Hedley, dass der Kraftschluss zwischen „glatten eisernen Rädern und Schienen" bei üblichen Steigungsverhältnissen für die Zugförderung ausreicht.

Linke Seite: Am 27. September 1825 fuhr mit der von G. Stephenson konstruierten „Locomotion" der erste Einsenbahnzug der Welt mit Personenbeförderung von Stockton nach Darlington.

betrieb mit Seilen. So zeichnete die Bahn eher aus, dass sie von vornherein auch die Beförderung von Personen vorsah. Im Herbst 1825 war es soweit: Am 27. September stand der erste Zug abfahrbereit.

Hinter der von Stephenson gebauten Lokomotive mit dem Namen „Locomotion" liefen der Tender, sechs mit Kohle beladene Güterwagen, der erste und einzige Personenwagen für die Ehrengäste, einundzwanzig extra für die Eröffnungsfahrt mit Sitzbänken ausgestattete Wagen und schließlich abermals sechs Kohlenwagen. Mit nahezu 70 Tonnen Anhängelast wurde die nagelneue „Locomotion" einer harten Prüfung unterzogen. Sie bestand sie, wobei ihr zugute kam, dass der Zug wegen der Menschenmenge mehrmals halten musste, so dass immer wieder „Dampf gemacht" werden konnte. Freilich offenbarte die „Locomotion" bald allerhand Mängel. Außerdem litt sie unter mangelhafter Bedienung. So soll am 1. Juli 1828 gar ihr Kessel explodiert sein, wobei jedoch niemand ernsten Schaden nahm. Nach der Instandsetzung und einigen Umbauten blieb sie bis 1841 im Dienst, wurde später noch sieben Jahre lang als stationäre Maschine verwendet und 1857 am North-Road-Bahnhof in Darlington als Denkmal aufgestellt. Im Laufe der Jahrzehnte war sie mehrfach

auf großen Ausstellungen zu sehen. Zuletzt nahm sie auf dem Querbahnsteig der Station Bank Top in Darlington einen Ehrenplatz ein. Anlässlich des 150-jährigen Bestehens der Bahn im Herbst 1975 kehrte sie zur North Road Station zurück. Dieser älteste noch betriebene Bahnhof der Welt wurde damals renoviert und teilweise zum Museum umgestaltet.

Anfangs fuhren zwischen Stockton und Darlington keineswegs nur Züge mit Dampfkraft. Die Bahn diente, ähnlich einer Straße, als Fahrweg für jedermann, natürlich gegen Gebühren. So wechselten auf der eingleisigen Strecke Güterzüge mit Dampflokomotiven, temperamentvoll geführte Pferdekutschen und sogar Postkutschen eines anderen Unternehmens einander ab. Pferdewagen mussten Lokomotivzügen grundsätzlich auf Nebengleisen ausweichen, und wer zurücksetzen musste, ließ sich an

Markierungssteinen exakt auf halbem Weg zwischen den Ausweichstellen feststellen. Ein Reglement bestimmte die Vorfahrt, Polizisten hatten dessen Einhaltung zu überwachen – und von Fall zu Fall das Feuer zu löschen, das die Dampflokomotiven durch Funkenflug immer wieder entfachten. Kein Wunder, dass auch hier protestiert und prozessiert wurde. Doch zwischen Stockton und Darlington kam die Lokomotive „über den Berg". Unaufhaltsam dampfte sie nun in die Zukunft.

England vorn

In England also hatte Trevithick 1804 die erste Dampflokomotive der Welt in Gang gesetzt, 1812 begann auf der Middleton-Grube der reguläre Dampfbetrieb, 1825 fuhr von Stockton nach Darlington der erste Dampfzug mit Personenbeförderung. Wenn es um Maschinen ging – und dazu zählten nun auch die Lokomotiven –, blickte die Welt nach England.

Kein Wunder, dass dort der Bahnbau weiterhin die größten Fortschritte machte. Freilich blieben Rückschläge nirgends aus. So verzögerte sich auch die erste Bahn, die von vornherein für Personen- und Güterverkehr mit Dampflokomotiven geplant war: die Verbindung Liverpool – Manchester. Zwischen beiden Städten bestand bereits ein Kanal im Besitz einer Aktiengesellschaft. Wen wundert es, dass die Aktionäre das baureife und finanziell gesicherte Vorhaben zu hintertreiben suchten.

Es gelang ganz einfach: Eine Denkschrift verleumdete das Unternehmen als lächerlichen Schwindel, die Lobby im Parlament sorgte für Verbreitung, und die Konzession wurde prompt verweigert. Für die Stockton-Darlington-Bahn hatte es weniger Widerstand gegeben. Ihr Erfolg verhalf dem ansich schon älteren Projekt Liverpool – Manchester bei einem erneuten Anlauf im Parlament schließlich zum Erfolg: Die Konzession wurde erteilt, die Bahngesellschaft am 15. Mai 1826 gegründet.

Die Liverpool-Manchester-Eisenbahn unterstrich die führende Stellung Englands auch beim Bahnbau. Als erste Strecke wies sie alle Merkmale einer „modernen" Eisenbahn auf: Lokomotivbetrieb, sämtliche Verkehrsarten, zweigleisige Strecke, Bahnhöfe mit Ausweich- und Rangiergleisen, einen Tunnel, kunstvolle Viadukte, zahlreiche Fahrzeuge und einen Fahrplan.

Der Bahnbau lag in der Hand von George Stephenson, der sich ganz dem Streckenbau zugewandt hatte und hier ebenfalls Pionierarbeit leistete. Geradezu wörtlich gilt das für die Trassenführung durch das berüchtigte Katzenmoor, das seit Menschengedenken als grundlos galt und in dem Ruf stand, Pferd und Reiter zu verschlingen. Stephenson bezwang das Moor mit weniger als fünfzehn Prozent der veranschlagten Baukosten.

Bald wurde die Strecke Liverpool – Manchester das Ziel neugieriger Besucher aus vielen Ländern Europas, wo die Kunde von den vorteilhaften Eisenbahnen das Interesse der Fortschrittlichen weckte. Wegen

Bild oben: Zur Hundertjahrfeier der Eisenbahn wurde 1925 auf der Strecke von Stockton nach Darlington eine originalgetreue Fahrt der ersten Eisenbahnfahrt veranstaltet.

Oben links: Emblem der Stockton-Darlington-Linie.

ihrer Bedeutung für die Eisenbahngeschichte lohnt sich der Blick in einen zeitgenössischen Bericht über die Liverpool-Manchester-Eisenbahn:

Liverpool – Manchester 11 Stunden

Liverpool und Manchester liegen 26 englische Meilen oder 11 Stunden auseinander. Das sie trennende Terrain ist ein wellenförmiges und bot für die Führung eines horizontal. Wegs die größten Schwierigkeiten dar. – Die Bahn ist doppelt, also vierspurig. Zu ihrem Bau wurden Schienen von Schmiedeeisen und die T-Form gewählt. Sie bestehen aus Stäben von 15 Fuß Länge, deren Bahnfläche 2 1/6 Zoll Breite hat. Das Gewicht eines Stabes bestimmte man auf 180 Pf. Jeder Stab (Schiene) der Bahn sollte auf 5 Stühlen und ebenso viel Tragsteinen ruhen, welche folglich 3 Fuß voneinander abzustehen hatten. Die Masse jedes Tragsteins ist 4 Kubikfuß. Die 4 Geleise sollten gleichweit 4 F. 8 Z. voneinander entfernt seyn, und die Bahn selbst nur einen Zoll über den mit feinem, fest gestampftem Kies überschütteten Boden hervorragen. Als Maximum der Steigung bestimmte man zwei Procent voraus. – Auf diese Bedingungen übernahm der Architekt Stephenson, einer der geschicktesten Männer seines Fachs in England, die Leitung des Baues.

Die Bahn beginnt zu Liverpool am Hafen. Vor diesem breitet sich auf einem ansteigenden Terrain die Stadt von Abend nach Morgen in der Richtung aus, die der Weg zu nehmen hatte. Man mußte diesen also unter der ganzen Stadt wegführen. Es geschah durch einen Tunnel, der 5/4 englische Meilen lang ist, und mit einer Steigung von 123 Fuß auf dieser Strecke von etwa 6000 Fuß (also von fast zwei Procent) bei Edgehill zu Tage ausläuft ... Vom Ausgange des Tunnels bis Olivemount ist eine Meile, und die Bahn hat auf dieser Strecke eine geringe Neigung von etwa 1/ooo. Bei Olivemount war eine steile, felsige Anhöhe von fast zwei Meilen Länge zu durchschneiden, ein ungeheures Werk, so schwierig, als der Tunnel; denn der Einschnitt beträgt an vielen Stellen 70 Fuß senkrechte Höhe. Um ihn zu bewerkstelligen, wurden an 1 1/2 Millionen Kubikfuß Steine ausgebrochen. Auch mußte man, wegen des Querzugs mehrer Straßen, an verschiedenen Stellen Brücken über die Schlucht führen, auf deren Sohle die Bahn hinläuft. Jenseits des Ein-

***Bild oben:** Eröffnung der Liverpool-Manchester-Bahn am 15. September 1830.*

***Bild links:** Die von George Stephenson erbaute Linie von Liverpool nach Manchester wies die Spurweite von 4 Fuß 8 1/2 Zoll auf, aus der sich die Normalspur von 1435 Millimetern entwickelte.*

schnitts galt es, durch ein stundenlanges tiefes Thal (Roby and Broadgreen) einen Damm zu führen, 15 bis 45 Fuß hoch und 60 bis 135 Fuß auf seiner Basis breit. Von da ab läuft die Bahn in sanfter Neigung nach Whiston, drei Stunden von Liver-

pool, nachdem sie vorher die tiefer liegende Liverpooler Chaussee auf einem Viadukt überschritten hat. Hinter Whiston hat der Eisenweg auf halbstündiger Strecke eine Steigung von mehr als 2 o/oo. Am Fuße dieses Hügels stehen, in einem Gebäude, geheizte Vorspannmaschinen bereit, welche die Auffahrt der Wagenzüge bis zur Höhe unterstützen. Dann folgt eine durch streckenweise Ausgrabungen vollkommen wagerecht gemachte Strecke über Reinhill-Plain, und von da geht die Bahn mit einer Neig. von 1 o/o zum Parr-Moor hinab, durch welches sie auf einem 25 F. tiefen viertelstünd. Steindamm geführt werden mußte. Nicht weit davon, bei Sankey, halben Wegs nach Manchester, zieht sie auf einem prächtigen Viadukt von 1000 Fuß Länge, und auf neunzehn, 60 bis 70 Fuß hohen Steinbögen über das Sankeythal, dann mittels eines langen Dammes durch den Flecken Newton und hinter demselben abermals auf hohen Dämmen u. einer Brücke v. 4 Bögen, über einen Grund, in dessen Tiefe ein schiffbarer Fluß strömt und die Landstraße sich hinzieht. Die Brücke ist so hoch, daß die Fahrzeuge mit vollen Segeln darunter wegfahren können. – Ein abermaliger Hügel-Durchschnitt folgt, der länger und tiefer als alle übrigen ist. Man mußte drittehalb Mill. Kubikfuß Thon u. Sand ausgraben. Weiterhin begegnete man einer noch größern Schwierigkeit in einem ungeheuren Sumpfe, dem Katzenmoor, das man in seiner geringsten Breite von 1/2 Stunde passiren mußte. Viele Sachverständige hatten die Ausführung der Bahn durch denselben für unmöglich gehalten; der Voranschlag der Kosten dieses Sumpfbaus war allein 1/2 Mill. Thaler. Stephenson vollführte ihn durch einen theils auf Hürden und Pfahlwerk ruhenden Erddamm von 10 bis 20 Fuß Tiefe mit dem geringen Aufwande von 200.000 Thaler ... Hat man den Sumpf verlassen, so zieht die Bahn, immer fast wagerecht, auf schöner Brücke über den Bridgewater-Kanal. In der Nähe ihres Zieles, zw. Manchester und Eccles, mußten abermals Höhen durchschnitten und Thäler überdämmt werden, um eine

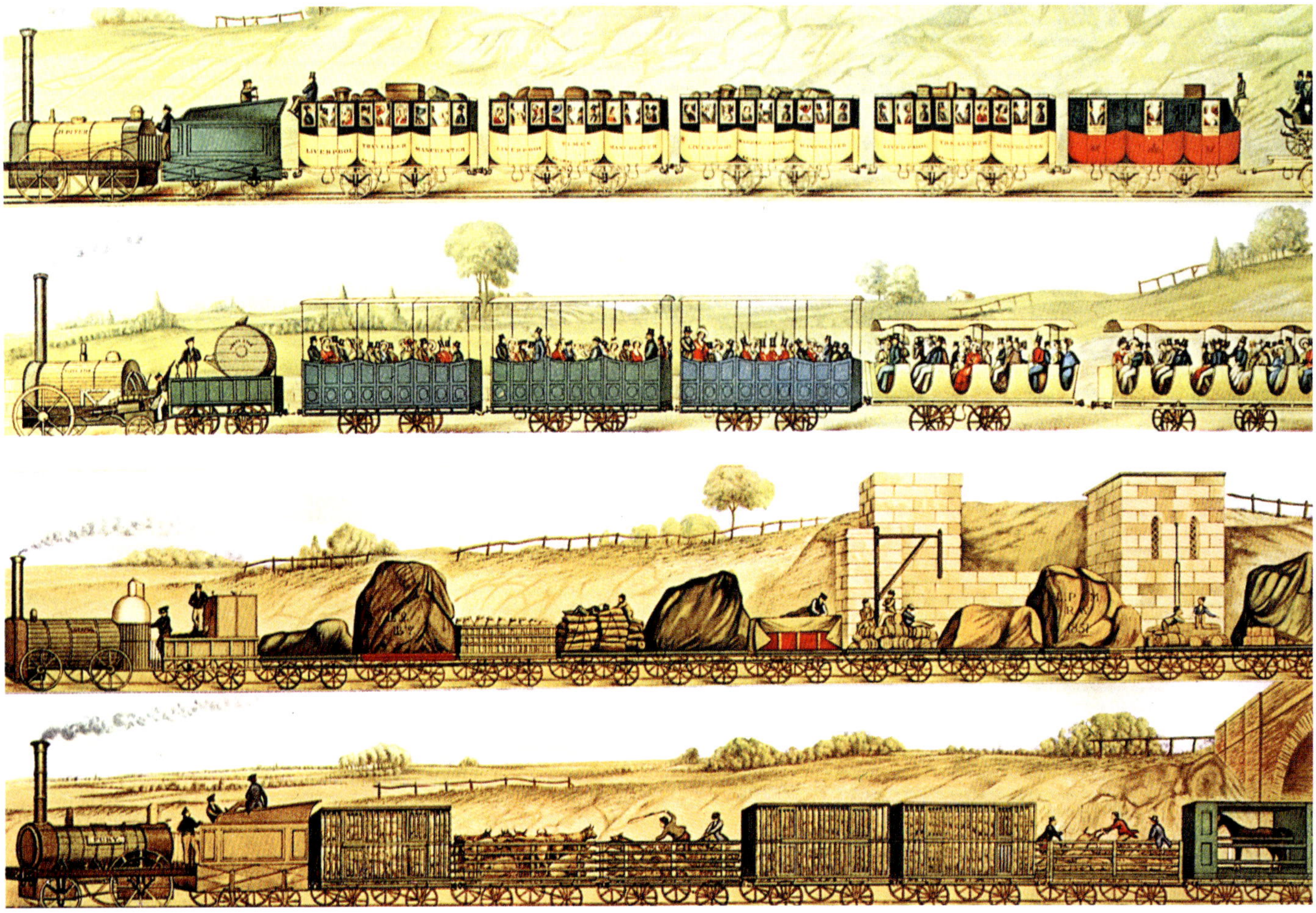

horizontale Fortsetzung des Wegs zu ermöglichen, und nachdem er kurz vor Manchester noch einen prächtigen Viadukt von 22 Bögen gebildet hat, endigt er auf dem Bahnhof. Das ganze Werk hat, mit Einschluß der Gebäude (Wohnungen, Magazine ec.), Maschinen ec. etwa 6 Millionen Thaler gekostet. Es wurde im Sommer 1830 vollendet, und am 1. September [richtig: 15. September] desselben Jahres dem öffentlichen Gebrauche übergeben“. Den Bau verfolgte „die ganze gesittete Welt mit Spannung und Theilnahme“, zumal die Prognosen über den Erfolg meilenweit differierten: „Man machte zwar Wahrscheinlichkeitsberechnungen in Menge; aber sie standen alle auf hypothetischen Prämissen, folglich in der Luft, und konnten schon deshalb kein Vertrauen gewinnen, weil sie in ihren Resultaten himmelweit voneinander abwichen. Die einen weissagten den Ruin des Unternehmens und den Totalverlust des Kapitals, die günstigsten sagten einen mäßigen Gewinn voraus. Die Erfahrung warf sie alle über den Haufen. –“

Weitblick und Spekulation

Als erster Vorkämpfer der Eisenbahn auf dem Kontinent gilt Franz Joseph Gerstner, Gründer der Technischen Hochschule Prag, der wissenschaftliche Abhandlungen über Eisenbahnen verfasste und schon 1807 eine Verbindung zwischen Moldau und Donau vorschlug. Doch erst sein Sohn, Franz Anton Ritter von Gerstner, erhielt 1824 die Konzession dafür. Als Pferdebahn Budweis – Linz steht die Strecke in der europäischen Eisenbahngeschichte an erster Stelle.

Ebenfalls schon 1807 entwickelte Josef Baader in München seine Gedanken „zu einer neuen kommerziellen Verbindung des Rheins mit der Donau durch eine Straße mit Eisenbahnen“; 1814 legte er den Plan zum Bau einer Pferdebahn von Nürnberg nach Fürth vor, die gut zwei Jahrzehnte später als erste Dampfeisenbahn Deutschlands tatsächlich gebaut wurde. Der inzwischen geadelte Josef Ritter von Baader veröffentlichte 1822 seine Schrift „über ein neues System der fortschaffenden Mechanik“. Obwohl er von Bayerns König Ludwig I. Zuschüsse erhielt und am 4. April 1825 seine Eisenbahn im Schlossgarten zu Nymphenburg vorführen konnte, drang er mit seinen Vorstellungen nicht durch.

Ähnlich ging es in Westfalen dem Fabrikanten und Abgeordneten Friedrich Harkort, der schon vor Eröffnung der ersten Eisenbahn in England 1825 mit einem Artikel in der Hagener Zeitschrift „Hermann“ für den Bau von Eisenbahnen in Deutschland eintrat. Harkort, der vor allem Bahnverbindungen zwischen Köln und Minden (Westfalen), also zwischen Rhein und Weser, im Auge hatte, konnte 1833 nur die „deutsche Schlafmützigkeit“ beklagen: Erst zwölf Jahre später wurde das erste Teilstück der Köln-Mindener Eisenbahn fertig.

Friedrich List war einer der wenigen, der damals das gesamte weitere 19. Jahrhundert zu überblicken schien, der nicht nur aus lokaler oder regionaler Sicht naheliegende Projekte verfocht, sondern im einem umfassenden Eisenbahnnetz das Mittel zur Einigung der damals 36 Teilstaaten Deutschlands und damit den Weg zu wirtschaftlichem Aufschwung und Wohlstand erkannte. Seine Denkweise erfasste Zusammenhänge, sein publizistisches Talent verstand es, sie breiten Kreisen verständlich zu machen. Obwohl, seiner patriotischen Gesinnung entsprechend, Deutschland im Mittelpunkt seines Wirkens stand, hat er auch andernorts der Eisenbahn Wege geebnet. Nachdem er, zuvor Professor in Tübingen und Abgeordneter der Württembergischen Kammer, wegen heftiger Auseinandersetzungen mit der einheimischen Bürokratie nach Amerika hatte emigrieren müssen, baute er dort zwischen einem Kohlevorkommen und dem nächstgelegenen Hafen eine Eisenbahn, gewann dabei wertvolle Erfahrungen, erwarb sich durch Beratung über den nutzbringenden Einsatz von Eisenbahnen hohes Ansehen und konnte daraufhin im Schutz der amerikanischen Staatsbürgerschaft und in diplomatischer Mission für die Regierung der Vereinigten Staaten nach Deutschland zurückkehren. Außer Amerika machte sich auch Belgien seine Ratschläge zunutze. In Frankreich hingegen blieb sein Bemühen, Europa zu weltwirtschaftlicher Geltung zu verhelfen, ebenso erfolglos wie in der eigenen Heimat.

Im Jahr 1833 erschien seine programmatische Schrift „Über ein sächsisches Eisenbahnsystem als Grundlage eines allgemeinen deutschen Eisenbahnsystems und besonders über die Anlegung einer Eisenbahn von Leipzig nach Dresden“. Deren wirtschaftliche und technische Vorbereitung gelang Friedrich List in kurzer Zeit – eine einflussreiche Position wurde ihm dennoch nicht übertragen.

Als Erster hat List die vielfältigen Wechselwirkungen zwischen einem leistungsfähigen Eisenbahnnetz und einer blühenden Volkswirtschaft dargestellt: „Der wohlfeile, schnelle, sichere und regelmäßige Transport von Personen und Gütern ist einer der mächtigsten Hebel des Nationalwohlstandes und der Zivilisation ...“ Seine Überlegungen gingen so weit, dass er mit Zinsersparnissen durch schnelleren Transport, mit rascherem Kapitalumlauf, mit geringeren Ver-

Bild links: Aquarell von Personen- und Frachttransporten auf der Liverpool-Manchester-Bahn.

Bild unten: Der „Best Friend of Charlston“ der South Carolina Railroad war die erste Lokomotive, die dauerhaft in den Vereinigten Staaten eingesetzt wurde. Mit einem vertikalen Kessel ausgerüstet, erreichte sie während einer Probefahrt am 2. November 1830 mit vier angehängten Wagen eine Geschwindigkeit von 21 Meilen, das sind fast 34 km/h. Mitte der 1830er Jahre befanden sich in sieben Staaten bereits neun verschiedene Eisenbahnen im Bau und weitere zwanzig in Planung.

Bild oben: Als erstes Teilstück und zugleich erste Dampfbahn Österreichs wurde am 17. November 1837 die 13,1 Kilometer lange Strecke zwischen Florisdorf bei Wien und Wagram eröffnet. Nach Fertigstellung der Brücken über die Donau und Kaiserwasser konnte sie bereits am 6. Januar 1838 bis Wien verlängert werden.

Bild unten: Als erste Bahn für den Personenverkehr auf dem europäischen Festland wurde die 127 Kilometer lange Pferdebahn Linz – Budweis Ende September 1828 eröffnet.

lusten durch die höhere Sicherheit der Eisenbahn, mit Absatzsteigerung von Massenartikeln durch niedrigere Transportkosten oder mit der Schaffung solider Kalkulations- und Dispositionsgrundlagen für den Kaufmann aufgrund der festen Tarife und Fahrpläne von Eisenbahnen argumentierte. Trotz allem vermochte auch Friedrich List ein deutsches Eisenbahnsystem nicht zustandezubringen. Aus Verzweiflung über die Erfolglosigkeit seines Lebenskampfes schied er am 30. November 1846 in Kufstein freiwillig aus dem Leben.

Dabei standen Eisenbahnen ganz wörtlich schon „hoch im Kurs“. Die Erfolge der ersten Strecken, angefangen mit der äußerst rentablen Verbindung Liverpool – Manchester in England bis hin zur 1835 eröffneten Ludwigsbahn Nürnberg – Fürth oder der 1839 fertigen Leipzig-Dresdner Bahn, führten zu wilden Spekulationen mit Eisenbahnaktien. Mancher kleine Mann steckte seine Ersparnisse in Anteilscheine von Aktiengesellschaften, die irgendeinen Bahnbau versprachen. Allein 1835 und 1836 wurden in Amerika, Frankreich, England und Deutschland mehr als zweihundert „Eisenbahn-Unternehmungen auf Aktien“ angekündigt, von denen kein einziges verwirklicht wurde. Das 1832 in Amerika ausgebrochene „Eisenbahnfieber“ brachte unzählige Menschen um ihr Geld; gerissene Schwindler verstanden kühne Projekte so überzeugend darzustellen, dass sich die Aktienkäufer gelegentlich im Gedränge tottrampelten, obwohl für die Verwirklichung der Projekte keinerlei begründete Aussicht bestand. Offenbar hatten die „einfachen Leute“ schnell die künftige Bedeutung des neuen Verkehrsmittels erkannt. Dass sie dabei einer frühen Form von Wirtschaftskriminalität zum Opfer fielen, bedeutete für die Eisenbahn eine schwere Hypothek. Denn auch die seriösen Vorhaben gerieten damit in Misskredit, und die Aktienkurse der schon bestehenden Bahnen fielen, obwohl ihre Gewinne von Jahr zu Jahr stiegen. Erst Anfang der 1840er Jahre normalisierten sich die Verhältnisse so weit, dass einer gedeihlichen Entwicklung nichts mehr im Weg stand.

Impulse aus England

Erst nahezu zehn Jahre nach Eröffnung der Strecke von Stockton nach Darlington begann das Eisenbahnzeitalter auch auf dem Kontinent. In Belgien und in Deutschland wurden 1835 die ersten Strecken mit Dampfbetrieb eröffnet, während in England schon 720 km in Betrieb waren.

Den ersten Anschluss an die englische Entwicklung fand die Eisenbahn jedoch nicht im nahen Europa, sondern in den Vereinigten Staaten von Amerika. Diesem Land der „unbegrenzten Möglichkeiten“ fehlte es weder an Phantasie noch an Initiative und Kapital, um erfolgversprechende Neuerungen alsbald und vorurteilslos praktischer Nutzanwendung zuzuführen. So bestanden in Amerika zur Zeit der ersten Bahneröffnung in Deutschland bereits über 1500 km Eisenbahnstrecken, mehr als doppelt so viele wie in England. Die erste Linie verband seit dem 28. Dezember 1829 Baltimore mit dem 24 km entfernten Ellicots Mills.

Im Jahre 1840 verfügten die Staaten bereits über 4534 Streckenkilometer, ganz Europa zusammen einschließlich Russland nur über 2925 km. Amerika konnte sich – wie sollte es anders sein – auch der längsten und der kostspieligsten Eisenbahnstrecke der Welt rühmen: Die längste führte damals mit 1670 Kilometern von Boston im Bundesstaat Massachusetts bis Greensboro im Staat Georgia, wobei allerdings noch 260 km mit Dampfbooten zurückzulegen waren. Als kostspieligste galt die nur wenig über 12 km lange, von New York entlang dem Haarlemfluss in die neu entstehenden Vororte führende Strecke. Sie kostete anderthalb Millionen Dollar, „die deutsche Meile eine Million preußische Thaler".

In der gesamten übrigen Welt konnte die Eisenbahn außer in den Vereinigten Staaten von Amerika lediglich in Kuba schon früh Fuß fassen: Dort wurde 1837 die immerhin rund 50 km lange Strecke von Havanna (Habana) nach Guanajay eröffnet.

Auch der Lokomotivführer wurde importiert

Die bayrische Ludwigsbahn, am 7. Dezember 1835 zwischen Nürnberg und Fürth eröffnet, gilt als erste Eisenbahn in Deutschland. Doch wie in England waren auch hier im Bergbau schon vorher Bahnen entstanden: in den Kohlerevieren Oberschlesiens, von Ruhr und Saar.

So gab es 1825 in „Rheinpreußen" über 60 km Eisenbahnstrecken, allerdings nur mit Pferdebetrieb. Die Strecke zwischen dem Himmelsfürster Erbstollen in Überruhr und dem Ort Niederbonsfeld im Süden von Essen, die 1830 für den Kohletransport eröffnet wurde, wäre zwar für Lokomotiven geeignet gewesen, doch wurde für Dampfbetrieb keine Konzession erteilt. Im oberschlesischen Kohlerevier sollte die 1815 von der Königlichen Eisengießerei in Berlin nach dem Vorbild der englischen Blenkinsop-Maschinen gebaute Lokomotive die Pferdekraft ersetzen, eine weitere zwei Jahre später im Saarland. Die Versuche scheiteren noch an unüberwindlichen technischen Problemen.

Die Ludwigsbahn Nürnberg – Fürth unterschied sich von diesen Bahnen in mehrfacher Hinsicht. Hier ging es weder um Kohle oder Erz, noch um Transporte zwischen industriellen Produktionsstätten, sondern um den Personenverkehr. Der Einsatz eines Dampfwagens lag von vornherein in der Absicht der Gesellschaft, obwohl für alle Fälle auch die Pferdeoption offen gehalten wurde. Im ersten Betriebsjahr standen 2364 Fahrten des Dampfwagens rund 6100 Pferdefahrten gegenüber. Bis 1856 bildete der gemischte Lokomotiv- und Pferdebetrieb die Regel; erst 1862 wurde auf die Pferdekraft verzichtet. Gleichwohl bedeutete die Eröffnung der nur 6,05 km langen Ludwigsbahn mit dem ersten erfolgreichen Einsatz einer Lokomotive in Deutschland den entscheidenden Schritt ins Eisenbahnzeitalter.

Mit seiner 1833 erschienenen Schrift „Das sächsische Eisenbahnsystem als Grundlage eines deutschen Eisenbahnsystems" entwarf Friedrich List einen Entwurf für ein deutsches Eisenbahnnetz, das später im Wesentlichen realisiert wurde.

Bild rechte Seite: französische Patentee-Lokomotive von 1848, eingesetzt auf der Strecke Paris – Le Havre.

Mit der Initiative für den Bau dieser Strecke versuchte Nürnberg, seine nach dem Verlust der reichsstädtischen Freiheit 1806 geschwundene Bedeutung wiederzugewinnen. Mit gleicher Aufgeschlossenheit engagierte sich Fürth. Beide Städte ließen, bevor sie die Pläne veröffentlichten, das voraussichtliche Verkehrsaufkommen berechnen und eine Art Kosten-Nutzen-Analyse aufstellen. Die günstigen Prognosen führten zur Gründung einer Gesellschaft, die nicht nur ihre regionalen Interessen vertrat, sondern mit Weitblick den Fortschritt „für das ganze Vaterland" im Auge hatte: „Die Erfindung der Eisenbahnen mit Dampfkraft ist für den materiellen Verkehr der Staaten und die Verbindung der Völker von so unberechenbarer Wichtigkeit, als die Erfindung der Buchdruckerkunst für ihren geistigen Verkehr ...", hieß es in der Denkschrift vom 14. Mai 1833 zur Gründung des „Aktienvereins". Im Spätherbst war die veranschlagte Bausumme von 132.000 Gulden gezeichnet. Am 18. November beschloss die Aktionärsversammlung die Statuten und beantragte die Konzession, die König Ludwig I. am 19. Februar 1834 unterzeichnete.

Der Grunderwerb zog sich über ein Jahr hin, so dass die Bauarbeiten erst am 7. März 1835 beginnen konnten. Unter Leitung des Bauingenieurs Paul Camille von Denis kamen sie jedoch rasch voran. In nur neun Monaten entstand eine als sorgfältig angelegt und solide ausgeführt anerkannte Bahn. Die Trasse war mit genau „20.730 Bayerischen Fuß" vermessen. An eine 11.600 Fuß lange, 1:500 geneigte Strecke schloss sich ein völlig ebener Abschnitt mit 9080 Fuß an. Nur am Anfang und am

Ende der Strecke waren geringfügige Krümmungen vorhanden, im Übrigen verlief die Linie völlig gerade. Das ebene Gelände setzte dem Bahnbau keine Schwierigkeiten entgegen: Der Boden bestand aus festem Sand, auf dem zur Verlegung des Gleises ein kleiner Damm von einem bis zwei Fuß Höhe aufgeschüttet wurde. Für die Ausführung des Schienenwegs diente die Liverpool-Manchester-Eisenbahn als Vorbild. Die Eisenhütte von Remy & Konsorten zu Rasselstein bei Neuwied walzte die Schienen; auf dem größten Teil der Strecke wurden sie mit gusseisernen Lagern, „Stühle“ genannt, auf Sandsteinblöcken befestigt, die in den Boden eingelassen waren und etwa 35 Zentimeter herausragten. Nur auf etwa einem Viertel der Strecke dienten Holzblöcke zur Befestigung.

Ursprünglich sollte die Bahn schon am 25. August eröffnet werden, am Geburtstag des Königs, dessen Namen sie trug. Der Termin war indessen, nicht zuletzt wegen verspäteter Anlieferung der Lokomotive aus England, nicht einzuhalten. So verschob sich die Eröffnung bis in den Winter – dies vermutlich auch ein Grund, weshalb ein Repräsentant des Königshauses fehlte.

Am 7. Dezember machte sich Nürnberg schon morgens im Dunkeln zu Pferd, zu Wagen und zu Fuß auf den Weg, um der für 9 Uhr angekündigten Eröffnung der Ludwigsbahn auf dem Platz vor dem Spittlertor im damaligen Vorort Gostenhof beizuwohnen. Gegen 8 Uhr fehlte kaum noch einer der Aktionäre, der Direktoren

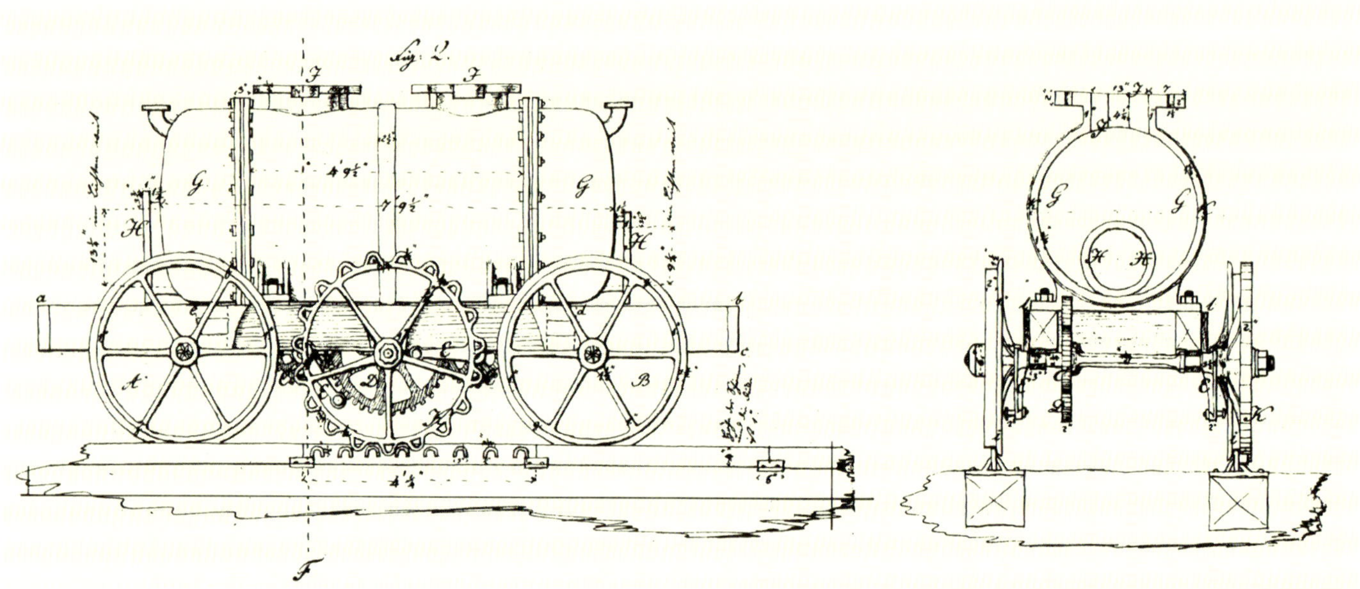

der Ludwigsbahn-Gesellschaft und der Ehrengäste aus nah und fern. Eine kaum übersehbare Menschenmenge verfolgte das Ereignis. Im Brennpunkt stand der „Locomotif“:

„Auf den Achsen von Vorder- und Hinterrädern wie ein anderer Wagen ruhend, hat er mitten zwischen diesen zwei größere Räder, und diese sind es, welche von der Maschine eigentlich in Bewegung gesetzt werden. Wie? Läßt sich zwar ahnen, aber nicht sehen. Zwischen den Vorderrädern erhebt sich, wie aus einem verschlossenen Rauchfang, eine Säule von ungefähr 15 Fuß Höhe, aus welcher der Dampf sich entladet. Zwischen den Vorder- und Mittelrädern erstreckt sich ein gewaltiger Zylinder nach den Hinterrädern, wo der Herd und Dampfkessel sich befindet, welcher von einem zweiten, vierräderigen, angehängten Wagen aus mit Wasser gespeist wird. Dieser hintere Wagen nämlich, auf welchem der Platz für das Brennmaterial ist, hat auch einen Wasserbehälter, aus welchem Schläuche das Wasser in die Kanäle des eigentlichen Dampfwagens leiten. Außerdem bemerkt man eine Anzahl von Röhren, Hähnen, Schrauben, Ventilen, Federn, die alle wahrzunehmen mehr Zeit erfordert als uns vergönnt war ...“, schrieb der Korrespondent des Stuttgarter Morgenblatts.

Die Lokomotive trug den Namen „Adler“ und die Fabriknummer 118 der Lokomotivfabrik von Robert Stephenson in Newcastle. Etwas über sieben Meter lang, entwickelte die Maschine rund vierzig Pferdestärken. Auf der offenen Plattform standen der Lokomotivführer William Wilson, wie die Maschine aus England „importiert“, und als Heizer der Nürnberger Johann Georg Hieronymus. Lokomotivführer Wilson bezog anfangs 1500 Gulden Jahresgehalt, während sich der Direktor mit 1200 Gulden begnügen musste. Die neun Wagen stammten wie die Schienen aus deutscher Fertigung. Die Wagnermeister Stahl und Singer in Nürnberg und Hoffmann in Fürth bauten je zwei Wagenkästen, Späth sämtliche Untergestelle dazu, während die Sattlermeister Förderreuther und Striedinger in Nürnberg und Farnbacher in Fürth für die Ausstattung dieser Wagen 2. und 3. Klasse sorgten. Insgesamt beschaffte die Ludwigsbahn drei Wagen 1. Klasse, vier Wagen 2. Klasse und zwei Wagen 3. Klasse zum Preis von genau 10.444 Gulden und 44 Kreuzer. Die Lokomotive kostete samt Tender 13.930 Gulden und 2 Kreuzer. Die Gesamtkosten der Bahn erreichten schließlich rund 200.000 Gulden, womit der Voranschlag von 132.000 Gulden erheblich überschritten wurde.

Der Eröffnungszug bestand aus allen neun Wagen. Sie fassten etwa zweihundert Personen. Nachdem ein Gedenkstein mit der Inschrift „Deutschlands erste Eisenbahn mit Dampfkraft 1835“ enthüllt worden war, setzte sich der Zug in Bewegung. Neun Minuten nach Abfahrt lief er bereits in die Endstation an der Neuen Friedrichstraße in Fürth ein. Die Durchschnittsgeschwindigkeit lag damit bei 40 km/h. Für den planmäßigen Betrieb reduzierte die Gesellschaft das Tempo des Dampfwagens, um den Verschleiß zu vermindern; so dauerte die Reise nach Fahrplan 15 Minuten, bei den Pferdefahrten 25 Minuten. Eine Fahrt kostete sechs Kreuzer in der 3. Klasse, neun Kreuzer in der 2. und zwölf Kreuzer in der 1. Klasse. Die Guldenwährung zu 60 Kreuzern wurde 1873 mit dem Umrechnungsfaktor 1:1,715 durch die Reichsmark zu hundert Pfennig ersetzt. Rechnerisch ergibt dies für die 6 km lange Strecke einen Fahrpreis 2. Klasse von 25,7 Pfennig. Der Kilometersatz von nur 4,3 Pfennig erscheint niedrig; dennoch war Reisen mit der ersten Eisenbahn ein

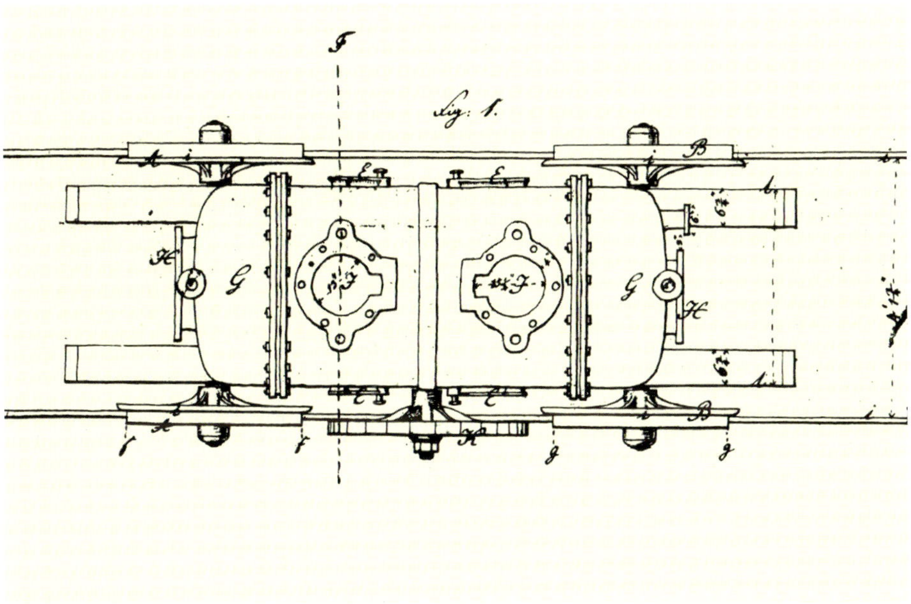

Bilder links: Werkzeichnung der zweiten in Deutschland gebauten Dampflokomotive, angefertigt von Carl Ludwig Althans im Oktober 1817 in Berlin.

Bild unten: Lokomotive des Franzosen Marc Séguin von 1829: Der Tender enthielt ein Gebläse, um das Feuer anzufachen.

Nächste Doppelseite: Deutschlands erste Eisenbahn zur Personenbeförderung wurde am 7. Dezember 1835 auf der Strecke Nürnberg – Fürth eingeweiht. Als Lokomotive wurde der „Adler" aus der Lokomotivfabrik von Robert Stephenson importiert. Die Aufnahmen zeigen eine Nachbildung des „Adlers" im Verkehrsmuseum Nürnberg.

teures Vergnügen; denn die Einkommensverhältnisse waren mit den heutigen nicht annähernd vergleichbar.
Die letzten Züge der Ludwigsbahn fuhren am 31. Oktober 1922. „Gezwungen durch die katastrophale Steigerung der Ausgaben für Kohlen, sonstige Verkehrsmittel, Gehälter und Löhne sind wir nicht mehr in der Lage, den Betrieb weiterzuführen, und müssen ihn deshalb am 1. November 1922 stillegen." Mit dieser knappen Erklärung der Direktion erfüllte sich nach 87 Jahren das Schicksal der ersten Eisenbahn in Deutschland. Gleichwohl bestand die Gesellschaft, nur noch mit Grund- und Vermögensverwaltung beschäftigt, bis Ende der 1960er Jahre. Regelmäßig konnte sie sogar vier Prozent Dividende ausschütten. Am 13. Dezember 1969 beschloss die Gesellschafterversammlung im Rathaus zu Fürth die Auflösung und zog damit unter das erste Kapitel deutscher Eisenbahngeschichte den Schlussstrich.

Die Leipzig-Dresdner Bahn

Ähnlich wie in England, wo der verhältnismäßig einfachen Bahn Stockton – Darlington sogleich die topographisch schwierige, an kühnen Kunstbauten reiche Fernverbindung Liverpool – Manchester folgte, so entstand auch in Deutschland nach der kurzen, geradlinigen und ebenen Ludwigsbahn Nürnberg – Fürth eine Fernstrecke, ebenfalls mit Tunnel, Brücken, Einschnitten und Dämmen: die Leipzig-Dresdner Bahn.
Sie verdankt ihre frühe Entstehung Friedrich List, der mit ihr 1833 sein Konzept eines einheitlichen deutschen Eisenbahnnetzes verknüpfte. Bei Vorbereitung und Verwirklichung des Bahnbaus von Leipzig nach Dresden ging List so geschickt vor, dass später alle wesentlichen Bahnprojekte nach diesem Vorbild abliefen: positive Beeinflussung der öffentlichen Meinung durch Informationsschriften und Artikel in der Presse, öffentliche Versammlung mit Wahl eines Komitees, Kostenvoranschlag und Rentabilitätsberechnung, Verhandlungen mit der Regierung über die vorgesehene Aktiengesellschaft, über das ausschließliche Privileg und das für den Grunderwerb nötige Enteignungsgesetz, über Zinsgarantien und ande-

ROBT STEPHENSON AND COMPY
ENGINEERS
NEWCASTLE UPON TYNE

ADLER

re Voraussetzungen. Danach folgten die Gründung der Aktiengesellschaft, Detailplanung und Bau.
Die Bauleitung wurde Karl Theodor Kunz übertragen, der sich seit langem mit den Plänen befasst und zwei Jahre in England und Belgien aufgehalten hatte. Er erfüllte seinen Auftrag zur Zufriedenheit der Gesellschaft. Friedrich List erhielt keine Funktion.
Das veranschlagte Kapital von zwei Millionen Talern war im Mai 1835 an einem einzigen Tag gezeichnet. Zwei Wochen später standen die Aktien bereits zwanzig Prozent über dem Ausgabekurs. Allerdings stellte sich später heraus, dass die Berechnungen mangelhaft waren und das ursprünglich vorgesehene Aktienkapital schließlich verdoppelt werden musste. Immerhin konnte am 24. April 1837 die erste „Sektion" von Leipzig nach Althen eröffnet werden. Entsprechend dem Baufortschritt kamen in rascher Folge weitere Abschnitte hinzu: von Althen bis zum Gerichshainer Damm am 12. November 1837, von dort bis Machern am ll. Mai 1838, von Dresden bis zur „Weintraube" in Niederlößnitz am 19. Juli, von Machern nach Wurzen am 31. Juli, weiter bis Dahlen sowie von Niederlößnitz nach Oberau am 16. September, von Dahlen nach Oschatz am 3. und von Oschatz nach Riesa am 21. November 1838. Der durchgehende Betrieb auf der rund 115 km langen Strecke mit dem ersten Tunnel Deutschlands bei Oberau wurde am 7. April 1839 aufgenommen. Das Leipziger Tageblatt berichtete:
„... als am Nachmittage des siebenten April der Einlaß in die mit Laubgewinden, mit den Sachsen- und Kompagniefarben, und mit den Flaggen, welche die Wappen Leipzigs und Dresdens trugen, festlich geschmückten Räume des Bahnhofs gestattet wurde, so waren auch in einem Nu die beiden Wagenzüge, welche das größere Publikum aufnehmen sollten, gefüllt. Heiterkeit strahlte auf allen

Gesichtern, und bald machte sie sich durch laute Fröhlichkeit Platz. So konnte man freilich nicht viel von der Feier vernehmen, welche in dem vorderen Teile des Bahnhofs in Gegenwart der besonders eingeladenen Personen stattfand ..."

„Mittlerweile hatten die Eingeladenen auf dem mit Flaggen gezierten Festzuge Platz genommen, und nun setzte sich derselbe gleich nach zwei Uhr, gezogen von den Lokomotiven Stephenson und Elephant, unter der Leitung Greeners, in Bewegung; ihm folgten rasch die beiden anderen Züge ..."

„Unmittelbar hinter Riesa erreichten die Züge die herrliche Elbbrücke mit ihren elf Pfeilern. Der Eindruck, den dieses treffliche Bauwerk, so wie der bald folgende Viadukt bei Röderau mit seinen 64 Pfeilern machte, ging in laute Ausbrüche der Freude über. Ihn vermochte der Aufenthalt nicht zu schwächen, den ein kleiner Unfall am Salamander, der den zweiten Wagenzug mit sich führte, veranlasste. Von dem Anhaltepunkt Priestewitz wurde eine Reservemaschine herbeigesandt ..."

„Nach einem halben Stündchen stiegen zu beiden Seiten Felsenmassen empor, und die Züge befanden sich vor dem mit Fichtenreis gezierten Eingange des Tunnels bei Oberau. Wer vermag hier genügend den Eindruck zu beschreiben, den dieser großartige Bau mit seiner unterirdischen, 870 Ellen langen, durch eine unzählbare Menge Lämpchen erleuchteten Galerie auf die Reisenden machte. Die hohen Gewölbe hallten von dem alten Gruße Glück auf! wider, mit dem die auf beiden Seiten aufgestellten Bergleute, welche Lichter trugen, begrüßt wurden und grüßten. Gleich nachdem dieser Riesenbau verlassen worden war, zeigten sich links, auf den mit vielen Zuschauern besetzten Höhen, die durch die Anlegung des Tunnels hervorgerufenen Häuser mit der Restauration. Rasch eilte man nun hinab in das freundliche Elbetal, und bei der Weintraube wurde zum letzten Mal Halt gemacht, damit sich die Züge zur bevorstehenden Einfahrt in die Residenz sammeln konnten. Und welcher Empfang stand nun den Ankommenden bevor: Reihen von Equipagen bedeckten fast eine Stunde vor der Stadt die Chaussee. Dicht gedrängte Reihen standen von nun an zu beiden Seiten der Bahn bis an den Bahnhof zu Dresden und in den Umgebungen desselben. Die Hüte wurden geschwenkt, die Frauen wehten mit den Tüchern, und unter dem lauten Zuruf der Menge, der fast alles übertäubte, fuhren die Züge durch die Reihen der Kommunalgarde in den Bahnhof ein, wo unter dem allgemeinen Jubel ebenfalls wenig von dem feierlichen Gruße vernommen werden konnte, mit welchem, laut Programm, der Stadtrat und die Stadtverordneten Dresdens die Ankommenden empfangen sollten ..."

Bild oben: K. P. E. V., Wappen der Königlich-Preußischen-Eisenbahn-Verwaltung.

Linke Seite oben: Berliner Bahnhof der Berlin-Potsdamer Eisenbahn, 1838.

Linke Seite, Mitte: Eisenbahnfahrt nach Zehlendorf 1844/45.

Linke Seite, unten: Ein Zug verlässt den Heidelberger Bahnhof im Jahre 1843.

Deutschland holt auf

Hatte schon die Ludwigsbahn mit ihrem glänzenden Ergebnis einen Stimmungswandel gegenüber Eisenbahnen herbeigeführt und das starke Interesse an den Aktien der Leipzig-Dresdner Bahn ausgelöst, so rief die Fertigstellung der ersten längeren Strecke, mit der die großen sächsischen Städte Leipzig und Dresden „gleichsam in ein Gemeinwesen verschmolzen", ein ähnliches „Eisenbahnfieber" hervor wie die Liverpool-Manchester-Bahn in England: Weit mehr Projekte wurden ausgeschrieben als gebaut. Dennoch entstanden bis 1840 rund 500 km Bahnlinien.

Eröffnet wurden die Berlin-Potsdamer Bahn von Zehlendorf bis Potsdam am 22. September und vom Berlin-Potsdamer Bahnhof nach Zehlendorf am 29. Oktober, Braunschweig – Wolfenbüttel am 1. und Düsseldorf – Erkrath am 20. Dezember 1838. Von der Magdeburg-Leipziger Bahn folgten 1839 Magdeburg – Schönebeck am 29. Juni und der Abschnitt bis zur Saale am 9. September, dann 1840 die Fortsetzung bis Köthen am 19. Juni, Köthen – Halle am 23. Juli und Halle – Leipzig am 18. August. Die Rheinische Eisenbahn Köln-Aachen-Herbesthal eröffnete ihr erstes Teilstück von Köln bis Müngersdorf am 2. August, die Taunus-Eisenbahn von Frankfurt bis Höchst am 26. September 1839 und von Höchst nach Wiesbaden am 19. Mai 1840, die München-Augsburger Bahn am 3. September 1838 Augsburg – Spickel, am 1. September 1839 München – Lochhausen, am 27. Oktober Lochhausen – Olching, am 7. Dezember Olching – Maisach, am

Bild rechte Seite: Längsschnitt und Ansicht einer Dampflokomotive vom Typ „Patentee". Die von R. Stephenson erstmals 1830 gebaute Konstruktion, die auch dem „Adler" zugrunde lag, war bis etwa 1850 auf vielen Bahnen Europas vorherrschend.

Bild links: Bahnhof King's Cross der Metropolitan-Eisenbahn. Die Gleise sind sowohl auf Normalspur als auch auf Breitspur mit 7 Fuß ausgelegt.

21. Mai 1840 Maisach – Nannhofen und die Gesamtstrecke München – Augsburg am 4. Oktober 1840. Mannheim – Heidelberg ging am 12. September 1840 in Betrieb.
Obwohl Lists Skizze eines Streckennetzes für ganz Deutschland seit 1833 auf dem Tisch lag, entstanden die ersten Bahnen weitgehend unabhängig voneinander. Die deutschen Teilstaaten verfolgten Eigeninteressen und suchten großräumige Pläne eher zu verhindern. Seit 1824 kämpfte Philipp August von Amsberg, Leiter des Braunschweigischen Landstraßenwesens, für „Eisenstraßen" von Braunschweig und Hannover nach den Hansestädten Hamburg und Bremen; die Nachbarn Preußen und Hannover durchkreuzten die Pläne beharrlich, um den Erzeugnissen des kleinen Herzogtums keine Wettbewerbsvorteile zu verschaffen. So baute Braunschweig auf Amsbergs Betreiben 1838 eine Bahn ganz auf eigenem Territorium und deshalb teilweise ungünstig trassiert im Überschwemmungsgebiet der Oker. Der erste Abschnitt Braunschweig – Wolfenbüttel war bereits am 1. Dezember 1838 fertig; die 44,9 km lange Strecke bis Harzburg wurde am 8. November 1843 eröffnet. Zwar handelte es sich um die erste Staatseisenbahn in Deutschland, doch ohne Anschlüsse und Verbindungen, die das Verkehrsaufkommen hätten steigern können, blieb ihre Bedeutung begrenzt.
Deutschland fehlte die zentrale Institution, die – wie in Belgien – von Anfang an System in Planung und Bau der Eisenbahnen hätte bringen können. So nahm zwar die Streckenlänge rasch zu, doch selbst 1850, als bereits 6044 km in Betrieb waren, konnte von einem Netz noch keine Rede sein. Erst in der zweiten Hälfte des 19. Jahrhunderts erfüllte sich der prophetische Ausruf, der vom preußischen Kronprinzen, dem späteren Friedrich Wilhelm IV., überliefert ist: „Diesen Karren, der durch die Welt rollt, hält kein Menschenarm mehr auf." Ende 1860 hatten die deutschen Eisenbahnstrecken eine Länge von 11.633 km erreicht.
Zwangsläufig ergaben sich nun immer mehr Verknüpfungspunkte, die rasche Weiterentwicklung war in der Tat nicht mehr aufzuhalten: Bis Ende 1870 wuchs die Streckenlänge auf 19.575 km. Alle bedeutenderen Städte waren durch die Eisenbahn verbunden, die Industriegebiete erschlossen. Ganz von selbst hatte sich dabei ein Streckennetz gebildet, in dem keine der von Friedrich List vorgezeichneten Verbindungen mehr fehlte.
Am 1. April 1893 gab es in Deutschland nicht weniger als 26 selbständige Länder mit eigenen Eisenbahnen: Elsass-Lothringen; die Königreiche Preußen, Bayern, Sachsen und Württemberg; die Großherzogtümer Baden, Hessen, Mecklenburg-Schwerin, Sachsen-Weimar, Mecklenburg-Strelitz und Oldenburg; die Herzogtümer Braunschweig, Sachsen-Meiningen, Sachsen-Altenburg, Sachsen-Coburg-Gotha und Anhalt; die Fürstentümer Schwarzburg-Rudolstadt, Schwarzburg-Sondershausen, Waldeck, Reuß ältere Linie, Reuß jüngere Linie, Schaumburg-Lippe und Lippe sowie die Freien und Hansestädte Bremen, Hamburg und Lübeck. Zusammen verfügten sie über 29.037,28 km Haupt- und 9800,74 km Nebenbahnen im Besitz oder unter Verwaltung des Staates; in der Hand privater Gesellschaften befanden sich nur noch 2407,02 km Haupt- und 1569,76 km Nebenbahnen. Um die Jahrhundertwende waren die meisten Privatbahnen verstaatlicht und damit der Spekulation entzogen.
Zu Beginn des Ersten Weltkrieges bestanden nur noch acht selbständige Staatseisenbahnen: in Preußen-Hessen, Bayern, Sachsen, Württemberg, Baden, Mecklenburg, Oldenburg und Elsass-Lothringen. Die Folgen des Krieges erzwangen schließlich 1920 ihren Zusammenschluss und die Gründung der Deutschen Reichsbahn.

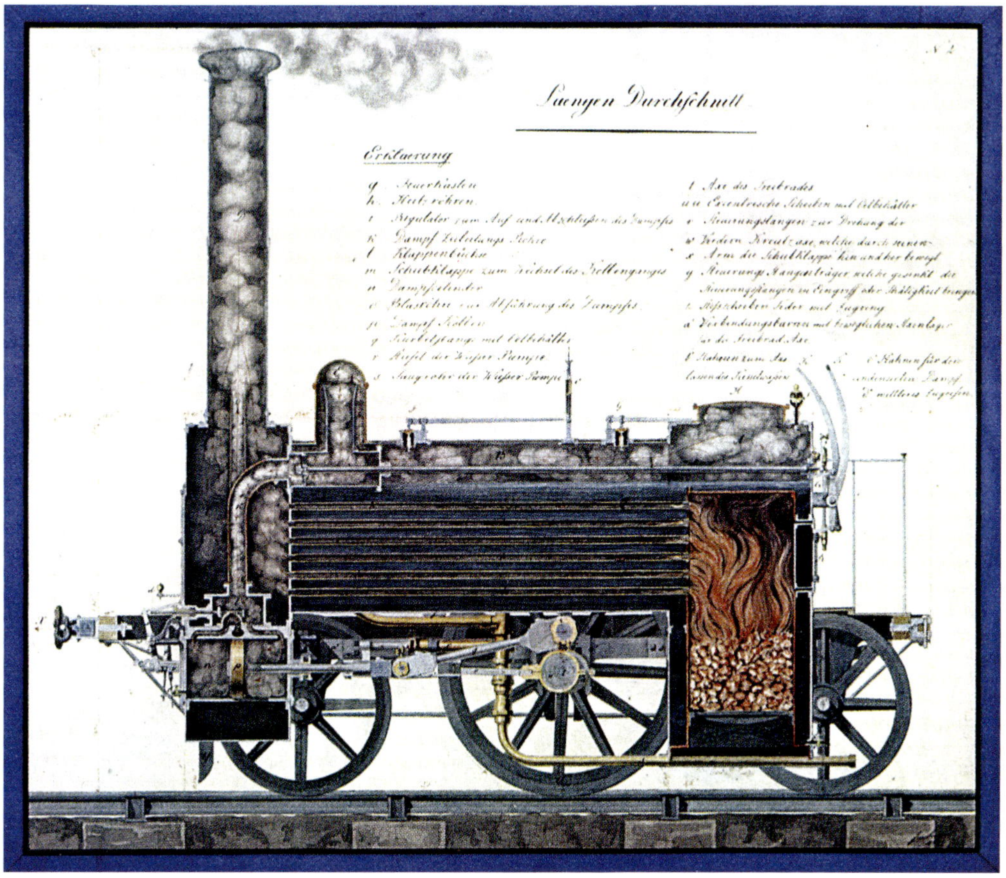
Laengen Durchschnitt

Dampf-Wagen
WILLIAM

042 097-6

DAMPFLOKOMOTIVEN

Obwohl sich „Eisenbahn“ von der „eisernen Bahn“ ableitet, vom Fahrweg also, hat sich doch in erster Linie die Lokomotive – vor allem in der Epoche der Dampfkraft – zum Sinnbild entwickelt. Weder Schienen noch Gleise vermochten je die Symbolkraft auszustrahlen, mit der sich die Dampflok bis auf den heutigen Tag im Bewusstsein der Menschen behauptet hat. Offenbar fehlte der schlichten Fahrbahn die „publikumswirksame Komponente“.

Das Lokomotivrennen von Rainhill

Um die geeignetste Lokomotivkonstruktion zu finden, wurden mehrmals regelrechte Wettfahrten veranstaltet. Die erste fand schon am 6. Oktober 1829 auf der Liverpool-Manchester-Eisenbahn statt. Damals galt es zu klären, welche Lokomotivbauart die besten Leistungen bringt und somit beschafft werden sollte. Die Wettfahrt von Rainhill sorgte für Schlagzeilen in der Weltpresse.
Fünfhundert Pfund winkten dem Sieger, wobei die Lokomotiven strengen Bedingungen zu genügen hatten: Sie durften mit Tender bei zweiachsiger Ausführung höchstens 4,5 Tonnen, bei dreiachsiger nicht mehr als 6 Tonnen wiegen. Der Dampfdruck durfte nicht mehr als fünfzig Pfund auf den Quadratzoll – etwa 3,5 bar – betragen, während der Kessel mit dreifachem Druck geprüft werden musste. Mit dem dreifachen Eigengewicht belastet, musste die Lokomotive insgesamt dreißig Meilen weit, knapp fünfzig Kilometer, mit zehn Meilen je Stunde, also rund 16 km/h, fahren. Schließlich machte der Staat schon damals Umweltauflagen: Der Rauch sollte von der Lokomotive „verzehrt“ werden.

Eine ganze Reihe von Bewerbern hoffte den Preis zu gewinnen, doch nur wenige ernsthafte Konkurrenten entschieden schließlich das Rennen unter sich. Ein Fahrzeug, in dem die Muskelkraft eines mitfahrenden Pferdes über ein endloses Band auf die beiden Achsen übertragen wurde, betrachteten die Preisrichter von vornherein nur als Scherz. Zwei Favoriten schieden ebenfalls schon vorher aus: Timothy Burstall, dessen Lokomotive auf dem Transport von Schottland nach Rainhill beschädigt worden war, und Edward Bury, der nicht termingerecht fertig wurde.

Bild oben: Eisenbahningenieur Robert Stephenson.

Linke Seite: Mit dem ölgefeuerten Güterzug der Baureihe 042 ging 1977 die Epoche des Dampfbetriebes bei der Deutschen Bundesbahn zu Ende. Von den von der Deutschen Reichsbahn der DDR betriebenen Maschinen wurden die letzten in den 1970er Jahren ausgemustert.

So blieben schließlich nur drei Lokomotiven übrig: die „Rocket“ von Robert Stephenson, dem Sohn George Stephensons, die „Novelty“ von John Ericsson und John Braithwaite sowie die „Sanspareil“ von Timothy Hackworth, eine kleinere, zweiachsige Version der „Royal George“, die er für die Stockton-Darlington-Bahn gebaut hatte.
In großer Eile angefertigt, entsprach sie den Testbedingungen nicht vollständig, war etwas schwer und verbrauchte viel Brennstoff. Das lag am Kessel wie an der Feuerung, die einen großen Teil der Kohle unverbrannt durch den Schornstein blies. Weitere Unzulänglichkeiten gesellten sich hinzu. Obwohl sich die Mängel gewiss hätten beheben lassen, warfen sie Hackworth aus dem Rennen.
Mit ihrem glänzenden Lack und auf Hochglanz polierten Teilen galten alle Sympathien des Publikums der „Novelty“, einer leichten und durchdachten, jedoch zu wenig erprobten und eher für Straßeneinsatz geeigneten Maschine. Immerhin erreichte sie mehr als dreißig Meilen je Stunde, also nahezu 50 km/h, und erweckte den Anschein des Fliegens. Doch bald versagte der zu komplizierte Kessel – die „Rocket“ blieb als einzige übrig.
Obwohl ebenfalls unter Zeitdruck gebaut, kam ihr die Sorgfalt zustatten, mit der Stephenson junior ans Werk gegangen war. In ihren ebenfalls neu entwickelten Kessel hatte er statt eines stärkeren zahlreiche dünne Heizrohre eingezogen. Die Zylinder standen schräg statt senkrecht, sodass die Räder direkt angetrieben werden konnten. Durch nur eine Treibachse wurden ebenfalls Gewicht und Kosten gespart.
Die „Rocket“ erfüllte alle Bedingungen. Stephenson drehte auf der letzten Fahrt mächtig auf und erreichte

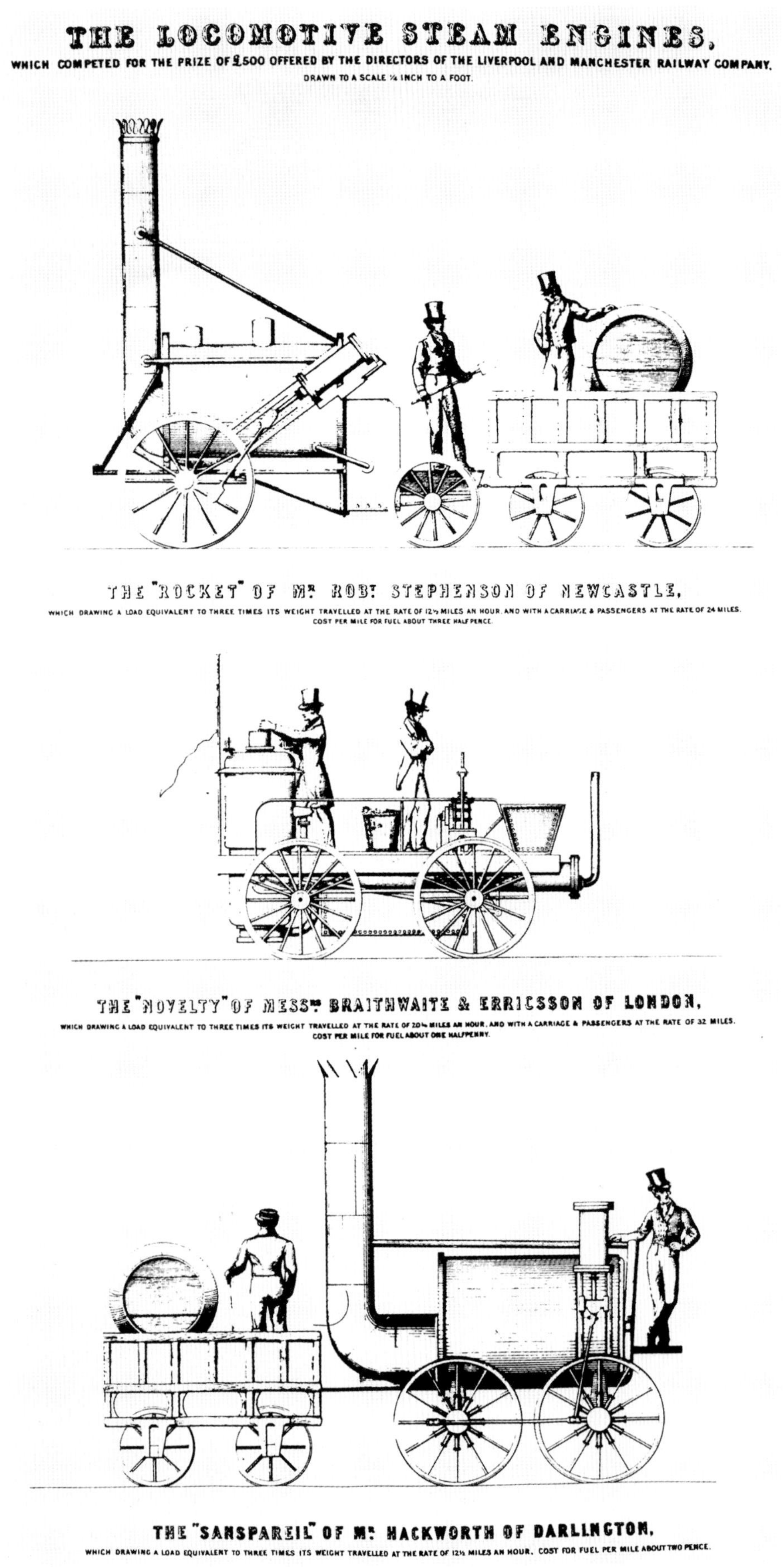

mit der vorgeschriebenen Last beinahe die Geschwindigkeit wie zuvor die „Novelty“. Sieg und Preis in der Tasche, hängte Stephenson einen Wagen an und dampfte stolz mit zahlreichen Menschen über die Steigung nach Whiston, von der Gutachter zuvor erklärt hatten, eine Lokomotive werde niemals Nutzlasten über diesen Berg befördern können.
Zwar hatte den vielzitierten Siegeszug der Dampflokomotive die erfolgreiche „Rocket“ in Bewegung gesetzt, doch auch sie war bald überholt und dem wachsenden Verkehr zwischen Liverpool und Manchester nicht mehr gewachsen.
Ende 1830 gab Stephenson die „Rocket“-Konstruktion auf und baute mit der „Planet“ einen neuen Typ. Die Zylinder lagen nicht mehr hinten, sondern vorn, wo sie auch bei allen späteren Konstruktionen geblieben sind, allerdings zunächst noch zwischen den Rädern, also innerhalb des Rahmens. Bei einer verstärkten Ausführung, die als „Samson“ bekannt wurde, verbanden bereits Kuppelstangen die Räder beider Achsen. Diese Bauarten bewährten sich so, dass sie von mehreren anderen Herstellern in Lizenz gebaut wurden.
Um die Sicherheit zu erhöhen, aber auch größere und damit leistungsfähigere Kessel auf dem Lokomotivrahmen lagern zu können, baute Stephenson im hinteren Teil eine dritte Achse ein. Dadurch verteilte sich das Gewicht, die Gleise wurden weniger beansprucht und die von der stark überhängenden Feuerbüchse verursachten Nickbewegungen verschwan-

Bild links: „Rocket“, „Novelty“ und „Sanspareil“, die drei Lokomotiven, die für den Rainhill-Wettbewerb am 6. und 13. Oktober 1829 zugelassen waren.

Rechte Seite: Die wohl eher als Scherz gedachte Pferdelokomotive wurde in Rainhill schon vor dem Start disqualifiziert.

den. Das Patent, das Robert Stephenson dafür erhielt, gab dieser Bauart den Namen „Patentee“. Ihr gehörte auch der Nürnberger „Adler“ an, der bereits von fortgeschrittener Lokomotivbaukunst zeugte.

Die erste Lokomotivfabrik der Welt

Am Anfang der Lokomotivbau-Geschichte hatten sich Richard Trevithick, John Blenkinsop oder William Hedley als Techniker und Ingenieure, als Praktiker und Forscher täglich mit neuen Problemen auseinanderzusetzen. Ihre Hilfsmittel waren bescheiden, ihre Kenntnisse begrenzt. Ständig bewegten sie sich auf technischem Neuland, mussten auf tausend Fragen Antwort, für tausend Probleme Lösungen finden. Hingegen vermochten sie kaum die Auswirkungen ihrer Schritte zu werten oder deren Bedeutung für künftige Entwicklungen abzuschätzen. So war etwa Trevithick mit seiner ersten Lokomotive schon mancher späteren Konstruktion nahe, ohne es zu ahnen. George Stephenson und vor allem sein talentierter Sohn Robert hatten als erste Kenntnis und Erfahrungen, aber auch den Überblick, um die Erfindung der Dampflokomotive kommerziell zu nutzen.

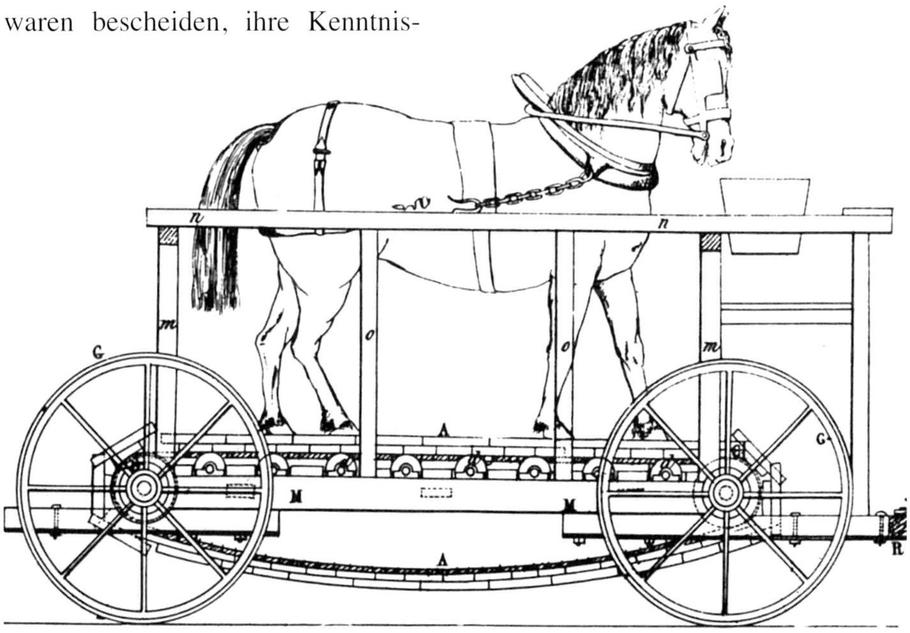

George Stephenson, am 8. Juni 1781 in Wylam-on-Tyne als Sohn eines Grubenarbeiters geboren, wuchs ohne Schulbildung auf und musste schon als Kind hart arbeiten. Erst mit 18 Jahren lernte er Lesen und Schreiben, brachte es aber mit seiner Begabung zum technischen Leiter der Grube von Killingworth und baute 1821 als verantwortlicher Ingenieur die Bahn von Stockton nach Darlington.

Nicht weit von Killingworth entfernt, auf der Wylam-Grube, dampften Lokomotiven von William Hedley, jenem Mann, der nachwies, dass die Reibung zwischen Rad und Schiene für den Lokomotivbetrieb ausreicht. Ob Stephenson von sich aus an diesen Maschinen Interesse gefunden hatte oder ob er sich im Auftrag seiner Dienstherren damit beschäftigte, bleibt offen. Jedenfalls baute er 1813 seine erste Lokomotive. Sie hieß zunächst „Mylord“, wurde 1814 auf der Killingworth Railway in Dienst gestellt und ein Jahr später auf „Blucher“ umbenannt, zu Ehren des preußischen Feldherrn, der bei Waterloo Napoleon bezwungen hatte. Als Vorbild war Blenkinsops Konstruktion für die Middleton-Grube zu erkennen, wobei Stephenson auf die Kraftübertragung mit Zahnrad und Zahnstange verzichtete. Obwohl die Hedley-Maschinen wie die „Puffing Billy“ der ersten Stephenson-Lokomotive in mancher Hinsicht überlegen waren, gelangen Stephenson vor allem in der Mechanik so viele Verbesserungen, dass er die Zuverlässigkeit seiner Lokomotiven deutlich zu steigern vermochte. Weniger geschickt erwies er sich bei der Konstruktion des Kessels, der den schwachen Punkt der Stephenson-Lokomotiven bildete.

Immerhin blieben die Lokomotiven auf der Killingworth-Grube ständig im Einsatz, so dass in der näheren und weiteren Umgebung das Interesse an diesen Maschinen wuchs, auch wenn sie anfangs gegenüber Zugtieren keinen wirtschaftlichen Vorteil erkennen ließen. Trotzdem erhielt Stephenson einige Aufträge und damit die Gelegenheit, konstruktive Verbesserungen vorzunehmen und neben der Zuverlässigkeit auch die Leistungsfähigkeit zu erhöhen. Die Wirtschaftlichkeit gegenüber Pferden wurde nun deutlicher – die Dampflokomotive konnte sich endgültig durchsetzen. Zufällig oder bewusst trennte sich Stephenson gerade zu diesem für die Eisenbahngeschichte bedeutsamen Zeitpunkt von der Killingworth-Grube. Am 23. Juni 1823 gründete er die erste Lokomotivfabrik der Welt. Ihr Name lautete auf „Robert Stephenson Co“. Als Geldgeber beteiligten sich Edward Pease und Michael Longridge, während Stephensons knapp zwanzigjähriger Sohn Robert die technische Leitung übernahm. In der Forth Street zu Newcastle wurde die Werkstatt eingerichtet. Sie erreichte bald Weltgeltung, obwohl sich der Vater vom Lokomotivbau ab- und dem Streckenbau zuwandte und der Sohn von 1824 bis 1827 nach Südamerika ging.

Wenn auch nur nebenbei, so beschäftigte sich George Stephenson bis zu seinem Tod am 12. August 1848 immer wieder mit Verbesserungen an

chen lassen ... Keiner, der nicht völlig phantasielos ist, möchte ... ohne Staunen beim ersten Anblick des wunderwürdigen Phänomens geblieben sein. Diesem Staunen folgt dann ein ... Gefühl des Triumphes menschlicher Erfindungs- und Geisteskraft über die Elemente ... Und seltsam! Dieses erhebende Gefühl bewirkt dieser Anblick in Hunderten und Tausenden, die kaum ahnen, welche Kenntnisse, Erfahrungen, Experimente, Kombinationen, wie viel Scharfsinn, Genie und – Glück zusammenwirken muss-

der Lokomotive. Den größeren Ruhm erlangte schließlich sein Sohn. Er konnte nicht nur auf die Grundlagen des Vaters bauen, sondern auch auf eine profunde Schul- und Universitätsausbildung. Außerdem begannen zu seiner Zeit überall Eisenbahnen zu entstehen; der Lokomotivbedarf stieg und konnte zunächst nur in England gedeckt werden. Stephensons Fabrik produzierte in beachtlicher Stückzahl: Die 1835 als erste nach Deutschland gelieferte Lokomotive „Adler" trug bereits die Fabriknummer 118.
Robert Stephenson überlebte seinen Vater nur um elf Jahre und starb am 12. Oktober 1859 in London. England würdigte seine Leistungen und seine Verdienste mit der höchsten damals möglichen Ehrung: Er wurde in der Westminster-Abtei beigesetzt.

Das Geheimnis des Dampfwagens

Die ersten Lokomotiven stießen nicht zuletzt deshalb auf Misstrauen und Widerstand, weil niemand ihre unheimliche Kraft sich zu erklären und die Wirkungsweise zu verstehen vermochte. Das „Stuttgarter Morgenblatt" schrieb über die Eröffnung der ersten deutschen Eisenbahn Nürnberg – Fürth am 7. Dezember 1835: „... aber die freudigste und nicht zu erschöpfende Aufmerksamkeit widmete man dem Dampfwagen selbst, an welchem jeder so viel Ungewöhnliches, Rätselhaftes zu bemerken hat, den aber in seiner speziellen Struktur nach äußerem Ansehen selbst ein Kenner nicht zu enträtseln vermag. Der Wagenlenker ließ die Kraft des Dampfes nach und nach in Wirksamkeit treten. Aus dem Schlot fuhren nun die Dampfwolken in gewaltigen Stößen, die sich mit dem schnaubenden Ausatmen eines riesenhaften antediluvianischen Stieres verglei-

Bild oben: Der Patentee-Typ gehörte zu den erfolgreichsten Stephenson-Lokomotiven.

Rechte Seite: dreiachsige Personenzug-Lokomotive von Stephenson aus dem Jahre 1846 mit langem Kessel und großen Treibrädern.

Folgende Doppelseite: von der amerikanischen Firma Noris in Philadelphia an Österreich geliefert: „Austria". Dieses Modell wurde schon um 1840 zur „Verkaufsförderung" und zu Ausstellungszwecken angefertigt

ten, um solche Maschine zu ersinnen, zu konstruieren. Für diese bleibt das Ganze ein Wunder, an das sie glauben, weil sie es sahen ..."

Selbst der pfiffgste Mechanikus konnte mit dem geheimnisvollen Gefährt und dessen Beschreibung nichts anfangen. So musste ein fachkundiger Maschinist aus England mitkommen, die Lokomotive bedienen und die nötigen Anweisungen zur Wartung geben.

Freilich dauerte es nicht lange, bis die Wirkungsweise kaum noch Rätsel aufgab: Den Dampf, über dem „Herd" durch das Feuer erzeugt, kann der Lokomotivführer mit Hilfe eines Reglers in die Zylinder strömen lassen. Dabei bewirkt der zur Steuerung gehörende Schieber, dass der Dampf immer abwechselnd einmal von der einen, dann von der anderen Seite eintritt, sodass sich der Kolben im Zylinder hin- und herbewegt. Durch Stangen wird diese Bewegung auf die Räder übertragen.

Stephenson hatte bei der Wettfahrt von Rainhill seinen großen Erfolg mit der „Rocket" errungen. Mängel, die sich im Betrieb zeigten, mussten durch Verbesserungen bei „laufender Produktion" behoben werden; denn für Lokomotiven dieser Bauart liefen bereits Aufträge. Die heftigen Stöße, die sich bei steigendem Tempo bemerkbar machten, führte Stephenson auf die schräg gestellten Zylinder zurück. Er veränderte sie mehrmals, bis sie nahezu waagerecht lagen. Um die Dampferzeugung zu verbessern, hatte er schon zuvor ein Blasrohr eingebaut; damit entwich der Dampf

AUSTRIA

aus dem Zylinder nicht unmittelbar ins Freie, sondern durch den Schornstein. Bereits Trevithick hatte darin – was jahrzehntelang vergessen war – bei der ersten Dampflokomotive von 1804 eine Möglichkeit erkannt, den Zug der Feuerung zu verbessern und die Glut anzufachen. Nachdem Stephenson mit dem eigentlichen Kessel noch eine Rauchkammer mit Tür zum Reinigen der Heizrohre und am hinteren Ende die Feuerbüchse mit dem Rost verbunden hatte, war schon in dieser frühen Entwicklungsphase der Langkessel geschaffen – charakteristisches Element aller späteren Dampflokomotiven.

„Know-how" aus England und Amerika

Stephensons Lokomotiven wiesen bereits die wesentlichen Merkmale späterer, ausgereifter Konstruktionen auf. Im Detail hingegen gab es noch viel zu verbessern. Darum bemühten sich bald zahlreiche Konstrukteure: in England mit Erfolg zunächst Timothy Hackworth, Nachfolger von George Stephenson bei der Stockton-Darlington-Bahn, und Edward Bury, der in Liverpool 1829 in den Lokomotivbau einstieg. Thomas Sharp und Richard Roberts begannen damit 1834 in Manchester; Sharp, Roberts & Co galten als schärfste Konkurrenz für Robert Stephenson im Ausland und außerdem als Erste, die nicht nur auf zuverlässige Funktion ihrer Lokomotiven Wert legten, sondern auch auf eine gefällige Erscheinung. Der Franzose Bénoit Paul Émile Clapeyron erfand 1840 eine Steuerung, mit der unter Nutzung der Dampfexpansion eine bemerkenswerte Verminderung des Brennstoffverbrauchs und damit ein wesentlich sparsamerer Betrieb möglich war. Dieses Prinzip hat später vor allem der Elsässer Jean Jacques Meyer weiterentwickelt.

In Amerika ging der Lokomotivbau bald eigene Wege. John Stevens hatte 1826 im Alter von 77 Jahren Amerikas erste Lokomotive gebaut und auf einem Rundkurs fahren lassen. In größerer Zahl hergestellt und für den praktischen Betrieb geeignet war als Erste die „Grashoppers"-Bauart, die auf den Uhrmacher Phineas Davis und die von ihm gebaute „York" zurückging. Sie war als Siegerin aus einem Wettbewerb hervorgegangen, ähnlich dem von Rainhill in England. Mit ihren senkrechten Zylindern und dem zugehörigen Gestänge ähnelte sie einer Heuschrecke. Zu diesem Typ gehörte auch die „Columbus" der Leipzig-Dresdner Eisenbahn, gebaut von Gillingham & Winans in Baltimore um 1835. Ross Winans, einer der Inhaber, entwickelte aus den „Heuschrecken" neben anderen erfolgreichen Lokomotiven die „Krebse", die mit ihrer waagerechten Zylinderanordnung den Eindruck rückwärts gerichteter Bewegung erweckten und deshalb „Crabs" genannt wurden.

Äußeres Merkmal amerikanischer Lokomotiven wurden die „Cow-catcher", schneepflugartige Bahnräumer, die Isaac Dripps als technischer Leiter einer amerikanischen Bahn zum Schutz der Lokomotive vor Weidevieh und Großwild ersonnen hatte. Aber auch das Drehgestell, ein beweglicher Rahmen mit zwei Achsen, prägte das Aussehen amerikanischer Maschinen: John B. Jervis hatte um 1830 das vordere zweiachsige Drehgestell in Amerika eingeführt, wobei er auf ein englisches Patent von William Chapman aus dem Jahr 1812 zurückgriff. Ihr guter Kurvenlauf verhalf Drehgestell-Lokomotiven zu rascher Verbreitung. Die spä-

Bild unten: Die von Johann Andreas Schubert in Dresden gebaute „Saxonia" war die erste in Deutschland gebaute betriebstüchtige Dampflokomotive. Die ab 1838 eingesetzte, nur aus deutschen Werkstoffen gefertigte Lokomotive erreichte einschließlich ihres späteren Bahnhofs- und Reservedienstes eine Lebensdauer von 18 Jahren.

Rechts oben: die von Emil Kassel 1841 in Karlsruhe gebaute „Badenia".

Rechts unten: die von Georg Ritter v. Krauss 1866 in München gebaute „Landwürden".

ter weltbekannte Fabrik von Mathias Baldwin wurde zum Exponenten dieser Bauart mit vorderem Drehgestell und einer einzelnen Antriebsachse. William Norris, einer der erfolgreichsten Lokomotivbauer Amerikas, legte die Zylinder nach außen und ebenso das direkt auf die Räder wirkende Antriebsgestänge; damit waren diese Teile leicht, also „wartungsfreundlich" zugänglich. Seiner vor der Feuerbüchse liegenden Treibachse fügte er später eine zweite hinzu. Nach Liste und damit nach einheitlichen Richtlinien baute er „serienmäßig" vier Typen, womit er auch die ersten Lokomotiv-Normen schuf. Seine Maschinen erwiesen sich selbst in Übersee als äußerst erfolgreich, sodass er vorübergehend sogar in Wien ein Zweigwerk unterhielt. Inzwischen regte sich jedoch nationaler Unternehmungsgeist, sodass sich in Europa eigenständige Entwicklungen durchsetzten.

Frühe Industriespionage

Zu Beginn des Eisenbahnzeitalters war England in der technischen Entwicklung der übrigen Welt um Jahrzehnte voraus. Die Monopolstellung

Bild oben: Lokomotive „Brugg", eine der zwanzig für die Schweizer Nordbahn ab 1856 von Maffei in München, Kessler in Karlsruhe und Escher, Wyss & Cie. in Zürich gelieferten Maschinen.

Linke Seite, oben: Lokomotive „Johnsbach" der österreichischen Kronprinz-Rudolf-Bahn, gebaut von der Schweizerischen Lokomotiv- und Maschinenfabrik Winterthur 1873.

bei Industriegütern und der grenzenlose Export überallhin blieben freilich nicht lange unangefochten. George und Robert Stephenson galten kaum als sonderlich auskunftsfreudig, suchten sich neugierige Besucher möglichst vom Leib zu halten. Trotzdem fanden Interessenten aus dem Ausland immer wieder unter irgendeinem Vorwand Einlass, konnten gelegentlich sogar für längere Zeit dort arbeiten und sich dabei nicht nur über die Konstruktionen genauer informieren, sondern unbemerkt auch das „Knowhow" mitnehmen.

Auf diese frühe Form von „Industriespionage" oder „Technologietransfer" geht auch der Bau der „Saxonia", der ersten brauchbaren deutschen Lokomotive, durch den Dresdner Professor Johann Andreas Schubert zurück. Von armen Eltern am 19. März 1808 in Wernesgrün im Vogtland geboren und als Stiefkind in Leipzig aufgewachsen, zeigte er so ausgeprägtes technisches Talent, dass er mit zwanzig Jahren Mathematiklehrer und vier Jahre später Professor am Polytechnikum in Dresden wurde. Auf Kosten des sächsischen Staates reiste er 1834 nach England, sah sich eingehend auf der Liverpool-Manchester-Eisenbahn um und konnte manchen Blick in Fabriken und Werkstätten werfen. Aus dem Gedächtnis vermochte er aufzuzeichnen, was er gesehen hatte. So gab er später der industriellen Entwicklung Sachsens Impulse auf vielen Gebieten.

In Dresden hatte er schon früher einen Gewerbeverein gegründet. Nach der Rückkehr aus England entstand auf seine Initiative die Aktien-Maschinenbau-Gesellschaft in Übigau bei Dresden. Dort baute Schubert 1838 die „Saxonia", die bei der Leipzig-Dresdner Eisenbahn bis 1850 im Dienst stand. Sie orientierte sich am englischen Vorbild, doch verbesserte Schubert Triebwerk und Laufwerk, Konstruktion und Betriebstauglichkeit aufgrund eigener Überlegungen. Die Lokomotive besaß zwei gekuppelte Treibachsen, dahinter baute Schubert unter dem Führerstand noch eine Laufachse ein. Der lange, schlanke Schornstein endete oben in einem korbähnlichen Funkenfänger. Diese noch als Einzelstück gefertigte erste Lokomotive deutscher Herkunft bewährte sich durchaus, obwohl die Bahngesellschaft sie anfangs gegenüber den in England gekauften Maschinen eher geringschätzte.

Die ersten Lokomotiven Österreichs und der Schweiz treten in der Eisenbahngeschichte weniger hervor.

In Österreich begründete den Lokomotivbau John Haswell, Ingenieur von Fairbairn & Cie in Manchester. Er kam 1837 mit dem Auftrag nach

Wien, die Werkstätte der Wien-Raaber Eisenbahn einzurichten, aus der die Maschinenfabrik der Staatseisenbahn-Gesellschaft hervorging. Haswell ließ sich in Wien nieder und baute 1840 unter der Fabriknummer 1 die „Wien", die als die erste in Österreich gebaute Lokomotive am 6. Juni 1841 in Dienst gestellt wurde. Unter den Fabriknummern 2 und 3 folgten „Hietzing" und „Schönbrunn", getreue Nachbildungen amerikanischer Lokomotiven, wie sie zuvor Norris aus Philadelphia geliefert hatte, mit dem charakteristischen zweiachsigen Drehgestell vor der Antriebsachse.

In der Schweiz begann der Lokomotivbau wesentlich später, nachdem sich dort die Eisenbahn im Widerstreit der Interessen erst in der zweiten Hälfte des Jahrhunderts durchsetzen konnte. Dann bezog die Schweiz ihre Lokomotiven lange aus dem Ausland. Escher, Wyss & Co in Zürich lieferten 1856 die ersten Maschinen Schweizer Herkunft für die Nordostbahn und die Vereinigten Schweizer Bahnen. Dabei handelte es sich um den Teilauftrag einer Serie von zwanzig Lokomotiven, deren größter Teil bei Maffei in München und Kessler in Karlsruhe bestellt worden war. Escher-Wyss blieb nur etwa zehn Jahre beim Lokomotivbau. Größere Bedeutung für die Schweiz erlangte die 1856 gegründete Werkstätte Olten der Schweizerischen Centralbahn unter Niklaus Riggenbach; ihr oblag später nicht nur die Instandhaltung von Fahrzeugen und maschinentechnischen Anlagen, sondern von Fall zu Fall auch ihre Neuanfertigung. Später trat die 1871 gegründete Schweizerische Lokomotiv- und Maschinenfabrik Winterthur (SLM) in den Vordergrund, während sich Brown, Boveri & Cie in Baden und die Maschinenfabrik Oerlikon auf elektrische Lokomotiven und Triebwagen konzentrierten.

Ein blühender Industriezweig

Die rasch wachsenden Bahnnetze ließen den Bedarf an Fahrzeugen schnell steigen. Um sich aus der Abhängigkeit von England zu lösen, begannen zahlreiche Maschinenfabriken auf dem Kontinent auch Lokomotiven zu bauen. Ein blühender Industriezweig wuchs heran. Dass er in Deutschland besonderen Umfang annahm, lag an der Vielzahl deutscher Länder: Sie wollten die technische Entwicklung beeinflussen und den Bedarf dann möglichst innerhalb der eigenen Grenzen decken. So gab es namhafte Lokomotivfabriken in Preußen, Bayern, Sachsen, Baden, Württemberg, Thüringen und Hannover.

In Österreich-Ungarn entstanden neben der Maschinenfabrik der Staatseisenbahn-Gesellschaft die Wiener Lokomotivfabrik in Wien-Floridsdorf und die schon 1842 durch Carl Edler von Prevenhuber gegründete Lokomotivfabrik in Wiener Neustadt, die 1867 Georg Sigl übernahm. Krauss & Comp. ließ sich 1880 mit einem Zweigwerk in Linz nieder. In Budapest gründeten 1873 die Königlich-Ungarischen Staatsbahnen ihre eigene Maschinenfabrik; in Prag beschäftigte sich die Erste Böhmisch-Mährische

Eine von zwei kleinen Dampflokomotiven, die am 1. Januar 1882 einen ersten, provisorischen Verkehr für Dienstgut und Post durch den Gotthardtunnel eröffnete.

Maschinenfabrik mit Lokomotivbau, in Pilsen bildete er einen bedeutenden Betriebszweig der Škoda-Werke.

Selbst Borsig geriet „unter die Räder"

August Borsig gründete 1837 in Berlin eine Werkstätte, die bald auch Lokomotiven baute. Die erste mit der Fabriknummer 1 und dem Namen „Borsig" verließ am 24. August 1841 das Werk, das sich bald zur bedeutendsten deutschen Lokomotivfabrik entwickelte. Borsig war geradezu Synonym für den Begriff Lokomotive – bis zum Höhepunkt der Wirtschaftskrise. Zwar blieb der Name erhalten, als 1930 die „Borsig Lokomotivwerke GmbH" in Berlin-Tegel und Hennigsdorf bei Berlin auf eine neue Grundlage gestellt wurden, doch alle Geschäftsanteile hielt seit 1931 die Allgemeine Elektricitäts-Gesellschaft AEG, die seit 1888 selbst Dampf- und elektrische Lokomotiven herstellte. In der DDR gehörte das Werk Hennigsdorf zum „Kombinat VEB Lokomotivbau-Elektrotechnische Werke >Hans Beimler<", das 1970 auch den bis dahin selbständigen „VEB Lokomotivbau >Karl Marx<" in Potsdam – früher Orenstein & Koppel, Babelsberg – übernahm. Lokomotiven aus Hennigsdorf gingen an die Reichsbahn der DDR und erzielten Exporterfolge über den Ostblock hinaus. Am 1. Januar 1992 kehrte das Werk zur AEG zurück; Hennigsdorf wurde unter dem Dach des Daimler-Konzerns zum Schwerpunkt des Geschäftsfelds Bahnsysteme.

Zur selben Zeit wie Borsig in Berlin begann Joseph Anton Ritter von Maffei in München mit dem Bau

POLLAU
142
142

209.26

Lokomotivmodell aus dem Österreichischen Eisenbahnmuseum in Wien: „Vindobona", gebaut von Robert Stephenson im Jahre 1838 (oben).

Linke Seite (von oben nach unten): „Pollau" der Kaiser-Ferdinand-Nordbahn, gebaut von der Wiener Neustädter Lokomotivfabrik 1872; Nr. 26.08 der K.k. Staatsbahnen, ehemals Nr. 40 der Kaiser-Franz-Josef-Bahn, gebaut von der Sigl'schen Lokomotivfabrik 1873; Nr. 306.04: nicht gebaute Zweizylindermaschine der Lokomotivfabrik der Staatseisenbahnen-Gesellschaft 1908; Nr. 209.26 der Österreichischen Bundesbahnen, ehemals Nr. 109.26 der Südbahn, gebaut von der Wien-Florisdorfer Lokomotivfabrik 1913.

von Lokomotiven. Als erste ging im September 1841 „Der Münchner" an die Bayrische Staatseisenbahn. Maffeis Mitarbeiter Georg Krauß gründete 1866 die zweite Lokomotivfabrik Münchens. Noch im selben Jahr lieferte sie unter Fabriknummer 1 die „Landwührden" an die Oldenburgische Staatsbahn, nicht ohne zuvor auf der Pariser Weltausstellung eine Goldmedaille mitgenommen zu haben. Auch Maffei überlebte die Wirtschaftskrise nicht; die Fabrik ging 1931 an Krauss & Comp. Seither besteht die Krauss-Maffei AG in München-Allach, die noch heute Lokomotiven für die Deutsche Bahn, die Industrie und den Export herstellt.

Zu den frühen deutschen Lokomotivbauern gehörte auch Emil Kessler in Karlsruhe; er lieferte 1841 als Erste die „Badenia" an die Badische Staatsbahn und begann 1846 mit dem Aufbau einer eigenen Fabrik für die Württembergische Staatsbahn in Eßlingen bei Stuttgart. Daraus entwickelte sich die Maschinenfabrik Eßlingen; sie wurde 1965 von der Daimler-Benz AG erworben. Im folgenden Jahr endete der Lokomotivbau. Sein Karlsruher Werk hatte Kessler 1851 mit Verlust abgeben müssen; später wurde es mit Unterstützung des badischen Staates weitergeführt, den Lokomotivbau übernahm 1928 Krupp.

In Hannover gründete Georg Egestorff 1835 eine Maschinenfabrik, die 1846 ihre erste Lokomotive „Ernst August" für die Hannoversche Staatsbahn baute. Aus dem Unternehmen ging später die Hanomag hervor, deren Lokomotivbau 1930 von Henschel & Sohn in Kassel übernommen wurde. Dieses alteingesessene und renommierte Familienunternehmen hatte unter Georg Alexander Carl Henschel am 29. Juli 1848 seine erste Lokomotive mit dem Namen „Drache" an die hessische Friedrich-Wilhelms-Nordbahn geliefert. Henschel entwickelte sich zu einer der größten und bedeutendsten Lokomotivfabriken Deutschlands, übernahm 1928 von der R. Wolf AG in Magdeburg-Buckau deren 1916 von Hagans erworbenen Lokomotivbau in Erfurt, 1930 einen Teil der Linke-Hofmann-Werke in Breslau, noch im selben Jahr den Lokomotivbau der Hanomag, 1961 die Diesellokomotivfertigung der Maschinenfabrik Eßlingen zum Teil und 1969 die von Klöckner-Humboldt-Deutz in Köln vollständig. Von 1964 bis 1976 gehörte der Henschel-Lokomotivbau zu Rheinstahl, danach zu Thyssen, seit 1989 als ABB-Henschel zunächst zur Hälfte, seit 1994 jedoch ganz zum schwedisch-schweizerischen ASEA Brown-Boveri-Konzern (ABB). In den Werkhallen von Henschel in Kas-

sel wurden bereits über 33 000 Lokomotiven gebaut – die weitaus größte Zahl, die ein deutsches Unternehmen je erreicht hat.
Von 1848 bis 1929 bauten Lokomotiven auch die Sächsische Maschinenfabrik, vorm. R. Hartmann in Chemnitz, von 1855 bis 1929 die Union-Gießerei in Königsberg, von 1858 bis 1928 die Vulkan-Werke in Stettin, von 1860 bis gegen Ende des Zweiten Weltkriegs Ferdinand Schichau in Elbing, von 1860 bis 1924 die Maschinenbau-Gesellschaft Heilbronn, von 1866 bis 1945 die Berliner Maschinenbau-Actien-Gesellschaft vorm. Schwartzkopff in Berlin, von 1876 bis 1929 die Hohenzollern AG für Lokomotivbau in Düsseldorf-Grafenberg und von 1897 bis 1928 die Maschinenbau-Anstalt Humboldt AG in Köln-Kalk. Daneben gab es noch zahlreiche kleinere Hersteller.
Auf das Jahr 1858 ging der Lokomotivbau von Linke-Hofmann in Breslau zurück. Ihn übernahmen 1930 zu gleichen Teilen Krupp und Henschel.
Nach dem Zweiten Weltkrieg kam es in Salzgitter zur Neugründung mit Schwerpunkt im Wagen- und Triebwagenbau: Linke-Hofmann-Busch gehörte zunächst zur Salzgitter-Gruppe, kam 1989 zur Preussag und ging nach einer gescheiterten Annäherung an ABB-Henschel 1994 zur französischen GEC Alsthom-Gruppe.
Krupp in Essen, in anderen Bereichen ebenfalls seit dem vorigen Jahrhundert mit der Eisenbahn eng verbunden, nahm Lokomotiven erst 1919 ins Fertigungsprogramm auf. Durch Übernahme des Lokomotivzweigs der Maschinenbau Humboldt AG und der Maschinenbau-Gesellschaft Karlsruhe 1928, der Hohenzollern AG 1929 und eines Teils von Linke-Hofmann 1930 wuchs der Krupp-Lokomotivbau erheblich. Die Deutschen Werke Kiel begannen 1925 Lokomotiven zu bauen; daraus ging die MaK Maschinenbau Kiel hervor, die 1964 von Krupp übernommen, 1979 in Krupp-MaK umbenannt und 1991 in die Krupp-Verkehrstechnik eingegliedert wurde.
Dampflokomotiven bauten auch die beiden Elektrokonzerne AEG und – von 1919 bis 1921 – BBC Brown, Boveri & Cie in Mannheim, nur elektrische Lokomotiven die Siemens-Schuckertwerke in Berlin von 1879 bis 1935. Die meisten noch bestehenden deutschen Lokomotiv- und Waggonfabriken gerieten Ende der 1980er Jahre ins Kielwasser der Elektroindustrie. Sie war ursprünglich nur Zulieferer von Transformator, Fahrmotoren und Zubehör; heute liegt ihr Lieferanteil an einer elektrischen Lokomotive bei sechzig Prozent. So kamen die Duewag sowie die Verkehrstechnik von Krupp und Krauss-Maffei ganz oder teilweise zu Siemens, die MAN und Messerschmitt-Bölkow-Blohm zur AEG, die Waggon-Union zu ABB Henschel, Linke-Hofmann-Busch zu GEC Alsthom. Die Elektrokonzerne

verstehen sich heute als Systemanbieter, die weltweit nicht nur Fahrzeuge, sondern schlüsselfertige Bahnsysteme anbieten. Nachdem aus AEG und ABB Anfang 1996 Adtranz hervorgegangen ist, steht diesem weltweit größten Anbieter von Bahntechnik in Deutschland nur noch Siemens gegenüber.

Im Zuge technischen Fortschritts

Einen Angelpunkt in der Dampflokomotiv-Entwicklung bildete stets der Kessel als Energiespeicher und -umwandler. Mit zunehmender Größe, höherem Dampfdruck und gesteigerter Leistung nahmen auch die Probleme zu. Schwierigkeiten lagen vor allem in der Wahl geeigneter Kesselbaustoffe, im Wärme- und Festigkeitsverhalten, beim Korrosionsschutz und in den Verankerungen zwischen Feuerbüchse und Stehkessel als den am stärksten beanspruchten Kesselteilen. Die Anforderungen des Eisenbahnbetriebs warfen außerdem zahlreiche Probleme auf, die bei stationären Dampfkesseln nicht vorkamen. Gerade deshalb entstanden für Dampflokomotiven bis zuletzt immer neue Kesselbauarten, die keineswegs immer hielten, was sie versprachen. Oft wurden Vorteile auf der einen mit Mängeln auf der anderen Seite erkauft.

Als Marksteine konstruktiver Verbesserung der Dampfmaschine hatten sich ganz zu Anfang die beidseitige Einwirkung des Dampfes auf den Kolben, die Steigerung des Dampfdrucks und die Ausnutzung der Dampfexpansion erwiesen. Auch das Blasrohr, das den Abdampf in den Schornstein leitet und damit das Feuer um so stärker anfacht, je schwerer die Maschine arbeitet, gehörte schon zu den frühen Erfindungen. Ebenso die Verbundmaschine, der Heißdampf und die Speisewasser-Vorwärmung. Manche Erkenntnis geriet allerdings wieder in Vergessenheit, weil die Zeit für ihre allgemeine Anwendung nicht reif war. Die meisten späteren „Erfindungen", die den Dampflokomotivbau beeinflusst haben, gingen auf Grundlagen zurück, die sich zu Beginn des Dampfmaschinenbaus technisch nur noch nicht umsetzen ließen.
Zu den wesentlichen Weiterentwicklungen gehörte zunächst die zweistufige Ausnutzung der Dampfdehnung, die Konstruktion der Verbundmaschine. Der Dampf durchströmt dabei zunächst einen meist kleineren Hochdruckzylinder und gibt seine Energie erst im nachgeschalteten, größeren Niederdruckzylinder vollständig ab. Diese Art der besseren Energieausnutzung – bei stationären Dampfmaschinen und im Schiffsbau schon lange genutzt – wurde für Lokomotiven 1874 dem Schweizer Anatole Mallet patentiert. Von den zahlreichen späteren Systemen haben sich nur die von Alfred de Glehn und August von Borries durchsetzen können. Der Vorschlag des Franzosen André Chapelon, dreifache Dampfdehnung in einer Vier- oder Mehrzylinderlokomotive

Bild oben: Die Jungfernfahrt der „Borsig", der ersten Dampflokomotive der Berliner Firma August Borsig, fand am 24. Juli 1841 zwischen Berlin und Jüterbog auf der Berlin-Anhalter Eisenbahn statt. Die „Borsig" wurde 1851 ausgemustert und ihr Name 1854 an die 500. Lokomotive des Werkes erneut vergeben.

Bild unten: Lokomotive „Beuth" der Berlin-Anhalter-Eisenbahn, 1843 von Borsig gebaut, mit einem Kessel der Stephensonschen Langboiler-Bauart.

Bild links: Von Georg Ritter von Krauss, Lokomotiv-Ingenieur und Gründer der Lokomotivfabrik Krauss & Co. wurde 1874 diese Schnellzuglok mit der Fabriknummer 1000 gebaut.

Bild unten: Die 1848 für die Hessische Friedrich-Wilhelms-Nordbahn gebaute Personenzuglokomotive „Drache" war der erste Erfolg des Industriellen und Pioniers des Dampflokomotivenbaus Carl Anton von Henschel.

zu nutzen, wurde durch die neuen Antriebsarten überholt.
Möglichst gleichmäßige Kraftübertragung während einer Radumdrehung sollte die Anordnung von mehr als zwei Zylindern bewirken; aus der „Zwillingslokomotive" entstanden mit drei oder vier Zylindern „Drilling" und „Vierling", wobei zwei Zylinder außen, die anderen mitsamt dem erforderlichen Gestänge innen zwischen den Rädern angeordnet wurden.
Bei der Dreizylindermaschine ergab sich das gleichmäßigste Drehmoment, wenn die Kurbeln um 120 Grad versetzt und damit in gleichem Abstand auf der Umlaufbahn angebracht wurden. Francis William Webb kombinierte bei der London & North Western-Bahn Verbundwirkung und Dreizylinder-Bauart durch Anordnung von zwei äußeren Hochdruckzylindern und einem inneren Niederdruckzylinder. Da sie auf zwei nicht durch Kuppelstangen verbundene Radsätze wirkten, konnten sich die Antriebsachsen beim Anfahren in unterschiedlicher Richtung drehen. Bei späteren Drillingsbauarten wurde deshalb auf zweistufige Dampfdehnung meist verzichtet.

Die günstigsten Verhältnisse ergaben sich bei der Vierzylinder-Verbundbauart. Die Kurbeln eines Hoch- und eines Niederdruckzylinders auf jeder Seite konnten dabei so angeordnet werden, dass sie einen Winkel von 90 Grad zueinander und von 180 Grad gegenüber der anderen Maschinenseite bildeten. Neben dem Franzosen Alfred de Glehn entwickelte vor allem August von Borries in Hannover die Vierzylinder-Verbundlokomotive zur Einsatzreife, wobei er alle vier Zylinder auf eine Achse arbeiten ließ und dabei auch einen optimalen Ausgleich der bewegten Massen erreichte. Zu den bemerkenswertesten Vierzylinder-Verbundlokomotiven gehörten die nach 1900 von Anton Hammel und Heinrich Leppla bei Maffei in München entwickelten badischen und bayerischen Lokomotiven bis zur legendären S 3/6.
Die Verwendung von Heißdampf lenkte die Dampflokomotiv-Entwicklung in eine neue Richtung; denn bald zeigten Zweizylindermaschinen mit Heißdampf deutliche Überlegenheit gegenüber Verbundlokomotiven mit gewöhnlichem Nassdampf. In der Heißdampflokomotive durchströmt der Dampf vor den Zylindern einen Überhitzer, in dem seine Temperatur noch wesentlich über den Sättigungspunkt von Nassdampf steigt. Bei der anschließenden Expansion in den Zylindern kommt es auf diese Weise kaum zu Kondensation, sodass geringere Dampfzufuhr gleiche Leistung bewirkt, also der Brennstoffverbrauch verringert wird. Dem deutschen Ingenieur Wilhelm Schmidt gelang um 1900 zusammen mit Robert Garbe, Baurat

der Preußischen Staatseisenbahnen, die beste Überhitzer-Konstruktion, die sich rund um die Welt durchsetzte. Heißdampf-Zwillingslokomotiven fanden um die Jahrhundertwende zunächst in Preußen und Belgien, bald aber darüber hinaus weite Verbreitung.

Umstritten blieb hingegen die Nützlichkeit einer Kombination von Vierzylindertriebwerk und Heißdampf. Spätere Entwicklungen in Frankreich bestätigten zwar, dass damit erhebliche Leistungssteigerungen erzielbar gewesen wären, vielfach bestand jedoch die Befürchtung, den Ersparnissen an Brennstoff werde dementsprechend höherer Aufwand für die Instandhaltung einer anspruchsvolleren Technik gegenüberstehen, sodass der Heißdampf-Verbundlokomotive großer Erfolg versagt blieb. Die Diskussion über Für und Wider dauert noch immer an; sie hat sich freilich längst auf einen akademischen Streit reduziert, nachdem Dampflokomotiven heute keine Rolle mehr spielen. Die isolierte Betrachtung führt auch zu keiner sachgerechten Beurteilung; denn wo an Brennstoff nicht gespart zu werden brauchte wie in England oder Amerika, hatte die weniger anspruchsvolle und damit in der Wartung billigere Maschine durchaus ihre Berechtigung. Wo hingegen die Kohleersparnis wirtschaftliche oder wie in der Schweiz ausschlaggebende Bedeutung hatte, bildete der höhere Wartungsaufwand kein Hindernis für die Verbreitung der Heißdampf-Verbundlokomotive: Die süddeutschen Länder, Österreich und die Schweiz, aber auch Frankreich haben es gezeigt. Häufig gaben bloße Vorurteile den Ausschlag.

Zur Steigerung von Leistungsfähigkeit und Wirtschaftlichkeit beigetragen hat später noch die Nutzung der Abdampf-Restwärme zum Erhitzen des Kesselspeisewassers. Bekannt wurde vor allem die 1926 von Attilio Franco in Italien entwickelte und von Piero Crosti als Franco-Crosti-Vorwärmer verbreitete Konstruktion neben einem 1932 eingeführten System des Österreichers Franz Heinl.

Der Semmering-Wettbewerb

Die Anpassung an besondere Betriebsverhältnisse bildete neben der Verbesserung von Leistungsfähigkeit und Wirtschaftlichkeit einen weiteren Schwerpunkt der Lokomotiventwicklung. Österreich leistete dabei am Semmering Pionierarbeit. Der Bau dieser ersten Gebirgsbahn der Welt begann 1848, ohne Gewissheit darüber, ob Lokomotiven die Bergstrecke überhaupt würden bewältigen können. Auf Vorschlag der in Stuttgart erscheinenden „Eisenbahnzeitung“, die Karl von Etzel redigierte, ließ die Regierung in Wien nach dem Vorbild von Rainhill einen Wettbewerb und für die beste Konstruktion einer Semmering-Lokomotive zwanzigtausend Dukaten ausschreiben.

Vier Maschinen nahmen vom 20. August bis 16. September 1851 an den Vergleichsfahrten zwischen Payerbach und Abfaltersbach auf der Semmering-Nordrampe teil: die „Bavaria" von Maffei in München, die „Wiener Neustadt" von Wenzel Günther aus der später Sigl'schen Lokomotivfabrik in Wiener Neustadt, die von Cockerill in Belgien gebaute „Seraing" und schließlich die „Vindobona" von John Haswell aus der bahneigenen Maschinenfabrik in Wien. Sieg und ersten Preis errang die „Bavaria", doch auch die drei anderen wurden angekauft. Jeder lag zur Lösung der schwierigen Aufgabe ein eigenes Konzept zugrunde. Unmittelbar durchsetzen konnte sich keines, weil wiederum die Zeit für manche Entwicklung nicht reif war.
Die „Bavaria" lief auf einem zweiachsigen Drehgestell vorn und zwei im Rahmen fest gelagerten Achsen hinten, ein dreiachsiger Tender trug Kohle und Wasser. Kuppelstangen verbanden nicht nur die beiden festen Achsen, deren vordere angetrieben wurde, sondern auch die zwei Drehgestellachsen und die drei Tender-Achsen. Obendrein waren die drei Achsgruppen durch Ketten gekuppelt, sodass alle sieben Achsen zur Kraftübertragung genutzt wurden. Auf diese Weise ließ sich die am Berg erforderliche hohe Zugkraft erreichen: Die „Bavaria" zog mehr als 130 Tonnen über die 25 o/oo-Steigungen am Semmering. Allerdings rissen die Ketten so häufig, dass sie ausgebaut und zur Kraftübertragung nur noch die beiden festen Achsen benutzt wurden. Damit genügte die Lokomotive den Anforderungen

Crampton-Lokomotive „Die Pfalz". Erste Schnellzuglokomotive der Pfalzbahnen, gebaut von der Münchner Lokomotivenfabrik J.A. Maffei 1853. Der Nachbau von 1925 durch das Reichsbahn-Ausbesserungswerk Weiden steht heute in Neustadt an der Weinstraße.

jedoch nicht und wurde außer Betrieb gesetzt.
Die „Vindobona", die als Schlusslicht aus dem Wettbewerb hervorging, blieb schließlich als einzige für längere Zeit am Semmering im Einsatz, allerdings nach grundlegendem Umbau. Sie war von Haswell ursprünglich nur dreiachsig konzipiert, wegen ihres hohen Achsdrucks jedoch durch eine vierte Achse ergänzt worden. Um größtmögliche Zugkraft zu erreichen, wurden alle vier Achsen durch Stangen gekuppelt. In dieser Form stellte die „Vindobona" den ersten Vorläufer des später in großer Zahl gebauten Vierkupplers dar. Die fest gelagerten Achsen verursachten in den engen Kurven hohen Verschleiß am Oberbau, sodass die letzte Kuppelachse durch ein ungekuppeltes, zweiachsiges Drehgestell ersetzt wurde.
Die „Seraing" und „Wiener Neustadt" liefen auf zwei zweiachsigen Drehgestellen, deren Achsen durch zwei getrennte Zylinderpaare angetrieben wurden; so verband sich hohe Zugkraft mit gutem Kurvenlauf. Die „Seraing" trug einen Doppelkessel mit gemeinsamer Feuerung in der Mitte und je einem Schornstein sowie den vier Dampfzylindern innerhalb der Drehgestellrahmen an beiden Enden. Um die zulässigen Achslasten einzuhalten, wurde für die Kohle- und Wasservorräte ein zweiachsiger Tender angehängt. Bei der „Wiener Neustadt" lag die Feuerung am Ende, die Dampfzylinder, außen an den Drehgestellen, standen einander in der Mitte gegenüber. Platz für Kohle und Wasser war seitlich des Kessels und hinter dem Führerstand; damit war sie die erste in Österreich gebaute Tenderlok.
Aus den Erfahrungen des Semmering-Wettbewerbs entwickelte Wilhelm Freiherr von Engerth die später nach ihm benannten Gebirgslokomotiven. Anfangs wurde dabei der an der „Bavaria" gescheiterte Kettentrieb durch ein Zahnradvorgelege ersetzt, um auch die Drehgestellachsen zu

kuppeln und zur Kraftübertragung zu nutzen. Bald zeigte sich jedoch, dass drei gekuppelte Achsen den Anforderungen genügten. Die ersten Engerth-Lokomotiven für die Semmeringbahn wurden nicht in Österreich, sondern 1853 von der Maschinenfabrik Emil Kessler in Eßlingen und von Cockerill in Seraing gebaut. Sie bewährten sich ausgezeichnet und kamen später in Österreich und der Schweiz in beachtlicher Zahl zum Einsatz. Eine Flachlandvariante war auch in Frankreich weit verbreitet.

Die Lokomotive passt sich an

Das Hauptproblem der beiden Drehgestellokomotiven „Seraing“ und „Wiener Neustadt“ bestand in der Abdichtung der beweglichen Dampfleitungen zwischen Kessel und Zylindern. Jahrzehnte später fanden „Gelenklokomotiven“ unter den Namen des Engländers Robert Francis Fairlie und des Elsässers Jean Jacques Meyer vor allem auf kurvenreichen Schmalspurbahnen weite Verbreitung. Der Schweizer Anatole Mallet und der Deutsche Fritz Rimrott verbesserten die Gelenklokomotive unabhängig voneinander, jedoch weitgehend übereinstimmend. Unter Mallets Namen wurde die Bauart bekannt: Die hintere der beiden Triebwerksgruppen war im Lokomotivrahmen gelagert; bei Verbundausführung konnten so die Hochdruckzylinder dem festen Triebwerk zugeordnet werden; für die beweglichen Dampfleitungen genügte die Abdichtung auf den geringeren Druck des Verbinders zwischen Hoch- und Niederdruckteil. Maffei in München baute unter Anton Hammel 1890 eine sechsachsige Verbund-Tender-Lokomotive nach Mallet für die Gotthardbahn, damals die stärkste Lokomotive der Welt. In Amerika gipfelte die Entwicklung im berühmten „Big Boy“ der Union Pacific, dem größten Lokomotivgiganten aller Zeiten. Eine zunächst für Schmalspurbahnen in Australien bestimmte und später ebenfalls weit verbreitete Bauart ging auf den Engländer Herbert William Garratt zurück; erst nach seinem Tod führte sie die englische Lokomotivfabrik Beyer-Peacock unter Sam Jackson zum Erfolg. Kessel und Führerstand lagen zwischen zwei weit auseinandergezogenen Drehgestellen, auf denen auch Kohle und Wasser mitgeführt wurden. Mit bis zu sieben Achsen bildete jedes Drehgestell schon für sich eine leistungsfähige Lokomotive, die Doppelanordnung führte zu Spitzenleistungen. Garratt-Lokomotiven erwiesen sich auch für höhere Geschwindigkeiten auf schmaler Spur als gut geeignet, sodass sie sich vor allem in Afrika durchsetzten und bis zuletzt behaupteten. Die ersten waren 1909 für die zu Australien gehörende Insel Tasmanien gebaut worden, zwei Jahre später für die Himalayabahn nach Darjeeling. Als schwerste jemals für Schmalspur gebaute Lokomotive gilt die Klasse 59 der ehemaligen East African Railways, eine englische Beyer-Garratt. Aber auch aus Deutschland kamen solche Lokomotiven, von Henschel in Kassel: zur Mocamedes-Bahn in Angola, zu den Bahnen in Moçambique und Südafrika, für Meterspur nach Thailand und zur Brasilianischen Nordwestbahn. Bau und Export dieser Riesenlokomotiven, die an amerikanische Dimensionen heranreichten, endeten bei Henschel erst 1958.

Bei Standardlokomotiven waren, um einwandfreien Kurvenlauf zu erreichen, anfangs nur die Spurkränze der mittleren Achsen geschwächt oder ganz weggelassen worden. Später entstanden verschiedene Konstruktionen seitenbeweglicher Achsen, die sich in gewissen Grenzen verschie-

Die berühmte bayerische S 3/6; hier die 3634 der Bayerischen Staatseisenbahnen vor ihrer Überführung ins deutsche Museum in München 1958.

BAVARIA

Linke Seite: So hatte es angefangen: Ein Wettbewerb sollte der Lokomotive „über den Berg helfen"; denn als die erste Gebirgsbahn der Welt gebaut wurde, gab es noch keine geeigneten Lokomotiven dafür. Um den ersten Preis bewarben sich schließlich drei Maschinen. Die „Bavaria" von Maffei in München (oben) trug den Sieg davon. Doch die „Vindobona" (Mitte) als Schlusslicht war die einzige, die – nach konstruktiven Verbesserungen – längere Zeit am Semmering wirklich im Einsatz war. Die „Seraing" (unten) aus Belgien lässt deutlich die Ähnlichkeit mit der späteren Fairlie-Bauart (Bild unten) erkennen, die sich weit verbreitete; hier die „Earl of Merioneth" der Festiniog-Eisenbahn in Porthmadog.

ben ließen und die damit der Krümmung des Gleises folgen konnten. Richard von Helmholtz als langjähriger Chefkonstrukteur bei Krauss in München erarbeitete dafür die theoretischen Grundlagen, Carl Gölsdorf, Konstrukteur der österreichischen Staatsbahn-Maschinenfabrik, setzte sie erstmals in großem Umfang um. Schließlich bedingte die Art des Brennstoffs besondere Lokomotivbauarten: Steinkohle oder Koks, Braunkohle oder Torf stellten an den Verbrennungsraum andere Forderungen als Holz oder der vor allem in Amerika verfeuerte Anthrazit. Er verlangte große Rostflächen, sodass für den Führerstand nur auf dem Kessel Platz blieb; diese merkwürdigen Lokomotiven hießen „Camels" oder „Camelbacks". Neben festen Brennstoffen wurden auch Kohlenstaub und Mineralöl verbrannt: Erste Versuche mit Kohlenstaubfeuerung gehen in Amerika bis 1904 zurück. Schweden zählt mit Torfstaub ebenfalls zu den Wegbereitern dieser Feuerungsart, bei der ein Staub-Luft-Gemisch in den Verbrennungsraum eingeblasen wird. In den 1920er begann die Kohlenstaubfeuerung deutsche Unternehmen zu beschäftigen: AEG und Stug, abgekürzt für Studiengesellschaft für Kohlenstaubfeuerung auf Lokomotiven. Die Deutsche Reichsbahn ließ ab 1926 zehn Lokomotiven, vor allem der Baureihen 56 und 58, mit Kohlenstaubfeuerung ausrüsten. Mit dem

Führerstand an der Spitze erschien 1937 die stromlinienverkleidete, allerdings wenig erfolgreiche 05 003; schon 1944 wurde sie auf Steinkohlefeuerung umgebaut und in konventioneller Weise eingesetzt. Nach dem Zweiten Weltkrieg, als die ostdeutsche Reichsbahn auf Braunkohle angewiesen war, erhielt die Kohlenstaubfeuerung abermals Impulse. Neben der noch erhaltenen Versuchslokomotive 58 1353 aus den zwanziger Jahren, einer als 08 1001 bezeichneten Lokomotive französischer Herkunft, und der mit Kohlenstaubfeuerung ausgerüsteten Hochdrucklokomotive H 45 024 wurden in der DDR etwa hundert weitere Lokomotiven mit Kohlenstaubfeuerung, Bauart Wendler, ausgerüstet. Wo Erdöl vorkam, dienten schon frühzeitig auch Raffinationsrückstände zur Feuerung von Lokomotiven. In Deutschland begann die Ölfeuerung erst 1955, als schweres Heizöl zu günstigen Preisen zur Verfügung stand; dabei wurde Öl zunächst nur neben der Kohle benutzt, um Belastungsspitzen im Betrieb wirtschaftlich abzudecken und den Heizer zu entlasten. Später erhielten zahlreiche Lokomotiven, auch in anderen Ländern, Ölhauptfeuerung. Selbst elektrisch und mit chemischen Reaktionen wurde Lokomotivdampf erzeugt: In der Schweiz fuhren in den 1940er Jahren, als nur wenig Kohle zur Verfügung stand, die beiden E 3/3-Dampflokomotiven 8521 und 8522 mit Stromabnehmern und entnahmen der Oberleitung elektrische Energie aus Wasserkraft zur Dampferzeugung. Auf eine feuerlose Lokomotive, in der die exotherme Reaktion von Wasserdampf und Natronlauge genutzt wurde, erhielt Moritz Honigmann, Gründer der ersten deutschen Ammoniakfabrik in Grevenberg-Würselen bei Aachen, 1883 ein Patent. Der Abdampf der Lokomotive kondensierte in der Natronlauge, wobei erhebliche Wärmemengen frei und zur Dampferzeugung genutzt wurden. Abgesehen davon, dass die Lauge nicht lange die nötige Kon-

Bild oben: eine der kleinsten Mallet-Lokomotiven, für den Vorspanndienst auf der Hauensteinlinie der Schweizer Central-Bahn.

Rechte Seite: Auch die größte Dampflokomotive der Welt, die „Big Boy", entsprach dem Konstruktionsprinzip von Anatole Mallet. Ihre Dienstmasse betrug 508 t, die Reibungsmasse 350 t, die Gesamtlänge 40,5 m, ihre indizierte Leistung etwa 6000 kW und die Höchstgeschwindigkeit 129 km/h.

zentration behielt und deshalb oft erneuert werden musste, scheiterte die „Natron-Lokomotive“ vor allem an Korrosionsproblemen im Kessel. Immerhin baute 1886 auch die amerikanische Lokomotivfabrik Baldwin in Philadelphia eine Dampflokomotive mit „Soda-Motor“.

Schornsteine

Kaum ein anderer Teil der Dampflokomotive hat über das Funktionale hinaus solche Geltung erlangt wie der Schornstein. Er prägte das Erscheinungsbild in besonderem Maß. Seine Form entfernte sich zuweilen weit von der eines zweckmäßigen Maschinenelements, unterlag Mode und Geschmack. Die Urform des Lokomotivschornsteins ging noch auf funktionale Überlegungen zurück: Das lange Rohr, das alle Oldtimer kennzeichnet, sollte guten Abzug bewirken. Zwar diente schon frühzeitig der Abdampf aus den Zylindern zum Anfachen des Feuers, was aber nicht als Ersatz für den langen Schornstein angesehen wurde. Er überragte Lokomotive und Wagen und leitete den Qualm über den Zug hinweg.

Schon bei frühesten Konstruktionen lässt sich der Versuch erkennen, dem Schornstein auch schmückende Ele-

Achsanordnung	Deutsche Bezeichnung	Schweizer Bezeichnung	Französ. Bezeichnung	Englische Bezeichn.	Amerikan. Bezeichnung
oo OO	2 B	2/4-gekuppelt	220	4 – 4 – 0	American
oo OOo	2 B 1	2/5-	221	4 – 4 – 2	Atlantic
o OOO	1 C	3/4-	130	2 – 6 – 0	Mogul
o OOOo	1 C 1	3/5-	131	2 – 6 – 2	Prairie
oo OOO	2 C	3/5-	230	4 – 6 – 0	Tenwheel
oo OOOo	2 C 1	3/6-	231	4 – 6 – 2	Pacific
oo OOOoo	2 C 2	3/7-	232	4 – 6 – 4	Baltic (Hudson)
o OOOO	1 D	4/5-	140	2 – 8 – 0	Consolidation
o OOOOo	1 D 1	4/6-	141	2 – 8 – 2	Mikado
oo OOOOo	2 D 1	4/7-	241	4 – 8 – 2	Mountain
oOOOOO	1 E	5/6-	150	2 – 10 – 0	Decapod
oOOOOO o	1 E 1	5/7-	151	2 – 10 – 2	Santa Fé

mente zu geben. So trug Stephensons „Rocket“ eine gezackte Krone und der „Adler“ einen trompetenförmigen Aufsatz aus poliertem Messing. Dieses Attribut findet sich in unzähligen Varianten immer wieder. Der belgische Belpaire-„Vierkanter“ mag merkwürdig erscheinen, er ergab jedoch gegenüber einer runden „Esse“ den optimalen Querschnitt für den Abzug. Dass bei modernen Dampflokomotiven der Schornstein oft nur wenig über die Kesselverkleidung emporragte, ließ auf seine wirkliche Länge keine Rückschlüsse zu; denn im Allgemeinen reichte das Rohr im Inneren mindestens bis auf Kesselmitte nach unten. Den größten Lokomotivschornstein trug denn auch kein Veteran aus den Anfangsjahren der Eisenbahn, sondern der „Big Boy“ der Union Pacific: Nur 25 cm waren über der Rauchkammer sichtbar, während die von den Zylindern kommenden Rohre waagerecht unter dem Kessel entlangliefen. Die vor allem in Amerika, aber auch in Österreich und anderen waldreichen Ländern verbreiteten Schornsteine mit kobel-, trichter- oder birnenförmigem Aufsatz sollten verhindern, dass bei Holz- oder Braunkohlefeuerung Funken oder Glut ausgestoßen wurden.
Um äußere Form und innere Funktion in Einklang zu bringen, entstanden doppelwandige Schornsteine und zahlreiche Sonderformen mit zwei und mehr Abzugsöffnungen im selben Gehäuse. Gegen Ende der Entwicklung überwogen rein technische Gesichtspunkte, was in den Augen von Ästheten manche Lokomotive regelrecht „entstellte“. Das galt für

Garrat-Lokomotive der East African Railways (EAR). Die Garratt-Lokomotive eignete sich vor allem für Nebenbahnen mit leichtem Oberbau, engen Gleisbögen und geringer Profilhöhe. Sie wurde überwiegend auf der Kapspur (1067 mm) und auf anderen afrikanischen und australischen Spurweiten eingesetzt.

den schmalen und länglichen Giesl-Ejektor, ganz besonders aber für die italienischen Lokomotiven mit Franco-Crosti-Vorwärmer, deren ursprünglichen Schornstein zwei schräggestellte, flache Rauchabzüge beiderseits des Kessels unmittelbar vor dem Führerhaus ersetzten.

So trug der Schornstein entscheidend zum Äußeren einer Lokomotive bei. Die berühmte bayerische S 3/6 zum Beispiel trug eine breite „Krempe" als Kaminabschluss. Sie fand sich über vierzig Jahre später auf der letzten deutschen Schnellzuglokomotive wieder, auf der Baureihe 10, ebenso auf weiteren neu entwickelten Lokomotiven der Deutschen Bundesbahn. Ein solcher Schornstein gilt bei Liebhabern als begehrtes Souvenir wie Nummernschilder, Laternen, eine Rauchkammertür oder ein Reglerhebel.

Pfeifen

Auch die Akustik füllt ein Kapitel Dampflokomotivgeschichte – nicht nur, weil ein geschultes Ohr am Auspuffschlag schon von ferne zu erkennen vermochte, ob ein gewöhnlicher Zwilling, eine Verbundmaschine oder eine Vierzylinderlokomotive nahte. Viel mehr noch unterschied sich der Klang der Pfeifen.

Ganz zu Anfang musste der Lokomotivführer wie der Postillon ins Horn blasen. Der Zusammenstoß mit einem Fuhrwerk ließ wirksamere Signale nötig erscheinen. Die bei stationären Dampfanlagen zur Warnung vor Überdruck übliche Pfeife wurde den besonderen Bedingungen des Bahnbetriebs angepasst und gehörte wenig später zur vorgeschriebenen Ausrüstung jeder Lokomotive. In Deutschland pfiffen die älteren Bauarten durchweg hell, die nach 1920 entwickelten Einheitslokomotiven mit tiefen Tönen. Die in den 1940er Jahren gebauten Kriegslokomotiven erhielten zum Teil wieder Pfeifen in höheren Tonlagen. Das Verhältnis von

Länge zu Querschnitt des glockenförmigen Pfeifenkörpers bestimmt die Tonhöhe, während die Tonfülle vom Querschnitt abhängt: Längere Pfeifen geben tiefere, größere Querschnitte vollere Töne.

Vor allem Amerika entwickelte die „Whistles" beinahe zu Musikinstrumenten, auf denen die Lokomotivführer ganze Melodien zu spielen verstanden. Dabei gab es unendlich viele Ausführungen, die sich auch im Klang unterschieden. Obwohl anderswo mit Lokomotivpfeifen weniger Aufwand getrieben wurde, ließen sich auch mit einfachen Konstruktionen durch geschickte Handhabung des Pfeifenzugs wenigstens zwei verschiedene Töne und damit ebenfalls markante Signale hervorbringen. So sehr sie sich rund um die Welt unterschieden, so eindeutig ließen sie sich doch einer Lokomotive zuordnen, und faszinierend klangen alle auf ihre Weise.

Daneben gehörten auch Glocken zur Ausrüstung der Dampflokomotive. Sie unterschieden sich in Form und Größe, in der Art ihrer Aufhängung, im Klöppelmechanismus und vor allem in der Bedienung. Anfangs wurde einfach mit der Hand geläutet, direkt oder über einen Seilzug, später mit Dampf aus dem Lokomotivkessel, aber auch mit Druckluft. In Deutschland waren vor allem an Bahnübergängen Läute- und Pfeifsignale vorgeschrieben. Bei der Bundesbahn entfielen die Läutesignale nach Änderung der Eisenbahn-Signalordnung erst 1972.

„Pacific" oder 2 C 1

Bezeichnungssysteme lassen wesentliche Merkmale von Lokomotiven wie Bauart und Verwendungszweck erkennen. Angegeben wird vor allem die Zahl der Achsen, unterschieden nach Funktion und Anordnung im Laufwerk: Laufachsen vorn, Treib-

Anthrazit-Feuerung verlangte große Rostflächen. Für den Führerstand blieb nur Platz „auf dem Rücken des Kamels" – wie es die amerikanische Bezeichnung „Camelback" ausdrückt. Oben eine 2 C, Baujahr 1873, der Baltimore & Ohio Railroad.

achsen und Laufachsen hinten. Die deutschen, französischen und englischen Bezeichnungssystem entsprechen einander trotz unterschiedlicher Darstellungsweise. In Amerika sind hingegen für die häufigsten Achsanordnungen Namen üblich, die meist vom ersten Einsatzbereich des Typs herrühren. In Deutschland werden die vorderen und hinteren Laufachsen durch ihre Zahl, die Treib- und Kuppelachsen dazwischen durch einen großen Buchstaben angegeben. So steht 2 C 1 für eine Lokomotive mit zwei vorderen Laufachsen, drei gekuppelten Treibachsen und einer rückwärtigen Laufachse.

Zusätzliche Zeichen, Ziffern und Buchstaben geben weitere Einzelheiten der Bauart an. Das französische System verwendet lediglich anstelle des Buchstabens ebenfalls die entsprechende Ziffer, also 2 3 1 statt 2 C 1. Die Engländer zählen statt der Achsen die Räder, sodass die Ziffern der französischen Bezeichnungsweise zu verdoppeln sind; dabei tritt zwischen die einzelnen Ziffern noch ein Bindestrich: 4-6-2. In Amerika heißen Lokomotiven dieser Achsanordnung „Pacifics". Die Tabelle stellt die fünf Bezeichnungssysteme für die häufigsten Bauarten einander gegenüber: Die Wortbezeichnung wird vielfach auch die „alte amerikanische" genannt, die englische „neue amerikanische". Für Dampflokomotiven waren und sind weitere Kennzeichnungsarten üblich. Die deutschen Lokomotivbezeichnungen, später in DIN 30 052 festgelegt, gehen auf den Verein Deutscher Eisenbahn-Verwaltungen und das Jahr 1908 zurück. Gleichwohl benutzten die Länderbahnen bis zur Gründung der Deutschen Reichsbahn 1920 ihre eigenen Systeme, so Bayern das „alte deutsche", das in der Schweiz noch heute bevorzugt wird. Dabei steht unter einem Bruchstrich die Gesamtzahl der Achsen, darüber die Zahl der Treib- und Kuppelachsen; die Achsanordnung ist daraus nicht erkennbar. Der anfängliche Brauch, ohne Rücksicht auf systematische Unterscheidungsmerkmale einfach jeder Lokomotive einen Namen zu geben, ließ sich bei der rasch wachsenden Zahl nicht aufrechterhalten. In jüngster Zeit suchen die Bahnen einiger Länder durch Namensgebung ihre Verbundenheit mit Landesteilen, Städten und Gemeinden zum Ausdruck zu bringen. Besonders in der Schweiz tragen Lokomotiven Namen von Orten und Kantonen, unbeschadet ihrer Einordnung in ein 1988 eingeführtes und 1992 endgültig festgelegtes Nummernsystem. Es trägt den Erfordernissen der elektronischen Datenverarbeitung Rechnung und entspricht den UIC-Richtlinien.

Vom David zum Goliath

Zum Bau der ersten Lokomotiven genügten zwei Achsen. Eine wurde angetrieben, die andere hatte lediglich

Die typische Wild-West-Lokomotive Amerikas; neben Pfeife und Glocke trug sie eine riesige Laterne und vor allem den obligaten Cow-Catcher, den Kuhfänger als Bahnräumer.

einen Teil des Gewichts zu tragen. Nach dem deutschen Bezeichnungssystem waren das 1A- oder A1-Lokomotiven, je nachdem, ob die hintere oder die vordere Achse angetrieben wurde.

Schon George Stephenson wusste, dass die Zugkraft steigt, wenn die von den Kolben ausgeübten Kräfte auf beide oder mehrere Achsen wirken; schon 1815 erhielt er zusammen mit Ralph Dodds ein Patent auf den Antrieb durch Kuppelstangen oder Ketten. Die Lokomotive mit zwei gekuppelten Achsen ergab die Achsanordnung B. Achsen waren indessen in der Anfangszeit der Eisenbahn ein besonders problematisches Bauteil: Sie brachen häufig. Für jede zweiachsige Lokomotive bedeutete das Unfallgefahr. Außerdem ließen die Laufeigenschaften bei schnellerer Fahrt zu wünschen übrig, sodass zur Sicherheit und besseren Gewichtsverteilung bald eine dritte Achse hinzukam.

Die erste Lokomotive in Deutschland, der „Adler“ von Stephenson, hatte die Achsfolge 1A1. Der Engländer Thomas Russel Crampton entwickelte eine bemerkenswerte 2A-Schnellzuglokomotive, die gut lief, bei Probefahrten 120 km/h erreichte und sich nach 1850 vor allem in Deutschland und Frankreich rasch verbreitete. Wegen der Kraftübertragung durch nur eine Achse reichte die Leistungsfähigkeit der Crampton-Lokomotiven bald nicht mehr. Wurden zwei Achsen gekuppelt, entstanden die Bauarten 1B oder B1. Weltweite Verbreitung fanden Lokomotiven mit drei gekuppelten Achsen, also der Achsfolge C. Den ersten, noch gescheiterten Versuch, eine vierte Kuppelachse einzufügen, unternahm John Haswell mit

seiner „Vindobona“ beim Semmering-Wettbewerb. Einige Jahre später verbesserte er die Bauart mit der „Wien-Raab“, deren letzte Achse erstmals seitenbeweglich ausgeführt war; die Maschine ging nach der Pariser Weltausstellung 1855 an die französische Südbahn. Auch diese Bauart war später weit verbreitet. Als auch einzelne Laufachsen beweglich angeordnet und als „Lenkachsen“ ausgeführt wurden, ließen sich damit bessere Laufeigenschaften erzielen und auch größere und leistungsfähigere Lokomotiven bauen. Aus den Bauarten 1C und 1D entstand in Amerika neben 2D-Lokomotiven schon bald die Bauart 1E mit einer Lenkachse und fünf gekuppelten Antriebsachsen.
Diese Entwicklung setzte sich in Europa nach der Jahrhundertwende fort: Kleine Lokomotiven wurden abgestellt, in den Rangierdienst oder auf Nebenstrecken verdrängt und für die Hauptbahnen immer größere, der Zweckbestimmung angepasste Maschinen gebaut. Im Schnellzugdienst setzte sich die Achsanordnung 2C1 durch, für gemischten Verkehr mit Schnellzügen, Personenzügen und leichten Güterzügen die Bauart 2C, im schweren Güterzugdienst 1D und später 1E. In Deutschland gab es, von wenigen Ausnahmen abgesehen, keine Lokomotiven mit mehr als fünf gemeinsam gekuppelten Achsen. Noch höhere Anforderungen erfüllten Gelenklokomotiven der Bauart Mallet im Schiebedienst. Die größte Lokomotive der Welt mit ungeteiltem Triebwerk baute die russische Lokomotivfabrik Lugansk 1934 für schwere Kohlezüge im Donez-Gebiet: eine elfachsige 2G2-Maschine mit sechsachsigem Tender. Mancher „David“ soll diesem „Goliath“ allerdings überlegen gewesen sein.

Stars der Schiene

Wo in der Welt Lokomotiven entwickelt und gebaut wurden, ließen sie die „Handschrift“ des Konstrukteurs erkennen. Manche Bauart zeigte sich für eine bestimmte Bahn „maßgeschneidert“. Die technische Linie folgte keineswegs immer objektiven Maßstäben, sondern ebenso oft „Weltanschauungen“ des Lokomotivbaus. So stellt sich die Entwicklung der Dampflokomotive von Trevithick zum „Big Boy“ als weites Feld dar, das nur schwer systematisch zu erfassen ist. Eine Reihe von „Stars der Schiene“ überragt den Durchschnitt, ausgezeichnet durch Eleganz der Form, durch Leistung und Stärke, durch imposante Ausmaße, einfach durch Beliebtheit oder durch Geschwindigkeit.
Ruhm in dieser Hinsicht erlangte als eine der Ersten die 999 der New York Central Railroad, eine 2B-Lokomotive mit nahezu 2,2 Meter großen Antriebsrädern, die 1893 den „Empire State Expreß“ zwischen Rochester und Buffalo auf über 180 km/h gebracht haben soll. Dieser erste dreistellige Geschwindigkeitswert in Meilen je Stunde fand enorme Beachtung, obwohl an seiner Richtigkeit Zweifel laut wurden. Auch einige andere amerikanische Dampflokomotiven des späten 19. Jahrhunderts nehmen Rekorde für sich in Anspruch, für die es gesicherte Daten nicht gab.
In Europa soll 1904 die „City of Truro“, ebenfalls eine 2B-Maschine, auf dem Wellington-Damm westlich von Taunton fünf Postwagen im Gefälle mit 165 km/h befördert haben, aber wirklich erwiesen waren auch dort nur 156 km/h.
Nahe dieser Marke lag mit 154,5 km/h der Rekord, den am 2. Juli

Bild oben: Die bayerische S /2/6 stellte 1907 zwischen München und Augsburg mit 157 km/h einen deutschen Dampflokrekord auf.

Linke Seite: 1904 erreichte die „City of Truro" der Great Western 156 km/h.

1907 die bayerische S 2/6 mit der Nummer 3201 vor einem 150 Tonnen schweren Zug zwischen München und Augsburg aufstellte. Diese Maschine gehört zu den markantesten Erscheinungen des deutschen Lokomotivbaus. Sie war 1906 unter Anton Hammel von Maffei gebaut worden und trug die Fabriknummer 2519. Ihre Treibräder hatten 2,2 m Durchmesser, ihr „Gesicht" prägte erstmals in Deutschland eine windschnittige Vorderfront. Die S 2/6 erhielt von der Reichsbahn noch die Nummer 15 001, wurde jedoch als „Einzelgänger" mit der Achsanordnung 2B2 schon Mitte der 1920er Jahre ausgemustert und gehört seit 1925 zu den wertvollsten Exponaten des Verkehrsmuseums Nürnberg.

Die London & North Eastern Railway stellte mit der von Sir Nigel Gresley entwickelten 2C1-Lokomotive „Flying Scotsman" am 30. November 1934 zwischen Leeds und King's Cross mit 160 km/h einen neuen Rekord auf. Zur Erprobung des Stromlinienzugs „Silver Jubilee" fanden zahlreiche Versuchsfahrten statt, bei denen die Lokomotiven „Papyrus"

173,8 km/h, „Silver Link“ 181,0 km/h und „Silver Fox“ 181,8 km/h erreichten, allerdings im Gefälle, doch mit zunehmend schweren Zügen.
Auch in Amerika gab es glänzende „Stars der Schiene“, obgleich dort Rekorde weniger gefragt waren als solide Dauerleistung. Während sonst in der Welt nirgends reguläre Fahrpläne von Dampfzügen für 160 km/h berechnet wurden, führte die Chicago, Milwaukee & Pacific Railroad in den USA 1935 zwischen Chicago, St. Paul und Minneapolis den Stromlinienzug „Hiawatha“ ein, der – benannt nach einer sagenhaften Indianergestalt – die 410 Meilen bei sechs Zwischenhalten und 58 Langsamfahrstellen in sechseinhalb Stunden zurücklegte. Das bedeutete einen Schnitt von „hundert“ und über weite Strecken mehr als 160 km/h. Diese Leistung vollbrachte eine für diesen Zug entwickelte 2B1-Lokomotive gleichen Namens. Die höchste in den Vereinigten Staaten von Dampflokomotiven erreichte Geschwindigkeit

lag bei 125 Meilen je Stunde, ebenfalls knapp über 200 km/h.

Weltrekord

In Deutschland deuteten sich schon in der Glanzzeit der Eisenbahn Entwicklungen an, deren ganze Tragweite erst viel später deutlich wurde: Der Wettbewerb mit der Straße trieb die Geschwindigkeit in die Höhe. Die Dampflokomotive hatte sich außerdem gegen Fahrzeuge mit Verbrennungs- und Elektromotoren zu behaupten.

So kam es zur Entwicklung einer weiteren Schnellzuglokomotive, die in

Die schnellste Dampflokomotive der Welt. Am 3. Juli 1938 errang die englische „Mallard" mit nahezu 203 km/h das „Blaue Band" der Schiene.

der Ebene mit fünf bis sechs Schnellzugwagen 175 km/h erreichen und damit bei größerem Platzangebot die gleiche Leistung bringen sollte wie der Dieseltriebwagen, der damals als „Fliegender Hamburger" weltweit Aufsehen erregte. Borsig baute 1934 und 1935 zwei Dreizylinderlokomotiven mit Stromlinienverkleidung und Achsanordnung 2C2, Baureihe 05. Diese eleganten, weinroten Lokomotiven präsentierten sich, alle bewegten Teile dem Blick ganz und gar verborgen, als „Paradepferde" der Deutschen Reichsbahn. Nach mehreren knapp fehlgeschlagenen Versuchen überwand die 05 002 am 11. Mai 1936 auf der ebenen Strecke Hamburg – Berlin zwischen Wittenberge und Nauen mit einem 200-Tonnen-Zug die „Traumgrenze": mit 200,4 km/h errang sie den Weltrekord für Dampflokomotiven. Obwohl nach dem Zweiten Weltkrieg von Schnellverkehr zunächst keine Rede war, kamen die Lokomotiven erneut zum

Bild oben: letzte Star-Parade im Bahnbetriebswerk Minden: die von der Bundesbahn-Versuchsanstalt für Wärmetechnik noch lange als Bremslokomotiven benutzten badischen IV h-Schnellzugloks 18 316 und 18 323, daneben die 45 010, die zur Baureihe der schwersten deutschen Güterzug-Dampflokomotiven gehörte.

Bild links: Die österreichische Zahnradlok 297.01 schiebt einen Erzzug nach Vordernberg.

Einsatz, allerdings ohne Verkleidung. Statt der Weltrekord-Lokomotive 05 002, die verschrottet wurde, hielt die 05 001 Einzug ins Verkehrsmuseum Nürnberg. Als größte deutsche Schnellzug-Dampflokomotiven baute Krupp 1938 noch zwei Maschinen mit der Achsanordnung 2D2, Baureihe 06, für 140 km/h; sie wurden nach 1945 ausrangiert, weil ihre betrieb-

lichen Leistungen den Erwartungen nicht entsprachen.
In England blieb die London & North Eastern Railway die „schnellste" der zahlreichen Bahngesellschaften, mit einer Ausnahme: Am 29. Juni 1937 zog die ebenfalls stromlinienverkleidete „Coronation" der London Midland & Scottish zwischen Euston und Crewe den „Coronation Scot" mit 183,4 km/h über den im Gefälle liegenden letzten Abschnitt der Strecke. Schon am 3. Juli 1938 holte sich jedoch die London & North Eastern das „Blaue Band" der Schiene zurück: Mit 126 Meilen pro Stunde, umgerechnet knapp 203 km/h, fuhr die wiederum von Gresley konstruierte „Mallard" mit der höchsten Geschwindigkeit, die Dampflokomotiven je erreicht haben. Allerdings lag die Messstrecke wiederum im Gefälle. Die Zweihundert-Stundenkilometer-Marke erwies sich überall als magische Grenze für die Dampflok. Eine 1942 in Deutschland konzipierte Fünfzylinderlok für 250 km/h blieb Entwurf.

Stählerne Zugtiere

Rekordlokomotiven und ihre Einzelleistungen trugen freilich nur Episoden zum „Eisenbahn-Jahrhundert" bei. Bedeutung hatten vielmehr die unzähligen „stählernen Zugtiere", die in jahrzehntelangem Einsatz auf allen Kontinenten, in nahezu sämtlichen Ländern der Erde die Alltagsaufgaben erfüllten. Auch sie haben ihren Platz in der Eisenbahngeschichte.
Selbst die Schweiz als das Land, das als erstes und bisher einziges der Welt sein Streckennetz ganz auf elektrischen Betrieb umstellen konnte, hat glanzvolle Leistungen der Dampflokomotive erzielt. Im Mittelpunkt stand dabei stets der Gotthard, seit 1882 eine der bedeutendsten europäischen Nord-Süd-Verbindungen über die Alpen. Die weltberühmte Gebirgsbahn erlebte alle wesentlichen Entwicklungsphasen der Dampflokomotive, die hier nahezu vier Jahrzehnte lang den ständig wachsenden Verkehr bewältigte. Maschinen mit anfangs nur drei, dann mit vier gekuppelten Achsen schleppten die Züge durch das Reusstal im Norden wie die Leventina im Süden und durch den fünfzehn Kilometer langen Tunnel. Höhepunkt und frühen Abschluss der Dampflokomotiv-Entwicklung in der Schweiz bildeten die C 5/6 aus Winterthur, schwere und leistungsstarke 1E-Güterzuglokomotiven, die bis 1917 in Dienst gestellt wurden. Die letzte Dampflok verließ 1926 das Werk; sie war für den Brünig bestimmt, die einzige Schmalspurlinie der Schweizerischen Bundesbahnen. Seit 1920 läuft der Verkehr über den Gotthard elektrisch – 1960 war die Elektrifizierung in der Schweiz

abgeschlossen. Dennoch hielten sich Dampflokomotiven in untergeordneten Diensten bis 1968.
Wie in Deutschland beschaffte auch in Österreich jede größere Bahngesellschaft ihre eigenen Lokomotiven. So bestimmte gegen Ende des 19. Jahrhunderts eine Vielzahl unterschiedlicher Typen das Bild. Wenn sich später dennoch eine charakterische Linie zeigte, so weniger aufgrund erzwungener Vereinheitlichung als vielmehr durch das Wirken von Carl Gölsdorf, dem äußerst talentierten Chefkonstrukteur der k.k. Staatsbahn, der die „typisch österreichische" Lokomotive schuf, geprägt durch Vierzylinder-Verbundtriebwerk und hoch angeordneten, konischen Kessel. Die 1911 von Gölsdorf entwickelte 1F-Güterzuglokomotive gilt als erste brauchbare Maschine der Welt mit sechs gekuppelten Achsen, die 1928 gebaute 1D2-Baureihe 214 als die damals stärkste Schnellzugdampflok Europas. Auf der steilen, mit Zahnstange ausgerüstete Erzbergbahn in der Steiermark besaß Österreich schon 1912 die leistungsfähigste Zahnradlokomotive der Welt, die 1938 von zwei neuen Maschinen abermals übertroffen wurde. Mit der Angliederung an das Deutsche Reich endete in Österreich der eigenständige Lokomotivbau. Während des Krieges bauten die österreichischen Werke deutsche Einheitslokomotiven, danach noch kurze Zeit Kriegslokomotiven der Baureihe 42, deren letzte 1952 nach Bulgarien gingen. Damit endete nach über hundert Jahren auch in Österreich die Epoche des Dampflokomotivbaus.
Hervorragende Leistungen brachten – neben den USA und Australien – die meisten europäischen Industrieländer hervor, besonders England, Frankreich und Italien, aber auch Russland, wo bis 1956 Dampflokomotiven gebaut und noch um 1960 über siebzig Prozent des gewaltigen Verkehrsaufkommens von 36 000 Dampflokomotiven bewältigt wurden.

Altes Eisen zwingt zum Fortschritt

Was die deutschen Länderbahnen 1920 in den Lokomotivpark der neu gegründeten Reichseisenbahnen einzubringen hatten, erwies sich zwar als äußerst vielfältig, doch für einen reibungslosen Betrieb oftmals als ungeeignet. Über 210 Bauarten und Untergattungen waren in ein neues Nummernschema einzuordnen:

Hauptgattung	Gattungszeichen	Baureihennummer
Schnellzuglokomotiven	S	01–19
Personenzuglokomotiven	P	20–39
Güterzuglokomotiven	G	40–59
Reisezug-Tenderlokomotiven	St + Pt	60–79
Güterzug-Tenderlokomotiven	Gt	80–96
Zahnradlokomotiven	Z	97
Lokalbahnlokomotiven	L	98
Schmalspurlokomotiven	K	99

Vielfach handelte es sich bei den übernommenen Lokomotiven – im wahrsten Sinn des Wortes – um altes Eisen; denn die neuesten und besten Maschinen beanspruchten nach dem verlorenen Krieg die Siegermächte. Insgesamt rollten seinerzeit 8200 deutsche Dampflokomotiven ohne Aussicht auf Rückkehr über die Grenzen. Um die Leistungsfähigkeit der Eisenbahn, die damals noch das Rückgrat der Wirtschaft bildete, wieder zu stärken, erhielt die Beschaffung neuer Lokomotiven hohen Stellenwert.

Bild oben: Jahrzehntelang bestimmten Dampflokomotiven auch am Gotthard das Bild. Die Ziffer 5 am Führerhaus weist diese C 5/6, von der Schweizerischen Lokomotiv- und Maschinenfabrik Winterthur 1927 gebaut, ebenfalls als Gotthard-Lok aus.

Bild rechts: Weltruf erlangte der österreichische Lokomotivkonstrukteur Karl Gölsdorf mit seinen „stählernen Pferden", den Güterzuglokomotiven der Baureihe 180.

Statt Ländergattungen nachzubauen, entschied sich die Reichsbahn für Neuentwicklungen nach einheitlichen Richtlinien, wobei alle bis dahin gewonnenen Erkenntnisse berücksichtigt werden sollten. Gerade die Wegnahme der leistungsfähigeren Lokomotiven brachte die Bahn in Zugzwang. Dabei behielt sie trotz der äußerst ungünstigen wirtschaftlichen Rahmenbedingungen Zukunft und Fortschritt im Auge. Der Bau normierter Lokomotiven mit möglichst vielen übereinstimmenden Einzelteilen oder ganzen Baugruppen versprach rationelle Fertigung, wirt-

schaftliche Lagerhaltung und einfache Instandhaltung. Die bis zum Zweiten Weltkrieg entwickelten und gebauten Einheitslokomotiven 1925 bewährten sich großenteils.
Etliche Länderbahn-Bauarten erwiesen sich jedoch als durchaus ebenbürtig. Manche übertraf sogar die Einheitsbaureihe, von der sie eigentlich hätte abgelöst werden sollen, an Lebensdauer erheblich. Das galt vor allem für die ehemals preußischen Lokomotiven der Gattungen P 8, G 8[1], G 10 und G 12 sowie für die Tender-Lokomotiven T 16 und T 18. Auch die bayerische S 3/6, die einzige noch nach dem Zweiten Weltkrieg in größerer Zahl eingesetzte Länderbahn-Schnellzuglokomotive, behauptete sich über Jahrzehnte, sogar vor dem „Rheingold“. Liebhabern galt sie als die schönste Dampflok der Welt.

Deutsche Einheitslokomotiven

Der Zwang, rasch Lokomotiven zu bauen und dabei neue Wege zu gehen, führte zu einem Typenplan von Einheitslokomotiven auf der Grundlage neuer Lokomotivnormen, wobei die Anforderungen des Betriebs wie die technischen Gegebenheiten des Netzes berücksichtigt wurden. Den ersten Einheitslokomotiven waren genormte Bauteile vorausgegangen: Achslager, Laufradsätze, Kolben und Zylinder, Kesselausrüstung und Einheitskessel verschiedener Leistungsstufen.
Bevor die Fertigung anlief, beschaffte die Reichsbahn als Übergangslösung eine größere Zahl von Lokomotiven der preußischen Gattung P 10, nun Baureihe 39; die 1D1-Maschine konnte schwere Personenzüge und leichte Schnellzüge ebenso befördern wie Eilgüterzüge und war damit verhältnismäßig universell. Von 1922 bis 1927 wurden 260 Lokomotiven dieser Reihe beschafft. Sie trugen schon deutliche Wesenszüge der Einheitsbaureihen, wenn auch die Tauschbarkeit von Teilen mit denen anderer Bauarten noch nicht gegeben war.
Als erste Einheitslokomotiven entstanden 1925 mit der Achsanordnung 2C1 Schnellzuglokomotiven: Baureihe 01 in Zweizylinderausführung und Baureihe 02 in einer Vierzylindervariante. Aufgrund der Betriebserfahrungen entschied sich die Reichsbahn für die einfachere Zweizylinderbauart und ließ später die Reihe 02 dementsprechend umbauen. Für den Schnellzugdienst auf Strecken geringer Belastbarkeit folgte 1930 die leichtere, sonst aber weitgehend gleiche Baureihe 03 mit nur 17,5 t Achsdruck gegenüber 20 t bei der Reihe 01. Bis 1937 wurden diese

Drei Generationen deutscher Tenderloks: ganz links die preußische Gattung T 18 (später Baureihe 78), oben die deutsche Einheitslok der Baureihe 64 aus der Zeit zwischen den Kriegen und rechts die Baureihe 65 aus den Jahren nach 1945.

Lokomotiven unverändert weitergebaut. Dann erhielt zunächst die 01, zwei Jahre später auch die 03 ein Dreizylindertriebwerk und Stromlinienverkleidung zur Verminderung des Luftwiderstands. Nach dem Zweiten Weltkrieg wurde auf die Verkleidung wieder verzichtet.

Für Personenzüge waren die weitgehend übereinstimmenden Baureihen 24 und 64 mit der Achsanordnung 1C und 1C1 von 1926 bestimmt, wobei die eine im angehängten dreiachsigen Tender mehr Kohle und Wasser mitnehmen, sich also in einem größeren Aktionsradius bewegen konnte, als die Tender-Lokomotive mit ihrem begrenzten Betriebsstoffvorrat. Für schwere Güterzüge auf Nebenstrecken folgte die Baureihe 86 mit der Achsanordnung 1D1. Auch zwei Varianten schwerer 1E-Güterzuglokomotiven wurden schon 1925 und 1926 gebaut: die Reihen 43 als Zweizylinder- und 44 als Dreizylinderbauart, von denen sich die 44 durchsetzte.

Zehn Jahre später folgte 1936 die Baureihe 41 mit der Achsfolge 1D1 für Schnellgüterzüge; sie bewährte sich auch im Reisezugdienst. Hingegen blieben Bedeutung und Stückzahl der gleichzeitig gebauten Reihe 45, der größten und stärksten deutschen Güterzugdampflok mit der Achsanordnung 1E1, gering gegenüber der Baureihe 50, einer leichten 1E-Maschine mit nur 15 Tonnen Achsdruck, die 1938 für Strecken mit leichtem Oberbau folgte. Von ihr wurden rund dreitausend Stück gebaut.

Tender-Lokomotiven hatten oft einen bestimmten Zweck zu erfüllen. So sollte die Baureihe 62 mit der Achsfolge 2C2 von 1928 auf Hauptbahnen vor allem Personenzüge bespannen, die häufig die Fahrtrichtung wechseln mussten. Den Heizer sparen sollten die 1934 und 1936 in kleiner Zahl gebauten 1B1-Tender-Lokomotiven der Reihe 71 für leichte Nebenbahnzüge. Die stromlinienverkleidete Schnellzug-Tenderlok der Reihe 61 wurde als Einzelfahrzeug 1934 zunächst in Zweizylinderausführung für 160 km/h gebaut und vor dem aus vier Wagen bestehenden Henschel-Wegmann-Zug im Schnellverkehr zwischen Berlin und Dresden eingesetzt; eine zweite Lokomotive

Bild oben: stromlinienverkleidete Tenderlokomotive 61 1001 für den Henschel-Wegmann-Zug, Baujahr 1934.

Bild rechts: Die Schnellzug-Dampflok 05 003 war 1937 zunächst für Kohlenstaubfeuerung eingerichtet und hatte den Führerstand an der Spitze.

Folgende Doppelseite: die stromlinienverkleidete Schnellzug-Dampflok 05 001 der Deutschen Reichsbahn vor ihrer Überführung ins Verkehrsmuseum Nürnberg im Jahre 1963. Die Schwesterlokomotive 05 002 stellte 1936 mit 200,4 km/h einen Geschwindigkeits-Weltrekord für Dampflokomotiven auf.

dieser Baureihe folgte 1939 als 2C3-Maschine mit Dreizylindertriebwerk und einer dritten rückwärtigen Drehgestellachse. Keine dieser Tender-Lokomotiven hat größere Bedeutung erlangt; die preußische T 18, Baureihe 78, übertraf sie an Lebensdauer bei weitem. Für die kurvenreiche, 1934 auf Normalspur umgebaute Nebenbahn Heidenau – Altenberg in Sachsen wurden 1932 schwere Tender-Lokomotiven mit der Achsfolge 1E1, Baureihe 84, gebaut; gleichzeitig löste auf der Höllentalbahn im Schwarzwald die Reihe 85 den Zahnradbetrieb ab. Schon 1927 war die Baureihe 87, eine schwere E-Tender-Lokomotive, für den Hamburger Hafen entwickelt worden. Die nötige Beweglichkeit in engen Kurven erforderte bei diesen Baureihen besondere konstruktive Vorkehrungen. Ausschließlich für Rangierbetrieb bestimmt waren die Baureihen 80 und 81, mit Achsfolge C für leichteren und Achsfolge D für schweren Dienst. Nach 1934 folgte noch die leichte Rangierlok-Baureihe 89 ebenfalls mit Achsfolge C. Auch diese drei Einheitsbauarten blieben ohne größere Verbreitung.

Hochdruck, Dampfmotoren und Turbinen

Der grundsätzlich schon von Stephenson vorgezeichnete Kessel hat sich, dem Stand der Technik immer wieder angepasst, bis zum Ende der Dampflokomotiv-Epoche behauptet. Unterdessen fehlte es nicht an Versuchen, Wirtschaftlichkeit und Leistungsfähigkeit durch geschickte Umsetzung der Theorie zu steigern. Zum erhofften „Quantensprung" kam es jedoch nicht. Die Lokomotive unterlag im Vergleich zu ortsfesten Dampfmaschinen erheblichen zusätzlichen Beanspruchungen und durch das begrenzte

Raumprofil auch Einschränkungen in der Baugröße.
Dampf und damit Brennstoff zu sparen galt immer wieder als wesentliches Ziel. Vielversprechend schien dafür eine Erhöhung des Dampfdrucks und damit die Steigerung des nutzbaren Druckgefälles. So wurde der Kesseldruck von 12 bis 16 bar, bei verschiedenen Versuchslokomotiven auf bis zu 50 bar gesteigert. Die Reichsbahn baute dafür Lokomotiven der Reihen 17^2, 24 und 44 um. Außerdem beschaffte sie 1932 zwei Schnellzuglokomotiven nach dem Betriebsprogramm der Baureihe 03, jedoch als Vierzylindermaschinen mit Mitteldruckkessel für 25 bar. Sie wurden als Reihe 04 in Dienst gestellt. Werkstoffprobleme im Zusammenhang mit dem hohen Kesseldruck führten jedoch zum Umbau auf normalen Kesseldruck und zur Zuordnung zu Reihe 02. Ebenfalls unbefriedigend endeten Versuche von 1924 bis Anfang der 1930er Jahre in den Vereinigten Staaten und etwa fünf Jahre zeitversetzt auch in England.
Als Sonderkonstruktionen für 60 und 120 bar Kesseldruck folgten 1928 die „Schmidt-Henschel-Lokomotive" H 17 206 und wenig später die „Schwartzkopff-Löffler-Lokomotive" H 02 1001. Zwar ließ sich tatsächlich eine Dampf- und Brennstoffersparnis nachweisen, der hohe Druck war jedoch in Lokomotivkesseln nicht sicher zu beherrschen, sodass die Versuche in Deutschland eingestellt wurden. Auch ausländische Bahnen hatten anfangs vor allem in die Bauart Schmidt-Henschel hohe Erwartungen gesetzt. Zunächst konnte Henschel 1930 eine Lokomotive dieser Bauart an die Paris-Lyon-Méditerranée-Eisenbahn nach Frankreich exportieren. Kurz darauf erschien auf der London Midland & Scottish Railway in England ein getreuer Nachbau des Schmidt-Henschel-Hochdruckteils in einer Lokomotive der „Royal Scot"-Klasse. In Amerika stellte die Canadian Pacific Versuche mit dem System Schmidt an. Sie verliefen ebenso wie die anderen im Sand; die seit 1936 abgestellte kanadische Versuchslok wurde 1940 verschrottet.

05001

Auch den Dampfmotor versuchten Eisenbahnen mehrerer Länder als Lokomotivantrieb zu nutzen. In der Schweiz setzte ihn die Lokomotiv- und Maschinenfabrik Winterthur 1926 in einer 1C1-Maschine ein, allerdings noch in einfacher Form: Der Dampfmotor arbeitete auf eine Blindwelle, Stangen übertrugen die Kraft auf die drei gekuppelten Achsen. Die Lokomotive war außerdem mit einem Hochdruckkessel für 60 bar ausgerüstet. Bei den Schweizerischen Bundesbahnen fanden 1928 umfangreiche Versuche statt. Weil die Schweiz schon damals auf elektrischen Betrieb setzte, vermochte diese vielversprechende Lokomotive trotz günstiger Ergebnisse die Entwicklung nicht mehr zu beeinflussen. Die Erfahrungen konnten aber bei einer 1942 von der Französischen Nordbahn bestellten Dampfmotorlokomotive noch einmal genutzt werden. Darauf aufbauend entstand in Frankreich eine Hochdrucklokomotive mit drei einzeln angetriebenen Achsen; die 1943 begonnenen Versuche wurden wegen der Kriegsereignisse abgebrochen, 1947 jedoch von der mittlerweile gegründeten Französischen Nationalbahn SNCF fortgesetzt und später ohne Ergebnis eingestellt.

Bild oben: vom Krieg überholt, jedoch einst vielversprechend: die von Henschel 1942 gebaute Dampf-Motor-Lokomotive 19 1001.

Rechte Seite, von oben nach unten: Mit 120 bar Kesseldruck arbeitete die Schwartzkopff-Löffler-Hochdrucklokomotive H 02 1001. Die deutschen Dampfturbinen-Loks T 18 1001 von Krupp aus dem Jahre 1923 und T 18 1002 von Krauss-Maffei aus dem Jahre 1926.

H 02 1001

T18 1002

England kann für sich in Anspruch nehmen, die erste und die letzte Dampfmotorlok gebaut zu haben: Schon 1908 hatte die Midland Railway eine solche Maschine erprobt – die letzte erhielt 1957 die Irische Eisenbahn. Vier englische Dampfmotor-Lokomotiven mit zwei einzeln angetriebenen Achsen gingen 1937 nach Ägypten, andere Konstruktionen erwiesen sich als untauglich. Die von der Baltimore & Ohio Railroad in den USA 1937 geplante Dampfmotorlokomotive wurde wegen des Krieges nicht verwirklicht.

In Deutschland unternahm Henschel mit der 1942 fertigen 1Do1-Schnellzuglokomotive 19 1001, die für 175 km/h ausgelegt war, den Schritt zum Einzelachsantrieb mit Dampfmotoren. Nach anfänglichen Schwierigkeiten aufgrund eines geringfügigen Fertigungsfehlers zeigte die ebenfalls stromlinienverkleidete Lokomotive durchaus günstige Eigenschaften. Sie wurde 1943, als wissenschaftliche Untersuchungen kriegsbedingt nicht mehr möglich waren, in Hamburg dem Betrieb übergeben und planmäßig eingesetzt. Die Amerikaner ließen sie nach Kriegsende zusammen mit einigen anderen deutschen Eisenbahnfahrzeugen in die USA bringen, verzichteten aber auf eine Weiterentwicklung. Noch 1951 war die 19 1001 im Staat Virginia abgestellt, ein Jahr später wurde sie verschrottet. Der Krieg verhinderte auch die Fertigstellung einer von der Lübeck-Büchener-Eisenbahn bei Henschel in Auftrag gegebenen 1Co2-Dampfmotorlokomotive; sie sollte durch Umbau aus einer preußischen G 6 hervorgehen, erhielt nach Verstaatlichung der Gesellschaft 1938 noch die Reichsbahnnummer 77 1001, endete aber nach 1945 ebenfalls auf dem Schrottplatz.

Die Dampfturbine als Antriebsaggregat ohne hin- und hergehende Massen und mit günstigem spezifischen Dampfverbrauch beschäftigte ebenfalls immer wieder Lokomotivkonstrukteure. Die erste Dampfturbo-Lokomotive wurde 1908 in Italien gebaut. Weitere Versuche fanden bis in die 1920er Jahre in England statt. Dann rückte wiederum die Schweizerische Lokomotiv- und Maschinenfabrik Winterthur mit einer bemerkenswerten Konstruktion ins Blickfeld; wegen der Elektrifizierungspläne unterblieb jedoch die Weiterentwicklung. In Deutschland stellte 1923 zunächst Krupp eine Dampfturbinenlokomotive vor, drei Jahre später auch Maffei. Beide beruhten auf dem Schweizer System und zeichneten sich durch hohe Anzugskraft, ruhigen Lauf auch im oberen Geschwindigkeitsbereich und Brennstoffersparnis von bis nahezu dreißig Prozent aus. Allerdings war für Rangier- und Rückwärtsfahrt eine Hilfsturbine nötig, außerdem eine Reihe zusätzlicher Pumpen und Gebläse, deren Eigenverbrauch letzten Endes die Ersparnis wieder aufzehrte. Trotzdem liefen die beiden Turbinenlokomotiven T 18 1001 und T 18 1002 mit der Achsfolge 2C1 bis in den Zweiten Weltkrieg.

Eine weitere Möglichkeit, Leistungsfähigkeit und Wirkungsgrad der Dampflokomotive zu steigern, bot die Nutzung des Abdampfs in Verbindung mit einem zusätzlichen Tender-Antrieb. In Frankreich fanden Versuche mit Triebtendern schon 1843 statt. Für die Deutsche Reichsbahn baute Henschel 1927 eine Abdampfturbine in einen Tender ein, mit der die Restwärme für einen weiteren thermischen Prozess genutzt werden sollte. Die Turbine arbeitete auf zwei gekuppelte Tender-Achsen. Ausgerüstet wurde damit eine Personenzuglokomotive der Reihe 38^{10}. Sie lief mit dem Abdampftrieb-Tender als T 38 3255 bis 1937, wurde dann aber trotz guter Betriebsergebnisse wieder in den ursprünglichen Zustand zurück-

Linke Seite, oben: Dampfmotor-Lokomotive mit Stangenantrieb und Hochdruckkessel für 60 bar, gebaut von der Schweizerischen Lokomotiv- und Maschinenfabrik Winterthur 1928.

Ganz oben: Schweizer Dampfturbinen-Lokomotive, System Zoelly, 1922 von Escher-Wyss ausgerüstet.

Bild oben: Dampfmotor-Lokomotive mit Hochdruckkessel, nach Konstruktionsunterlagen der Schweizerischen Lokomotiv- und Maschinenfabrik Winterthur 1942 in Frankreich gebaut.

gebaut. Zur serienmäßigen Ausrüstung von Lokomotiven mit derartigen Tendern, wie Henschel geplant hatte, kam es nicht. In Italien, Frankreich, Schweden und vor allem in den USA liefen Versuche bis in die 1950er Jahre. Allen diesen Sonderkonstruktionen entzog der Übergang auf Diesel- und elektrischen Betrieb die Grundlage.

Die größte Lokomotivproduktion aller Zeiten

Im Zweiten Weltkrieg besann sich die deutsche Führung erst sehr spät auf die Eisenbahn als Transportmittel. Nachdem die verfügbaren Dampflokomotiven bei weitem nicht ausreichten und vor allem im Osten den extremen klimatischen und betrieblichen Verhältnissen nicht gewachsen waren, begann Anfang 1942 unter starkem Zeitdruck die Entwicklung besonderer Kriegslokomotiven, die in jeder Hinsicht der damaligen Krisensituation und damit militärischen Belangen Rechnung tragen sollten. So stoppte die Rüstung den Bau der Einheitslokomotive von 1925, lange bevor die zahlreichen unterschiedlichen und unwirtschaftlichen Länderbahngattungen ersetzt waren.

Das neue Typenprogramm umfasste noch dreizehn Bauarten von Schmalspur- und Normalspurlokomotiven. Im Vordergrund standen für Normalspur zwei Baureihen von Güterzugdampflokomotiven der Achsfolge 1E. In zweieinhalb Jahren entstanden über siebentausend Lokomotiven der Baureihe 52 und der leistungsstärkeren Reihe 42. Den Ausgang des Krieges hat diese enorme Leistung kaum zu beeinflussen vermocht, in der Eisenbahngeschichte ist sie jedoch ohne Parallele: Nirgends sonst sind in so kurzer Zeit derart viele schwere Lokomotiven gebaut worden.

Der Baureihe 50 von 1938 folgte zunächst die stark vereinfachte Reihe 52. Damit sollten die Fertigung großer Stückzahlen bei geringem Zeitaufwand, die Einsparung von Buntmetall, leichtere Instandhaltung und Instandsetzung durch einheitliche Ausführung sowie hohe Verfügbarkeit auch unter harten Einsatzbedingungen erreicht werden. Alle Lokomotivfabriken hatten sich auf diese Linie einzustellen. Allerdings ergaben sich wegen der laufenden Produktion aus früheren Aufträgen Übergangsfristen; Lokomotiven vor allem aus den Baureihen 50, 44 und 86, die den neuen Konstruktionsmerkmalen noch nicht voll entsprachen, erhielten neben der Nummer den Zusatz „ÜK“ als Abkürzung für „Übergangs-Kriegslokomotive“.

Nach Abschluss der Entwicklung wurde am 5. August 1942 der Bau von zunächst 15.000 Kriegslokomotiven genehmigt und der größte Auftrag in der Geschichte der Eisenbahn erteilt: 7000 Lokomotiven der Baureihe 52 sollten sofort in Angriff genommen werden, 8000 der Reihe 42 ein Jahr später folgen. Schon nach sechs Wochen verließ am Abend des 19. September 1942 die 52 001 als erste Kriegslokomotive die Borsigwerke in Berlin. Bevor sie zum Einsatz kam, unternahm sie eine Rundfahrt über nahezu fünftausend Kilometer zu allen Lokomotivfabriken, die künftig diese Baureihe herzustellen hatten.

Zunächst löste sie an der Ostfront die alten preußischen Länderbahnlokomotiven der Reihen 38, 55 und 56 ab. Nachdem Kriegslokomotiven in großer Zahl teilweise oder völlig zerstört im Osten zurückblieben, liefen die meisten schließlich in Deutschland selbst und in den österreichischen Teilen des damaligen Reichs, aber auch in Italien, weniger hingegen in den ebenfalls von Deutschland besetzten Gebieten Frankreichs, Belgiens, Hollands und Luxemburgs. Den Großauftrag unterbrach der Kriegsverlauf. Immerhin wurden von der Baureihe 52 rund 6350 Lokomotiven abgeliefert, womit der erste Teil des Auftrags noch in nahezu voller Höhe als erfüllt gelten konnte. Hingegen kamen von der Baureihe 42 nur knapp 850 Maschinen zum Einsatz, als erste die 42 0001 Ende Juli 1943.

Trotz ihrer Sparkonstruktion erwiesen sich die Kriegslokomotiven auch auf schlechten Gleisen, in engen Kurven und unter rauhen Betriebsbedingungen als brauchbar und verhältnismäßig zuverlässig. So wurde bald nach Kriegsende die Produktion mit bereits vorhandenen Teilen fortgesetzt. Insgesamt sind ab Sommer 1945 noch mehr als 350 Lokomotiven der Reihe 52 und – vorwiegend in Österreich – etwa 90 der Reihe 42 gebaut worden. Schon während des Krieges hatten deutsche Lokomotivfabriken anstelle eigentlich bestellter Lokomotiven, deren Herstellung aufgegeben werden musste, rund 150 Kriegslokomotiven der Reihe 52 ins Ausland geliefert. Auch von der Nachkriegsfertigung ging ein großer Teil in den Export, insbesondere von Österreich nach Luxemburg und Bulgarien.

In den 1950er Jahren liefen nahezu überall in Europa Lokomotiven der beiden Kriegsbaureihen. Bei der Deutschen Bundesbahn verschwand 1956 zunächst die Reihe 42. Als letzte Lokomotive wurde am 27. März 1956 merkwürdigerweise die als Erste gebaute 42 0001 ausrangiert. Allerdings tauchten mit der Rückkehr des Saarlands Anfang 1957 nochmals Lokomotiven dieser Reihe auf; die endgültig letzte wurde im Herbst 1962 ausgemustert. Die Baureihe 52 hielt sich noch ein Jahr länger.

Auch die Reichsbahn der DDR verzichtete 1969 zuerst auf die Reihe 42; von der Reihe 52 blieben zahlreiche Lokomotiven, umgebaut und konstruktiv verbessert, bis in die 1980er Jahre im Einsatz. In Österreich, in mehreren osteuropäischen Ländern und in der Türkei leisteten deutsche Kriegslokomotiven ebenfalls noch lange friedlichen Dienst.

Die letzte Generation

Als sich nach 1945 die Verhältnisse zu normalisieren begannen, setzten Eisenbahn und Industrie in Deutschland abermals auf die Dampflokomotive, während sich andere Länder schon dem Dieselbetrieb und der Elektrifizierung zuwandten. Das Typenprogramm von 1950 sah fünf Baureihen nach dem neuesten Stand der Technik vor.

***Bild oben:* eine der beiden Schnellzug-Dampflokomotiven der Baureihe 10, der letzten, die für die Deutsche Bundesbahn entwickelt wurde. Von Krupp gebaut, wurden beide Maschinen 1957 ausgeliefert.**

***Bild links:* Die zahlenmäßig stärkste deutsche Nachkriegs-Dampflok-Serie war die Baureihe 23.**

Als Ersatz für die noch in größerer Zahl eingesetzte bayerische S 3/6-Schnellzuglok der Baureihe 18, für die Baureihe 39, und die Einheitsschnellzuglokomotiven 01 und 03 entstand die neue Baureihe 10. Krupp in Essen baute davon zwei Lokomotiven, eine mit Ölfeuerung, die andere mit Kohle- und Ölzusatzfeuerung. Obwohl auch die zweite noch voll auf Ölfeuerung umgerüstet wurde, gab es für die beiden modernsten deutschen Schnellzugdampflokomotiven bald keine Verwendung mehr. Die 10 001 ist der Nachwelt im Museum erhalten geblieben; ursprünglich war sie für Berlin vorgesehen, kam dann jedoch ins Deutsche Dampflokomotiv-Museum nach Neuenmarkt in Oberfranken.

Die weitaus meisten Lokomotiven der Nachkriegsentwicklungen gehörten der Baureihe 23 an. Sie war bereits 1940 entstanden, doch wurden damals nur zwei Probemaschinen gebaut. Bundesbahn und Reichsbahn der DDR knüpften in den 1950er Jahren an diese Entwicklung an und beschafften Personenzuglokomotiven auf der Grundlage der früheren Baureihe 23, wobei technische Neuerungen in unterschiedlichem Umfang berücksichtigt wurden. Die neuen Lokomotiven sollten vor allem die preußische P 8, Baureihe 38, ersetzen. Diese verbreitete und überall in Europa bewährte Gattung lief jedoch bei der Bundesbahn ebenso lange wie die letzte Neubaulokomotive der Reihe 23 und übertraf sie damit an Lebensdauer um Jahrzehnte. In der alten Bundesrepublik wurden zwischen 1950 und 1959 insgesamt 105, in der DDR von 1956 bis zum gleichen Zeitpunkt 113 Lokomotiven der neuen Reihe 23 gebaut. Die 23 105 war die letzte, von der Bundesbahn fabrikneu in Dienst gestellte Dampflokomotive.

In der BRD entstanden aus dem Grundprogramm von 1950 auch drei Baureihen von Tender-Lokomotiven: Die Reihe 65 sollte die preußischen Gattungen T 14 und T 18 (Baureihen 93 und 78) ablösen. Die Reihe 66 war als Ersatz für die Einheits-Baureihe 64, die Länderbahngattungen T 11 und T 12 (Baureihe 74) sowie die in der Reihe 75 zusammengefassten badischen und sächsischen 1C1-Tender-Lokomotiven bestimmt. Die Baureihe 82 schließlich sollte als Güterzug-Tenderlok das Betriebsprogramm der Reihen 84, 85, 87, 92, 94 und 95 erfüllen. Gebaut wurden von der Baureihe 65 achtzehn Stück, von der Reihe 66 nur zwei und von der Reihe 82 immerhin 41 Stück.

In der DDR umfasste das Neubauprogramm ebenfalls fünf Baureihen, davon jedoch nur zwei Tenderlok-Gattungen. Die Reihe 25, von der lediglich zwei Lokomotiven gebaut wurden, sollte Reisezüge und leichtere Güterzüge befördern. Für den reinen Güterzugdienst entstand eine neue Baureihe 50; die 50 4088 verließ als 88. dieser Reihe und als letzte in der DDR gebaute Dampflokomotive am 28. Dezember 1960 das Werk in Babelsberg bei Potsdam. Von der Tenderlok-Baureihe 65, die für den Nahschnellverkehr bestimmt war, wurden ebenfalls 88 Stück gebaut. Schließlich kam die Reihe 83 für Nebenbahnen hinzu; von ihr wurden 27 Stück beschafft. Die Neubaulokomotiven der DDR trugen mit Ausnahme der Baureihe 25 durchweg Ordnungsnummem über 1000 und wurden dementsprechend als Baureihen 23^{10}, 50^{40}, 65^{10} und 83^{10} bezeichnet. Damit ließen sie sich sowohl von den Neuentwicklungen der Bundesbahn als auch von den Einheitslokomotiven 1925 unterscheiden.

Neben den Neubauprogrammen spielten im Nachkriegsdeutschland Modernisierung und Umbau älterer Gattungen eine große Rolle. Die Bundesbahn ließ nicht nur Einheitslokomotiven, sondern auch die bayerische S 3/6 noch mit neuen Kesseln ausrüsten. In der DDR entstanden durch „Rekonstruktion" weitgehend neue Lokomotiven und damit zum Teil auch neue Baureihen.

Während der Dampfbetrieb bei der Bundesbahn 1977 zu Ende ging, dauerte er in der DDR an. So gehörte noch bei Gründung der Deutschen Bahn AG am 1. Januar 1994 eine Reihe vor allem schmalspuriger Dampflokomotiven zum Bestand.

Das Ende einer Epoche

Aus mehreren Gründen begann die Bedeutung der Dampflokomotive zu schwinden, kaum dass ihre technische Entwicklung und zahlenmäßige Verbreitung den Höhepunkt erreicht hatte: Diesellokomotiven boten allmählich eine Alternative, im Wettbewerb mit Kraftwagen und Flugzeug gewannen wirtschaftliche Gesichtspunkte zunehmend Gewicht, wobei der Dampfbetrieb schlecht abschnitt und sich der Abbau seines hohen Personal- und Anlagenbedarfs zur Kostensenkung geradezu aufdrängte. Hinzu kamen besondere Verhältnisse in einzelnen Ländern. So sah sich die Schweiz durch die Abhängigkeit vom Ausland in der Kohleversorgung

Bild oben: Die preußische P 8, Reichsbahn-Baureihe 38, eine der in Europa am weitesten verbreiteten Dampflokomotivgattungen, überdauerte nahezu sämtliche modernen Dampfloks.

Bild rechts: „Ausfahrt frei" aus dem Bahnhof Kulmbach für den D-Zug nach Hof. Hier fuhren die letzten mit Kohle gefeuerten Schnellzug-Dampflokomotiven der Deutschen Bundesbahn.

frühzeitig zur Elektrifizierung veranlasst. Andererseits hätte die Dampflokomotive einer Reihe kohlereicher Länder der „vierten Welt" weit mehr nützen können als „moderne", eher aus Prestige angeschaffte Diesellokomotiven. Das zeigte sich besonders nach der Energiekrise der 1970er Jahre, als manche Bahn Erdölerzeugnisse nicht mehr bezahlen konnte. Auch auf Plantagenbahnen, wo Holz, Zuckerrohr oder Rückstände als Brennmaterial zur Verfügung stehen, können Dampflokomotiven durchaus wirtschaftlich sein.

Sogar in Deutschland kamen während der Ölkrise Mitte der 1970er Jahre einige Oldtimer von Museumsbahnen noch einmal zu Ehren, die Bundesbahn holte Lokomotiven mit Kohlefeuerung vom Abstellgleis und stellte dafür ölgefeuerte ab. Dennoch ist die gelegentlich verheißene Renaissance der Dampflokomotive ausgeblieben.

In England und vor allem in den USA machten neue Konstruktionen von sich reden. Gewisse Chancen versprachen innovative Verfahren, von der zweistufigen Verbrennung bis zur mikroprozessorüberwachten Feuerung, und die in Amerika gegenüber Öl weitaus günstigeren Energiekosten auf Kohlebasis. In den Industrieländern Europas zählt die Eisenbahn ohnehin zu den Großverbrauchern von Kohle: In Kraftwerken wird sie unter optimalen Bedingungen verfeuert und zur Stromerzeugung für den elektrischen Zugbetrieb eingesetzt.

So verlor die Dampflokomotive weltweit ihre einst überragende Bedeutung. Schlechte Ausnutzung des Brennstoffs, geringer Aktionsradius, begrenzte Leistungsfähigkeit, hoher Aufwand an ortsfesten Anlagen, kostspielige Zwei-Mann-Bedienung und nicht zuletzt die Beeinträchtigung der Umwelt durch Lärm und Schmutz konnten den Strukturwandel im Zugförderungsdienst nur beschleunigen. Beinahe über Nacht war die Maschine abgeschrieben, die das technische Zeitalter begründet hatte.

DB
218 217-8

DIESELLOKOMOTIVEN

Im physikalischen Kabinett der Industrieschule zu Augsburg hatte Rudolf Diesel 1872, damals vierzehn Jahre alt, ein „pneumatisches Feuerzeug" entdeckt, in dem ein Stück Zucker zu glimmen begann, wenn der Kolben in einem Glaszylinder kräftig niedergedrückt und die Luft dadurch stark erhitzt wurde. Dieses Experiment – so weiß die Überlieferung – erwies sich für Diesel als Schlüsselerlebnis: Das Prinzip seines Motors beruht auf der Wirkungsweise dieses einfachen Feuerzeugs. Zwanzig Jahre später, am 28. Februar 1892, meldete der damals für Lindes Eismaschinen in Berlin tätige Kälte-Ingenieur Rudolf Diesel das erste deutsche Hauptpatent auf „Arbeitsverfahren und Ausführungsart für Verbrennungskraftmaschinen" an. Vor allem die Maschinenfabrik Augsburg-Nürnberg (MAN) in Augsburg beteiligte sich später an der Entwicklung des Dieselmotors, zeitweise auch Krupp in Essen. In England experimentierte etwa gleichzeitig Ackroyd Stuart mit der Verdichtungszündung.

Der nach Diesel benannte Motor zeigte sich schon beim ersten Abnahmetest am 17. Februar 1897 in Augsburg als wirtschaftlichste Wärmekraftmaschine der Welt: Professor Moritz Schröter von der Technischen Hochschule München ermittelte am ersten Einzylinder-Versuchsmotor bei 154 Umdrehungen in der Minute und 17,8 PS Leistung einen Gesamtwirkungsgrad von 26,2 %. Lokomotiv-Dieselmotoren erreichen heute bis zu 38%. Die Wirkungsweise beruht darauf, dass in den Zylindern Luft hoch verdichtet und dadurch so erhitzt wird, dass sich eingespritztes Schweröl selbst entzündet. Entscheidend war die Verwendung von Schweröl als Kraftstoff: Es fiel bei der Destillation an, war bis dahin in größeren Mengen gar nicht brauchbar und deshalb billig. Die gleichzeitige Umsetzung der chemischen Energie des Kraftstoffs durch Verbrennung in Wärmeenergie und durch Expansion der Verbrennungsgase in mechanische Arbeit lag auch älteren Verbrennungskraftmaschinen zugrunde, so dem Gasmotor des Franzosen Étienne Lenoir, den ersten wirtschaftlichen Gasmotoren von Nikolaus Otto und Eugen Langen sowie den mit Benzin und anderen flüssigen Treibstoffen arbeitenden Verbrennungsmotoren von Nikolaus Otto, Gottlieb Daimler, Wilhelm Maybach und Carl Benz. Da diese Motoren zum Teil lange vor dem Dieselmotor zur Verfügung standen, fuhren auch die ersten „Motorlokomotiven" mit Gas, Petroleum, Benzin oder Benzol. Erst Jahrzehnte später erreichte der „Diesel" seine überragende Stellung und ließ aus der „Brennkraftlokomotive" auch im Sprachgebrauch die Diesellokomotive werden. Ihr in Deutschland übliches Kennzeichen V für Verbrennungsmotor stammt noch aus der Anfangszeit. Der Vorteil, die Antriebsmaschine ohne lange Vorlaufzeit starten und bei längerem Aufenthalt einfach abstellen zu können, machte Verbrennungsmotoren auch für die Eisenbahn interessant.

Bild oben: Rudolf Diesel.

Linke Seite: Die Baureihe 218 der Deutschen Bundesbahn zählt mit Lokomotiven mit nur einem Motor und 2500 PS zu den stärksten vierachsigen Diesellokomotiven der Welt. Die 218217-8 war die einzige mit beige-rotem Anstrich; die folgenden wurden beige-ozeanblau gespritzt.

Auf Schwierigkeiten stieß dabei – ähnlich wie bei der elektrischen Lokomotive – die Leistungsübertragung. Zusätzliche Probleme warf die Kluft zwischen den Anforderungen des Eisenbahnbetriebs und dem Betriebsverhalten von Verbrennungsmotoren auf: Sie können unter Last nicht anlaufen, nur in einem schmalen Drehzahlbereich ein hinreichendes Drehmoment abgeben, zur Rückwärtsfahrt ihre Drehrichtung nicht einfach ändern und nur ein über den gesamten Drehzahlbereich gleichbleibendes Drehmoment abgeben. Den Dieselmotor „belastet" zusätzlich sein verhältnismäßig hohes Gewicht. Er konnte sich deshalb im Lokomotivbau, wo das Verhältnis von Gewicht zu Leistung eine wesentliche Rolle spielt, erst um die Mitte des 20. Jahrhunderts durchsetzen.

Problem Leistungsübertragung

Die erste große Diesellokomotive mit etwa 1000 PS arbeitete mit „direkter Leistungsübertragung". Das Drehmoment wurde über eine mit der Kur-

belwelle des Dieselmotors identische Blindwelle durch Treibstangen auf die Antriebsradsätze übertragen. Zum Anfahren wurden die Zylinder mit Druckluft beaufschlagt, bis die zum selbständigen Arbeiten des Dieselmotors erforderliche Drehzahl erreicht war. Beim Übergang von Druckluft- auf Dieselbetrieb traten Fehlzündungen auf, die zu Motorschäden und schließlich zum Scheitern dieser Art von Leistungsübertragung führten.
Die Entwicklung wich deshalb auf mittelbare Leistungsübertragung aus. Ein mechanischer Antrieb mit Zahnradvorgelegen verschiedener Übersetzungen, eine Kombination von Diesel- und Dampfmotor, Druckluftübertragung sowie eine Reihe weiterer Möglichkeiten wurden vor allem in Deutschland untersucht, blieben jedoch wegen unbefriedigender Ergebnisse auf Versuchslokomotiven beschränkt.
Am besten bewährte sich trotz etlicher Nachteile der Umweg über die Elektrotechnik, der schon 1892 in den Vereinigten Staaten in Verbindung mit einem kleinen Gasolinmotor beschritten worden war und 1924 bei der Entwicklung einer zweiten Großdiesellokomotive in Deutschland aufgegriffen wurde. Genau genommen handelte es sich um eine elektrische Lokomotive, deren Strom jedoch an Bord von einem mit dem Dieselmotor fest gekuppelten Generator erzeugt wurde.
Diese „elektrische Leistungsübertragung" hat sich vor allem in Nordamerika durchgesetzt und ist heute weltweit am weitesten verbreitet. Hohe Vollkommenheit erreichte auch die hydraulische Leistungsübertragung. Sie beruht auf dem von Professor Hermann Föttinger in Stettin schon 1905 angegebenen Flüssigkeitsgetriebe, wurde erstmals 1935 in Deutschland mit einem Voith-Getriebe verwirklicht, nach dem Zweiten Weltkrieg sowohl in West- als auch in Ostdeutschland weiterentwickelt und mit großem Erfolg eingesetzt.

Moderne Flüssigkeitsgetriebe für Diesellokomotiven bestehen aus mehreren Drehmomentwandlern, von denen jeder das Moment innerhalb eines bestimmten Bereichs überträgt. Die verschieden ausgelegten Wandler werden zum Teil mit Flüssigkeitskupplungen so kombiniert, dass der gesamte Geschwindigkeitsbereich der Lokomotive vom Stillstand bis zur Höchstgeschwindigkeit abgedeckt wird.

Bild oben: Der erste fertigungsreife Dieselmotor der Welt, 1897 von der M.A.N. gebaut, leistetet bereits 20 PS bei 172 Umdrehungen in der Minute.

Rechte Seite: Die erste Großdiesellokomotive der Welt, bei Borsig in Berlin für die Preußischen Staatseisenbahnen gebaut, wurde 1912 fertiggestellt. Motor und Antrieb stammten von der Schweizer Maschinenfabrik Sulzer aus Winterthur.

Mit hydraulischer Leistungsübertragung ließ sich ein besonders günstiges Verhältnis von Leistung zu Gewicht erreichen und bei gleichen Abmessungen und gleicher Radsatzlast die höchste Leistung in eine Diesellokomotive installieren. Dafür verlangte die anspruchsvollere Technik höheren Wartungsaufwand und qualifiziertere Werkstätten. Bei rauhem Betrieb und in Ländern ohne entsprechende Wartungsmöglichkeiten wurden deshalb der ungünstigere Wirkungsgrad und das erheblich höhere „tote" Gewicht dieselelektrischer Lokomotiven in Kauf genommen. Mit dem Übergang von Gleichstrom- zu Drehstromantriebstechnik haben sich die Gewichtsverhältnisse weitgehend ausgeglichen.

Dr. Rudolf Diesel am Zug

Schon während der Entwicklung seines Motors trug sich Rudolf Diesel mit dem Gedanken, Lokomotiven damit auszurüsten. Rund zehn Jahre später, 1907, gründete er zusammen mit Adolf Klose und der Maschinenfabrik Gebrüder Sulzer in Winterthur die „Gesellschaft für Thermo-Lokomotiven". Sie entwickelte zunächst eine 1500-PS-Lokomotive und bemühte sich um einen Auftrag des bayerischen Staatsministeriums für Verkehrsangelegenheiten. Noch bevor darüber entschieden war, bestellten die Preußischen Staatseisenbahnen 1909 eine Diesellokomotive mit 1000 PS, die mit der Achsanordnung 2'B2' bei Borsig in Berlin gebaut und von Sulzer mit Motor und Antrieb ausgerüstet wurde.
Im September 1912 war diese erste Großdiesellokomotive der Welt fertig. Zunächst unternahm sie Probefahrten, bei denen sich vor allem das Kühlsystem als änderungsbedürftig erwies. Danach gingen im März 1913 die Probefahrten weiter, teilweise auf der schwierigen Strecke Winterthur – Romanshorn. Anfang April traf die Diesellokomotive in Berlin ein. Bei den Probefahrten in Preußen erwies sich besonders der Übergang auf Brennkraft nach der Anfahrt mit Druckluft als kritisch. Als 1914 der Weltkrieg ausbrach, war die Lokomotive schadhaft abgestellt; Ende 1920

wurde sie in Tegel verschrottet, ohne je planmäßig zum Einsatz gekommen zu sein.

Lange Suche nach dem richtigen Weg

Erst Anfang der 1920er Jahre erhielt die Entwicklung neue Impulse. Sie kamen aus Russland, wo Lenin die Bedeutung der Diesellokomotive offenbar richtig einschätzte und ihrer Entwicklung hohen Stellenwert einräumte. An einem Wettbewerb beteiligte sich Russland selbst jedoch nur mit einem Entwurf von Professor J. M. Hackel, den drei Fabriken in Leningrad tatsächlich verwirklichten. Die zwölfachsige Lokomotive mit der Achsanordnung 1'Co-Do'-Co1' und elektrischer Leistungsübertragung wurde von einem Vickers-U-Bootmotor mit 1030 PS angetrieben. Die Lokomotive ging im Herbst 1924 in Betrieb, wurde jedoch aufgrund erheblicher Mängel nach zwei Jahren nur noch stationär zur Stromerzeugung verwendet.

Auch nach Deutschland gingen damals zwei Bestellungen. Die Maschinenfabrik Eßlingen baute mit elektrischer Ausrüstung von BBC 1924 eine Diesellokomotive, Achsanordnung 1'Eo1', mit elektrischer Leistungsübertragung und einem 1200-PS-MAN-Motor. Die Gesamtkonstruktion lag bei der Hohenzollern AG für Lokomotivbau in Düsseldorf. Maßgeblich an der Gesamtleitung beteiligt waren der russische Professor Jurij Vladimir Lomonossov und in beratender Funktion Professor Felix Meineke von der Technischen Hochschule Charlottenburg in Berlin. Nach Prüfstandsuntersuchungen in Eßlingen ging die Lokomotive im Spätherbst 1924 nach Russland, zeigte dort bei Versuchsfahrten beste Ergebnisse und kam am 25. Januar 1925 zur endgültigen Abnahme nach Moskau. Als erste Diesellokomotive der Welt erreichte sie günstigere Leistungs- und vor allem bessere Verbrauchswerte als vergleichbare, damals moderne Dampflokomotiven. Auch im planmäßigen Einsatz bewährte sie sich ausgezeichnet und blieb lange die einzige brauchbare Diesellokomotive hoher Leistung in der Welt. Sie war im Depot Ljublino, zehn Kilometer südöstlich von Moskau, stationiert, wo eine besondere Dieselwerkstätte eingerichtet wurde. Im Frühjahr 1925 unternahm die Lokomotive Fahrten von Moskau nach Petrowsk und zurück über 4495 km und von Moskau über Tiflis nach Eriwan und zurück mit 7436 km. Bis 1. März 1927 legte sie insgesamt 86.000 km zurück, seit August 1925 im Plandienst.

Die zweite von der Sowjetunion in Deutschland bestellte Diesellokomotive erhielt die Achsanordnung 2'E1', den gleichen 1200-PS-Motor der MAN und ein dreistufiges Zahnradgetriebe für hohe Leistungen von Krupp in Essen. Die Gesamtleitung des Projekts lag wiederum bei der Hohenzollern AG. Zwar erreichte diese Lokomotive weder die günstigen Werte noch das Betriebsverhalten der dieselelektrischen, trotzdem lief sie in der Sowjetunion jahrelang planmäßig. Nach einigen Jahren wurden beide ausrangiert.

Auch die erste Großdiesellokomotive Amerikas kam aus Deutschland: Krupp baute sie 1929 mit der Achsanordnung 2'D2', mechanischem Getriebe und einem 1450-PS-Dieselmotor für die Boston & Maine Railroad. Etwa gleichzeitig stellte Canadian National eine Doppellokomotive mit zwei Motoren und zusammen 2660 PS in Dienst.

In Italien lieferte die Maschinenfabrik Ansaldo SpA in Genua 1926 an die Staatsbahnen eine Diesellokomotive mit der Achsanordnung 1'C2', der 1100-PS-Motor stammte von Junkers; zum Anfahren standen besondere Zylinder ähnlich wie bei Dampflokomotiven zur Verfügung; erst ab etwa 10 km/h konnte der Dieselmotor die Antriebsleistung selbst aufbringen.

Eine andere bemerkenswerte Diesellokomotive entstand um diese Zeit in England; Kitson & Co in Leeds baute sie mit der Achsanordnung 1'C1' und einem Motor von 1300 PS, der zum Anfahren allein mit Dampf, bei höheren Geschwindigkeiten zur Hälfte mit Dampf, bei der gegenläufigen Kolbenbewegung jeweils mit Dieselkraftstoff angetrieben wurde. Neben dem Motor gehörte ein ebenfalls mit Dieselkraftstoff gefeuerter Dampfkessel zur Ausrüstung der Lokomotive.

Die Deutsche Reichsbahn unternahm 1928 zusammen mit der MAN und der Maschinenfabrik Eßlingen einen weiteren Versuch, wobei eine pneumatische Übertragung erprobt werden sollte. Wiederum entsprachen wesentliche Elemente wie Antrieb, Steuerung und Laufwerk der Dampflokomotive. Der Dieselmotor erzeugte Druckluft, die in Wärmetauschern von den Auspuffgasen des Dieselmotors erhitzt und statt Dampf zur Arbeitsleistung in die Zylinder geleitet wurde. Die Lokomotive mit der Achsfolge 2'C2', einem Dienstgewicht von 125 Tonnen und 80 km/h Höchstgeschwindigkeit kam Ende 1929 als erste Diesellok hoher Leistung zur Deutschen Reichsbahn, erhielt die Nummer V 32 01 und wurde später in V 120 001

umgezeichnet. Die ersten drei Ziffern gaben, mit 10 multipliziert, die Leistung an. Nach der Abnahmefahrt am 22. November 1929 von Obertürkheim nach Augsburg und zurück ging die Lokomotive an die Versuchsabteilung Grunewald. Danach war sie einige Jahre von Stuttgart aus im Einsatz, wurde jedoch noch vor dem Zweiten Weltkrieg verschrottet.

Aufgrund mehrjähriger experimenteller Arbeiten baute die Humboldt-Deutz-Motoren AG im Mai 1933 nochmals eine Diesellokomotive mit direktem Antrieb. Die Konstruktion lehnte sich zum Teil an die von Rudolf Diesel aus dem Jahr 1912 an, suchte aber die wesentlichen Mängel zu umgehen. Die Achsanordnung 2'B2' stimmte mit dem alten Vorbild überein. Hingegen entsprachen die drei Zylinder des Dieselmotors denen einer Dampflokomotive: Stangen übertrugen die Kolbenbewegung unmittelbar auf den Treib- und den Kuppelradsatz. Zum Anfahren wurde ein Druckluft-Kraftstoff-Gemisch eingespritzt und mit elektrischen Glühkörpern gezündet. Die Lokomotive erreichte verhältnismäßig hohe Anfahrzugkraft, ab etwa 70 bis zur Höchstgeschwindigkeit von 110 km/h konnte sie in reinem Dieselbetrieb fahren. Trotz guter Versuchsergebnisse bildete auch diese Art des direkten Antriebs keine Lösung von Dauer. Die Lokomotive war zwar einige Zeit im Einsatz, wurde von der Deutschen Reichsbahn aber nicht übernommen und bei einem Bombenangriff in Köln zerstört.

Inzwischen konzentrierte sich das Interesse trotz ungünstigem Wirkungsgrad und hohem Leistungsgewicht auf die elektrische Leistungsübertragung, die sich im Betrieb als einzige bewährte. Vor allem in der Sowjetunion kamen Anfang der 1930er Jahre mehrere dieselelektrische Lokomotiven zum Einsatz, darunter zwei aus Deutschland. Wenig später begann auf dieser Grundlage der Siegeszug der Diesellokomotive in Amerika, wo der Kraftstoffverbrauch eine ebenso geringe Rolle spielte wie in Russland. In Deutschland hingegen, wo flüssige Kraftstoffe auch gegenüber Kohle teuer waren, schied ein Motorantrieb mit spezifisch ungünstigen Verbrauchswerten aus. Lediglich die Wehrmacht beschaffte für die schwere Eisenbahnartillerie einige dieselelektrische Großlokomotiven, von denen zwei bei der Bundesbahn als Baureihe V 188 (288) noch bis in die 1970er Jahre liefen.

Weil eine dieselelektrische Lokomotive beim damaligen Stand der Technik keine befriedigende Lösung darstellte, ging die Suche nach neuen Wegen immer weiter. Unterdessen fanden Verbrennungsmotoren nur in Kleinlokomotiven und vor allem in Triebwagen einen Einsatzbereich von einiger Bedeutung.

Der „Schienenzeppelin"

In den 1920er Jahren erschienen Eisenbahnkonstrukteure einem merkwürdigen Geschwindigkeitsrausch verfallen. Ursache war die schon damals ständig wachsende Konkurrenz des Automobils. Gera-

Die Maschinenfabrik Eßlingen baute zusammen mit der M.A.N. die Diesellokomotive V 3201, später V 120 001, die von der Deutschen Reichsbahn 1929 übernommen und bis zum Zweiten Weltkrieg im Bezirk Stuttgart eingesetzt wurde.

dezu als Synonym für neue Ideen stand der Name Franz Kruckenberg. Durch den Vertrag von Versailles hatte er sein ursprüngliches Tätigkeitsfeld im Luftschiffbau verloren und zusammen mit Kurt Stedefeld und Willi Black zunächst eine propellergetriebene Hängeschnellbahn entwickelt. Doch niemand fand sich für die Finanzierung einer Versuchsstrecke. So beschlossen die tatkräftigen Ingenieure, ihre Pläne vorerst auf konventionellen Schienen umzusetzen.

Das Ergebnis war ein mit Unterstützung der Industrie gebauter „Propellerwagen", den eine Luftschraube, angetrieben von einem Benzinmotor mit 550 PS, vorwärtsbewegte. Dabei stellte der Propellerantrieb, der den silbernen Triebwagen bald als „Schienenzeppelin" bekannt und berühmt werden ließ, keineswegs das einzige Novum dar. Kruckenberg hatte erstmals auch sehr sorgfaltig die aerodynamische Form optimiert, die Grundlagen für extremen Leichtbau wissenschaftlich untersucht und nun erstmals angewandt.

Trotzdem stieß der „Schienenzepp" bei der Reichsbahn auf wenig Sympathie, teils aus Sicherheitsbedenken, teils aus Vorurteilen. So durfte der Wagen zunächst nur auf einem sonst kaum benutzten Gleis in der Heide bei Hannover erprobt werden, wobei er immerhin schon mehr als 180 km/h erreichte.

Doch erst nachdem Kruckenberg das Risiko in England hatte versichern können, ließ die Eisenbahnverwaltung eine Fahrt mit voller Geschwindigkeit auf der Strecke Hamburg – Berlin zu. Sie fand am 21. Juni 1931 unter starken Sicherheitsvorkehrungen statt. So mussten alle Schranken rund eine halbe Stunde vorher geschlossen werden. Ausgangspunkt war der Bahnhof Bergedorf außerhalb von Hamburg. Zwischen Karstädt und Wittenberge entfaltete der Propellerwagen seine volle Leistung und erreichte 230 km/h, einen neuen Geschwindigkeits-Weltrekord. Genau 98 Minuten nach dem Start rollte er im Hauptbahnhof von Spandau aus.

Vor der Durchfahrt hatte einer der maßgebenden Eisenbahnbeamten einige Blatt Zeitungspapier im Gleis auslegen lassen. Sie blieben uner-

Bild oben: In der Nähe von Glasgow entstand 1930 eine Versuchsanlage für diese propellergetriebene Hängeschnellbahn. Ähnliche Pläne hatte der deutsche Luftschiffbauer Franz Kruckenberg zusammen mit Kurt Stedefeld und Willi Black schon Anfang der 1920er Jahre entwickelt, jedoch für seine Versuchsstrecke keine Geldgeber gefunden.

Rechte Seite: Franz Kruckenberg konzentrierte seine Aktivitäten später auf die Schiene und schuf den „Schienenzeppelin", der mit 230 Stundenkilometern am 21. Juni 1931 einen neuen Geschwindigkeits-Weltrekord aufstellte.

wartet liegen, als der „Schienenzeppelin“ mit 180 km/h darüber hinwegfegte, während sie der nachfolgende Güterzug in die Luft wirbelte. Damit war, wie Kruckenberg später berichtete, das „bösartige Märchen“ entkräftet, wonach gewaltige, von der Luftschraube erzeugte Wirbel den Schotter von den Gleisen schleuderten. Trotzdem blieb dieser Antrieb auf das eine Eisenbahnfahrzeug beschränkt, bis 1965 der auf Luftkissen schwebende „Aerotrain“ des Franzosen Jean Bertin – ebenfalls ohne dauerhaften Erfolg – erneut mit einem Luftschraubenantrieb, zuletzt sogar mit einem Strahltriebwerk, auf Weltrekordfahrt ging.

Für den planmäßigen Einsatz lehnte die Reichsbahn den Propellerantrieb kompromisslos ab. Das Fahrzeug hatte als Wegbereiter technischer Neuerungen allerdings noch lange nicht ausgedient. Ein Jahr nach seiner Rekordfahrt wurde ein Föttinger-Flüssigkeitsgetriebe eingebaut. So konnte die Reichsbahn im November 1934 den Wagen als erstes Eisenbahnfahrzeug mit hydraulischer Leistungsübertragung übernehmen, wie sie später vor allem in Diesellokomotiven eingesetzt wurde.

Welterfolg des „Fliegenden Hamburgers“

Als am 15. Mai 1933 der Sommerfahrplan begann, enthielt er für die 287 km lange Strecke zwischen Hamburg und Berlin zum ersten Mal eine Schnellverbindung mit nur 137 Minuten Fahrzeit. Das bedeutete einen Durchschnitt von mehr als 125 km/h. Dafür stand ein aus zwei Wagen bestehender Dieseltriebzug bereit, der bei Probefahrten bereits 165 km/h erreicht hatte. Als „Fliegender Hamburger“ machte er nun Schlagzeilen rund um die Welt.

Er begründete das erste „Intercity“-Netz in Deutschland, lenkte aber auch erneut die Aufmerksamkeit auf den Dieselmotor. Aus zahlreichen Ländern, selbst aus Japan, reisten Fachleute an, um den von Experten wie vom Publikum gepriesenen Zug in Augenschein zu nehmen. Die verfügbaren rund hundert Sitzplätze für jede Fahrt waren meist schon wochenlang vorher ausgebucht. Der Zug erhielt durch elektrische Leistungsübertragung hohe Zuverlässigkeit und brachte der Reichsbahn enormen Erfolg.

Seine beiden zu einer Einheit gekuppelten Wagen liefen auf insgesamt nur drei Drehgestellen; in der Mitte stützten sie sich auf ein gemeinsames „Jakobsdrehgestell“ ab, das die beiden elektrischen Antriebsmotoren enthielt, während in den beiden äußeren Drehgestellen je ein 410-PS-Maybach-Dieselmotor mit dem zugehörigen Gleichstromgenerator zur Erzeugung des Fahrstroms eingebaut war. Der Zug stammte von der Waggon- und Maschinenbau AG in Görlitz, kurz Wumag, die elektrische Ausrüstung von den Siemens-Schuckert-Werken.

Bei der hohen Geschwindigkeit von 160 km/h, die weithin eingehalten werden sollte, spielte die Verminderung des Luftwiderstands eine erhebliche Rolle. So mussten die Außenflächen glatt sein, vorstehende oder eingezogene Teile vermieden werden. Den gleichen Zweck hatte die windschnittige Front. Die Farben Lila und Creme klangen an den seit 1928 eingesetzten „Rheingold“-Zug an und verliehen dem „Fliegenden Hamburger“ seine besondere Note.

Der Erfolg veranlasste die Reichsbahn sehr bald, den eingeschlagenen Weg fortzusetzen und weitere Dieseltriebwagen zu beschaffen. Zunächst folgten 1935 und 1936 dreizehn wiederum zweiteilige Züge, Bauart „Hamburg“, unter Berücksichtigung der Erfahrungen mit dem „Fliegenden Hamburger“.

Inzwischen entstanden Pläne für ein ganzes Netz derartiger Schnellverbindungen. Von allen deutschen Großstädten sollte Berlin in einer Tagesreise erreichbar, die Rückkehr noch am selben Tag möglich sein. Für Hamburg, Köln und Frankfurt am Main war dieses Ziel schon 1935 erreicht. Ein Jahr später erhielten auch Leipzig, Nürnberg, Stuttgart und München Anschluss an das Schnelltriebwagennetz. Für dessen weiteren Ausbau ließ die Reichsbahn dreiteilige, später auch vierteilige Triebzüge entwickeln. Am 17. Februar 1936 erreichte einer der dreiteiligen Züge zwischen Hamburg und Berlin als erstes Serienfahrzeug 205 km/h. Im Sommer 1936 nahmen dreiteilige Züge, Bauart „Leipzig", den Verkehr mit Breslau und Beuthen in Oberschlesien auf. Zu den Olympischen Spielen 1936 in Berlin bedienten die Dieseltriebwagen ein Netz von Schnellverbindungen ohne Beispiel in der Welt. Auf der Strecke Berlin – Köln fuhr ab Sommer 1938 ein weiterentwickelter dreiteiliger Schnelltriebwagen, Bauart „Köln", wovon insgesamt vierzehn Stück gebaut wurden. Den Höhepunkt dieser Entwicklung bildete schließlich die vierteilige Bauart „Berlin", die mit zwei Einheiten ebenfalls 1938 zum Einsatz kam: Die gesamte Maschinenanlage war in einem der Endwagen zusammengefasst, während die drei anderen Wagen ohne Antrieb liefen. Genau genommen handelte es sich damit um einen Wendezug mit Lokomotive und Steuerwagen am anderen Ende.

Franz Kruckenberg verwirklichte einen weiteren Dieseltriebzug, der allerdings von der bisherigen Linie schon äußerlich abwich, aber wiederum neue Konstruktionsmerkmale enthielt. Seine Kopfform mit zurückgesetztem, hochgelegten Führerraum lieferte fast zwanzig Jahre später der Deutschen Bundesbahn das Vorbild für die Trans-Europ-Express-Dieseltriebzüge. Außerdem waren in dem dreiteiligen Schnelltriebwagen zum erstem Mal Kruckenbergs Leichtbau, hydraulische Leistungsübertragung, neue Drehgestelle und eine fortschrittliche Maschinenanlage verwirklicht. Nach 1945 kam der Zug stark beschädigt ins Reichsbahnausbesserungswerk Wittenberge, wurde aber nicht mehr instandgesetzt.

Der Krieg hatte die Weiterentwicklung der Triebwagen und die Verwirklichung der vorgesehenen Bauart „München" jäh beendet, aber auch den Schnellverkehr selbst. Eine Reihe der Triebwagen überdauerte das Kriegsende und wurde, teilweise umgebaut, wieder eingesetzt. Mehrere von der Bundesbahn ausrangierte Triebwagen aus der Vorkriegszeit gingen später an die Reichsbahn der DDR und leisteten dort selbst im internationalen Verkehr noch gute Dienste. Ein Teil des „Fliegenden Hamburgers", der ebenfalls wieder eingesetzt worden war, steht heute im Verkehrsmuseum Nürnberg; aus Platzgründen wurde nicht der ganze Zug erhalten.

„Senator" und „Komet"

Als in Deutschland nach 1945 wieder an neue Züge zu denken war, beeinflussten den Neubeginn die noch immer gegenwärtigen Erfolge der Schnelltriebwagen. Einige waren erhalten geblieben und nach zeitgemäßer Modernisierung wieder im Einsatz. Dann wies jedoch der Blick über die Grenzen den Weg für die erste Neuentwicklung: Beeindruckt vom spanischen „Talgo", suchte die Deutsche Bundesbahn zunächst mit Gliederzügen den verlorenen Anschluss an internationale Maßstäbe wiederzufinden.

So erschienen 1953 zur Deutschen Verkehrsausstellung in München zwei siebenteilige Gliedertriebzüge VT 10 501 als Tages- und VT 10 551 als Schlafwagenzug, der später auch achtgliedrig lief. Erneut hatten Ideen des noch immer aktiven Franz Kruckenberg Pate gestanden. Vor allem

Der „Fliegende Hamburger" hatte 1933 das erste Intercity-Netz der Welt begründet und den Bau zahlreicher weiterer Dieselschnelltriebwagen eingeleitet. In diesem Zug, der heute im Werkmuseum von Linke-Hofmann-Busch in Salzgitter steht, fehlt von dem ursprünglich dreiteiligen Schnelltriebwagen lediglich der Mittelteil. Die Inneneinrichtung ist noch im Original erhalten.

die weitgehende Verwendung von Leichtmetall erschloss dem Bau von Eisenbahnfahrzeugen neue Möglichkeiten. So sollte der Leichtbau die Herstellungskosten senken und damit kürzere Lebensdauer rechtfertigen. Sie wurde üblicherweise mit 30 bis 40 Jahren angenommen. Schon damals machte sich bemerkbar, dass Auto, Bus und Flugzeug neuesten Komfort bieten, während dem Reisenden auf der Schiene oft jahrzehntealte Wagen zugemutet werden.

Die neuen Gliedertriebzüge boten nun ebenfalls zeitgemäßen Komfort: Beide waren voll klimatisiert. Die nur zwölf Meter langen Glieder konnten dreißig Zentimeter breiter gebaut werden als lange Reisezugwagen, weil sie sich in Kurven nur geringfügig von der Gleisachse entfernten; die größere Breite erlaubte großzügigere Gestaltung der Sitzplätze im Tages- und der Schlafwagenabteile im Nachtzug.

Für den Antrieb waren in jedem Gliederzug vier serienmäßige Lastwagenmotoren von je 210 PS eingebaut. Die Annahme, solche Serienmotoren müssten wirtschaftlicher sein als besondere Triebwagenmotoren, erwies sich als Trugschluss: Für die nötige Antriebsleistung von rund 800 PS hätte ein 12-Zylinder-Diesel ausgereicht, während die vier Lastwagenmotoren insgesamt 32 Zylinder enthielten und damit den Instandhaltungsaufwand stark erhöhten. Der Nachtzug wurde mit den schon beim „Fliegenden Hamburger“ bewähr-

Bild oben: dieselelektrisch getriebene „Unit" der Union Pacific im Tal des Columbia River im amerikanischen Bundesstaat Oregon.

Rechte Seite: Am 26. Mai 1934 unternahm der dieselgetriebene „Zephir" eine Rekordfahrt von Denver zur Ausstellung „Jahrhundert des Fortschritts" in Chicago. Die Strecke von 1.600 km bewältigte er in nur 13 Stunden.

ten Jakobs-Drehgestellen ausgerüstet. Der Tageszug erhielt Einachslaufwerke, die ebenfalls hohe Wirtschaftlichkeit versprachen, wegen zu hohen Instandhaltungsaufwands aber nicht erreichten. So entsprachen die Betriebseigenschaften beider Züge nicht den Erwartungen.

Den Tageszug hatte Linke-Hofmann-Busch in Salzgitter gebaut, den von der Deutschen Schlafwagen- und Speisewagen-Gesellschaft (DSG) in Auftrag gegebenen Nachtzug die Waggonfabrik Wegmann in Kassel. Ab Mai 1954 liefen beide Züge als „Senator" und „Komet" im planmäßigen Dienst. Der Nachtzug unternahm einige vielbeachtete Fahrten nach Griechenland. Zu den Gästen einer dieser Reisen gehörte der erste deutsche Bundespräsident, Professor Theodor Heuss. Auch unangenehme Überraschungen blieben nicht aus. So musste der Zug wegen eines Lagerschadens auf der Fahrt nach Athen einen fünftägigen Zwangsaufenthalt in der Nähe der bosnischen Stadt Zenica einlegen. Dort verstanden jedoch das Bahnbetriebswerk und ein Hüttenwerk den Schaden trotz unzulänglicher Mittel einwandfrei zu beheben, sodass der Zug seine Reise fortsetzen, die Steigungen über die Thermopylen anstandslos bewältigen und schließlich wohlbehalten nach Deutschland zurückkehren konnte. Bald häuften sich die Schwierigkeiten derart, dass im Dezember 1956 zunächst der Tageszug, zum Winterfahrplan 1957 auch der Schlafwagenzug aus dem Verkehr gezogen und in aller Stille ausgemustert wurde.

TEE-Start mit Triebwagen

Mitte der 1950er Jahre beschlossen die Schweizerischen Bundesbahnen, die Belgischen, Französischen,

Luxemburgischen und Niederländischen Eisenbahnen, die Italienischen Staatsbahnen und die Deutsche Bundesbahn den Bau von Zügen für höchste Ansprüche, um damit zwischen den Verkehrszentren Westeuropas schnellere und komfortable Reiseverbindungen zu schaffen. Für diesen „Trans-Europ-Express"-Verkehr entstanden damals Dieseltriebzüge nach gemeinsamen Richtlinien und in einheitlicher Farbgestaltung.

Die Deutsche Bundesbahn übernahm von den Gliederzügen die Leichtmetallbauweise, die Klimaanlagen, den hohen Komfort und eine Reihe konstruktiver Einzelheiten. Im Übrigen beschränkte sie sich auf bewährte Bauteile und Maschinenelemente. Damit sollten Fehlschläge wie mit den Gliederzügen vermieden werden.

Zum Sommerfahrplan 1957 begann der Trans-Europ-Express-Verkehr. Der Bundesbahn standen dafür acht siebenteilige Dieseltriebzüge VT 11 (601) zur Verfügung. Sie erregten mit ihrem eleganten Äußeren beträchtliches Aufsehen. Schon der „Kopf" der Endwagen mit der hoch aufgesetzten Führerkanzel, der windschnittigen Form und dem chromglänzenden TEE-Symbol wirkte ebenso gefällig wie imponierend. In Form- und Farbgebung bildeten alle sieben Wagen eine geschlossene Einheit.

Einzelabteile, Küche, Speiseraum, eine Bar und der flugzeugähnliche Großraum mit Liegesitzen verteilten sich auf die fünf Zwischenwagen. Bei Bedarf konnten bis zu acht Wagen eingestellt werden. Die beiden Endwagen enthielten die Maschinenanlagen mit je einem 1000-PS-Dieselmotor, sodass für den „Triebkopfzug" insgesamt 2000 PS zur Verfügung standen.

Die Züge bewährten sich hervorragend, fanden schnell Anklang und bestritten jahrelang den gesamten TEE-Verkehr der Deutschen Bundesbahn. Auch später, als dafür mehr und mehr Wagenzüge mit Lokomotivbespannung eingesetzt wurden, erfreuten sich die Triebzüge noch großer Beliebtheit. So entschloss sich die Bundesbahn, den 1000-PS-Diesel in einigen Triebköpfen durch eine Gasturbine doppelter Leistung zu ersetzen. Damit sollten auch im oberen Geschwindigkeitsbereich Leistungsreserven zur Verfügung stehen, um die von anfangs 140 auf 160 km/h erhöhte Spitzengeschwindigkeit

in angemessener Zeit auch mit dem zehnteiligen Zug zu erreichen. Bei Versuchsfahrten mit zwei Gasturbinen-Triebköpfen (Baureihe 602) wurden über 200 km/h erreicht.

Die Italienischen Staatsbahnen stellten zur Trans-Europ-Express-Premiere sieben nur zweiteilige Dieseltriebzüge mit Unterflurmotoren in Dienst. Ab Herbst 1957 verkehrte ein solcher Zug zwischen Mailand und München über den Brenner als TEE „Mediolanum". Beide Wagen enthielten nur Großräume. Speisen und Getränke wurden am Platz serviert. Nach mehrjährigem Einsatz ließen die Fahreigenschaften immer mehr zu wünschen übrig: Die Züge wurden vorzeitig zurückgezogen. Bis zur Fertigstellung neuer TEE-Wagen in Italien bediente die Deutsche Bundesbahn mit ihren Dieselzügen auch diese Verbindung.

Die Schweizerischen Bundesbahnen stellten drei, die Niederländischen Eisenbahnen zwei gemeinsam entwickelte Dieseltriebzüge für den TEE-Verkehr in Dienst. Jeder dieser Züge bestand aus einem Maschinenwagen mit Führerraum und Dienstabteilen sowie drei Wagen ohne Antrieb: Der erste enthielt Einzelabteile, der mittlere Küche und Speiseraum und der letzte – als Steuerwagen ausgeführt – einen Großraum mit Mittelgang und den Führerraum am Ende. Als kleine Besonderheit boten die schweizerisch-niederländischen TEE-Triebzüge neben den Toiletten auch zwei Frisierräume. Anfangs fuhren diese Züge die Strecken Zürich – Amsterdam und Amsterdam – Paris, später einige Zeit auch als TEE „Bavaria" Zürich – München. Dabei verunglückte einer der beiden Schweizer Züge bei Aitrang; die vier übrigen wurden wenig später aus dem Verkehr genommen und abgestellt. Im Frühjahr 1977 kamen sie bei der Ontario-Northland-Railroad in Kanada nochmals zum Einsatz.

Die Französischen Eisenbahnen gestalteten lediglich das Innere vorhandener Triebwagenzüge nach den TEE-Richtlinien um, setzten aber schon wenig später weitgehend Wagenzüge mit Lokomotivbespannung ein.

Die weitaus höchsten Leistungen aller TEE-Triebwagen erreichten die Dieselzüge 601 der Deutschen Bundesbahn. Jahrelang waren sie noch als „Alpen-See-Express" für die großen Reiseveranstalter im Einsatz, bevor einige nach Italien verkauft und dort erneut als Komfort-Sonderzüge zu Ehren kamen. Ein zehnteiliger Zug steht einsatzfähig dem Verkehrsmuseum Nürnberg zur Verfügung.
Die Deutsche Reichsbahn der DDR ließ Anfang der 1960er Jahre einen ähnlichen Zug, SVT 18 (175), entwickeln. Von den geplanten 21 fünfteiligen Einheiten wurden allerdings nur acht gebaut. Sie fuhren von Berlin als „Neptun" nach Kopenhagen, als „Vindobona" nach Wien, als „Berlinaren" nach Malmö sowie als „Karlex" und „Karola" nach Karlsbad.

Retter der Lokalbahnen

Die nach wie vor populäre Idee, Eisenbahnfahrzeuge mit Serienteilen aus dem Omnibus- und Lastwagenbau kostengünstig herzustellen, ist mehr als sechzig Jahre alt. Den ersten „Schienenomnibus" zeigte Henschel 1931 auf der Automobilausstellung in Berlin. Schon damals bestand das Bedürfnis, Lokalbahnen wirtschaftlicher zu betreiben. So fanden vom Omnibus abgeleitete Triebwagen in den 1930er Jahren weite Verbreitung. Nach 1945 sahen sich die Bahnen in beiden Teilen Deutschlands erneut veranlasst, ihren Anteil am Verkehr auf Nebenstrecken mit zeitgemäßen und doch kostengünstigen Fahrzeugen zu verteidigen. Anknüpfend an frühere Entwürfe baute die Waggonfabrik Uerdingen von 1950 an ein- und zweimotorige Schienenbusse, VT 95 (795) und VT 98 (798).
Auch neue, fahrgastfreundliche Ideen wurden dabei verwirklicht. So verhalfen Luftfedern dem Schienenbus zu Laufeigenschaften, die manches neuere Fahrzeug vermissen lässt. Die Sitze, dem Zeitgeschmack entsprechend mit Kunstleder bezogen, ließen sich mühelos und ohne jeden Aufwand in Fahrtrichtung stellen, indem einfach die Lehne vor- oder zurückgeklappt wurde.
Für Steilstrecken entstand sogar ein Schienenbus mit Zahnradantrieb. In den 1960er Jahren verfügte die Bundesbahn über 2200 Schienenbus-Triebwagen, -steuerwagen und -beiwagen. Zahlreiche weitere gingen ins

Bild oben: Die V 200 001 begründete nach dem Zweiten Weltkrieg den hervorragenden Ruf deutscher Diesellokomotiven und eine neue Fertigungslinie im Lokomotivbau.

Linke Seite: Die V 16101 mit einem 1.400-PS-Dieselmotor der M.A.N. und Voith-Flüssigkeitsgetriebe war die erste dieselhydraulische Lokomotive der Welt mit hoher Leistung.

Ausland. Auch die Reichsbahn der DDR beschaffte ab 1962 ähnliche Triebwagen, VT 2.09 (171 / 172), wenn auch in erheblich geringerer Zahl. Nachdem die Nutzungsdauer der Schienenbusse bei der Bundesbahn bereits als abgelaufen galt, mussten sie noch mehr als drei Jahrzehnte lang den Verkehr auf mancher Nebenbahn bestreiten. Die Beschaffung des erstmals Anfang der 1970er Jahre in geringer Zahl gebauten Nachfolgers, Baureihe 628, verzögerte sich wegen der hohen Investitionen und des meist unwirtschaftlichen Einsatzfeldes Jahr um Jahr. Erst Ende der 1980er Jahre begann die Beschaffung der dritten und vierten, gegenüber der ersten deutlich vereinfachten Bauserie.
Auch im schnelleren Regionalverkehr über größere Entfernungen kamen Dieseltriebwagen zum Einsatz, die sich gut bewährten und noch heute unverzichtbar sind. In einem dieser Züge erprobte die Bundesbahn 1968 eine „gleisbogenabhängige Wagenkastensteuerung". Damit sollten die zahlreichen Kurven aus der Bauzeit vieler Strecken schneller durchfahren werden können. Durch Neigung des Fahrzeugaufbaus im Gleisbogen lassen sich die Fliehkräfte im Wagen ausgleichen, nicht jedoch zwischen Rad und Schiene. Als zwei Unfälle deutlich machten, dass schon mäßige Überschreitung der Geschwindigkeit zum Entgleisen führen kann, verschwand die Neigetechnologie in der Schublade. Nur Fiat in Italien entwickelte sie weiter; von dort kam sie schließlich nach Deutschland zurück. Züge mit diesem „aktiven" Neigesystem können Kurven bis zu 30 % schneller durchfahren; Sensoren erfassen den Kurvenverlauf und neigen den Wagenaufbau hydraulisch oder elektromechanisch bis zu 8 Grad.
Die Bundesbahn übernahm als „Neitec" die hydraulische Neigetechnik des italienischen „Pendolino" für den Diesel-Regionaltriebzug der Reihe 610, der von Nürnberg aus nach Bayreuth und Hof, Weiden und Schwandorf eingesetzt wurde. Für die folgende Reihe 611 entwickelte die AEG ein Neigesystem mit elektrischen Stellantrieben aus der Wehrtechnik.
In Italien kamen seit 1975 mehrfach verbesserte „Pendolino"-Züge für elektrischen Betrieb zum Einsatz,

Bild oben: Im August 1960 erhielt die Deutsche Bundesbahn eine von Krupp entwickelte neue Mehrzwecklokomotive, die V 160. In zahlreichen Varianten gebaut, war sie die erste einmotorige Streckenlokomotive, die sowohl im Güter- als auch im Personenbetrieb eingesetzt werden konnte.

Rechte Seite: einer der ersten Talgo-Züge, gebaut 1949 von der Car & Foundry Company in den USA; sie lieferte auch die beiden ersten Talgo-Züge nach Spanien.

1995 in Finnland auch auf Breitspur, 1996 zwischen Italien und der Schweiz.
Große Erwartungen knüpften die Britischen Eisenbahnen an ihren „Advanced Passenger Train", APT, dessen Neigesystem jedoch die Einsatzreife nicht erreichte, sodass die Entwicklung 1982 abgebrochen wurde.
Erfolgreich fährt hingegen der Neigezug X 2000 von ASEA in Schweden: Er besteht aus vier Zwischen- und einem Steuerwagen sowie einer Triebkopf-Lokomotive ohne neigbaren Aufbau. Japan beschäftigt sich ebenfalls mit Neigetechnik.

Französische Spezialität: Turbotrain

Immer wieder haben Konstrukteure versucht, Lokomotiven mit Turbinen anzutreiben. Zu Anfang des Jahrhunderts schien noch Dampf der geeignete Energieträger zu sein: Aus dem Lokomotivkessel speiste er die Turbine, die mit einem Generator zur Stromerzeugung für die elektrischen Fahrmotoren gekuppelt war. Die erste dampf-elektrische Lokomotive, entwickelt von Hugh Reid und D. McNab Ramsay, entstand 1909 in den Werkstätten der North British Locomotive Company in Glasgow.
Später verlagerte sich das Interesse auf Dieselkraftstoff und Gasturbinen, wobei in der Regel Hubschrauberturbinen angepasst wurden. Der Vorteil der Gasturbine liegt vor allem darin, dass sie aufgrund hoher Drehzahl auch hohe Leistung bei geringem Gewicht und Einbauvolumen abgeben kann. Andererseits lassen sich wesentliche Eigenschaften der Gasturbine mit den Anforderungen des Eisenbahnbetriebs schwer in Einklang bringen. Gasturbinen arbeiten lediglich unter Vollast wirtschaftlich, während Lokomotiven gerade in diesem Leistungsbereich meist nur kurzzeitig betrieben werden. Vielfach wurde die Gasturbine deshalb als „Booster" zusätzlich zu einem Dieselmotor eingesetzt; dabei wird sie nur zugeschaltet, wenn – beim Anfahren und in Steigungen – hohe Leistung erforderlich ist.
Dem trug auch der Entwurf eines Schnelltriebwagens für die Bundesbahn Rechnung, der allerdings nicht verwirklicht wurde (Baureihe 603): Die installierte Gesamtleistung sollte sich auf vier Gasturbinen verteilen, um unwirtschaftlichen Teillastbetrieb auf immer nur eine Turbine zu beschränken; die anderen sollten entweder unter Vollast laufen oder abgeschaltet sein.
Führend in der Welt waren die Französischen Eisenbahnen mit ihren Turbotrains und elektrischer Leistungsübertragung. Die Entwicklung begann 1966 mit der ersten Variante „ETG",

von der im Juli 1968 zehn Einheiten zur Verfügung standen. Außer der Turbine war jeweils auch ein Dieselmotor eingebaut. Die ersten Turbozüge kamen auf der Strecke Paris – Caen – Cherbourg zum Einsatz, wobei sie auf dem Teilstück bis Caen 132,7 km/h und auf dem Rest der Strecke 124 km/h Reisegeschwindigkeit erreichten. Als zweite Generation folgten die „RTG" bereits für 200 km/h. Anstelle des Dieselmotors der ETG-Bauart erhielten sie eine weitere Gasturbine. Zwei dieser Züge mietete die amerikanische Intercity-Betriebsgesellschaft Amtrak und kaufte sie nach eingehender Erprobung. Später bestellte sie in Frankreich zwei Serien von Turbotrains, wobei ein Teil in Lizenz in den USA gebaut wurde. In Frankreich fuhren die RTG-Züge auf den Strecken von Lyon nach Straßburg, Nantes und Bordeaux, zuletzt nach Cherbourg.

Auch der TGV war, als er im Juli 1969 erstmals bestellt wurde, als Gasturbinenzug geplant. Bis Frühjahr 1976 unternahm er mehr als 150 Testfahrten mit über 300 km/h. Zunächst sollten davon hundert Serienzüge gebaut werden. Als Einsatzgebiet waren vor allem die Verbindung von Paris nach Südost-Frankreich und das dortige Netz vorgesehen. Erst als für die Neubaustrecke Paris – Lyon aus Umweltschutzgründen elektrischer Betrieb vorgesehen wurde, wandelte sich der TGV zum elektrischen Zug.

Nachdem die Gasturbine bei den Eisenbahnen eine Zeitlang abgeschrieben schien, findet sie jetzt in den USA mit komprimiertem Erdgas als Kraftstoff erneut Beachtung.

Spanien fährt „Talgo"

Die deutschen Erfolge im Schnellverkehr mit Triebwagen hatten in den 1930er Jahren auch im Ausland Interesse geweckt. Ein spanischer Erfinder leistete dazu einen Beitrag, der eine Zeitlang sogar Amerika faszinierte: Oberst Alejandro Goicoechea führte Anfang 1942 zwischen Madrid und Leganés einen Gliederzug vor, dessen einachsige Wagen sich jeweils auf dem Ende des vorhergehenden abstützten. Der Gliederzug wurde unter dem Namen „Talgo" zum Begriff: Er leitete sich aus den Anfangsbuchstaben von „Tren Articulado Ligero Goicoechea Oriol" ab; die drei ersten Worte bedeuten „leichter Gelenkzug", das vierte steht für den Namen des Erfinders und das letzte für den der Familie, deren Hilfe die Entwicklung ermöglicht hatte.

Die extrem leichten Wagen wurden von einer Diesellokomotive gezogen, die sich bei späteren Varianten in Form und Farbgebung dem Zug anpasste. So ist der „Talgo" trotz des einheitlichen Erscheinungsbilds kein Triebwagen, sondern ein Wagenzug mit Lokomotive.

Das günstige Verhältnis von Zuggewicht zu Sitzplatzzahl versprach wesentliche Vorteile. Die Laufwerke sollten den Übergang zwischen spanischer Breitspur und mitteleuropäischer Normalspur ohne Radsatztausch ermöglichen; dieser automatische Spurwechsel ist zwei Jahrzehnte später tatsächlich verwirklicht worden. Ein Mangel des Gliederzugs bestand darin, dass er rückwärts nur mit geringer Geschwindigkeit fahren konnte, also an jedem Endpunkt in einem Gleisdreieck oder einer Wendeschleife gedreht werden musste. Zunächst interessierten sich amerikanische Bahngesellschaften für das Konstruktionsprinzip, das in Europa damals schon an kriegsbedingten Materialproblemen scheiterte. So baute den ersten „Talgo" 1948 die American Car & Foundry Company für die Delaware, Lackawanna & Western Railroad. Später erhielt auch die Rock Island Railroad einen Zug, dessen Schicksal sich allerdings im Vorortverkehr von Chicago erfüllte. Eine weitere Version mit dem Namen „John Quincy Adams" übernahm die New York, New Haven and Hartford Railroad, wobei das Rückwärtsfahrproblem durch konstruktive Verbesserungen und den Einsatz je einer Diesellokomotive an beiden Enden gelöst wurde. Von diesen Zügen sind durchweg „rauhe" Fahreigenschaften überliefert. Damals konnte sich der „Talgo" weder in den USA, noch in anderen Ländern durchsetzen. Lediglich die Spanier vertrauten darauf – der Erfolg gab ihnen Recht.

Bei den Spanischen Staatsbahnen fuhren 1950 dreimal wöchentlich zwei in Amerika gebaute „Talgos" zwischen Madrid und der französischen Grenze bei Irun mit Anschluss nach Paris. Sie boten in Spanien bis dahin unbekannten First-Class-Komfort und verkehrten in der Regel mit elf voll klimatisierten Wagen, darunter einem mit Waschräumen, Klimaanlage und Küche, einem Gepäckwagen und einem Aussichtswagen am Schluss. Die Gelenkzüge brachten nicht nur hohen Komfort, sondern auch kürzere Reisezeiten. Ab 1960 kam ein dritter Zug zum Einsatz.

Der große Erfolg führte Mitte der 1960er Jahre zu erheblicher Erweiterung des „Talgo"-Netzes: Zehn dieselhydraulische Lokomotiven wurden beschafft; je die Hälfte bauten Krauss-Maffei in München und Babcock & Wilcox in Bilbao.

Der nächste Entwicklungsschritt brachte am 29. Mai 1969 den automatischen Spurwechsel an der Grenze zu Frankreich: In Port Bou rollt der Zug durch die Spurwechselanlage, während die Zoll- und Passkontrolle stattfindet. Die beweglich auf den Achsen angeordneten Räder lösen sich dabei aus ihrer Arretierung und stellen sich von selbst auf die neue Spurweite ein; danach wird die Arretierung wieder wirksam. Der Vorgang dauert etwa eine halbe Stunde. Diese Züge konnten bereits vor- und rückwärts gleich schnell fahren. Die Lokomotiven blieben stets im selben Netz; in Frankreich und der Schweiz hatten

Bild links: Von der Diesellokomotive der Baureihe V 100 (Bundesbahn: Baureihe 211) wurden insgesamt 364 Maschinen in Dienst gestellt. Sie waren mit einem 1.100-PS-Motor ausgestattet und erreichten eine Höchstgeschwindigkeit von 100 km/h.

Bild oben: Die stärksten dieselhydraulischen Lokomotiven der Welt baute Henschel in Kassel für die Volksrepublik China; die Klasse NY 7, gebaut 1972, leistete 5.400 PS.

die Spanischen Staatsbahnen eigene normalspurige Lokomotiven im Einsatz. Die heutigen „Talgo"-Züge können von jeder Lokomotive gezogen werden.

Als weitere Neuerung folgte 1980 der „Talgo"-Pendular mit „passiv" neigbarem Wagenaufbau. In Kurven pendelt er durch die Fliehkraft von selbst bis zu 4 Grad aus und kann damit ohne Komfortverlust Kurven bis zu 15 % schneller durchfahren.

Seit 1969 verband der „Catalán-Talgo" Barcelona mit Genf, ursprünglich als Trans-Europ-Express, seit 1982 als Eurocity auch mit 2. Klasse. „Talgo"-Verbindungen Barcelona – Paris bestanden seit 1974, Madrid – Paris seit 1981. Nachtverbindungen von Barcelona nach Mailand und Bern kamen 1989, bis Zürich 1990 hinzu. Die Deutsche Bahn hat seit Sommer 1994 vier „Talgo"-Hotelzüge von Bonn und München nach Berlin im Einsatz, zwei weitere wurden 1995 bestellt.

„Units" überrollen Amerika

Fortschritte im Motorenbau öffneten dem Triebwagen in den 1930er Jahren immer neue Möglichkeiten. Allein in Deutschland entstanden damals an die fünfhundert Bauarten von Benzin-, Benzol- und Dieseltriebwagen. Dass die Stückzahlen meist gering blieben, lag am ständigen Bemühen um weitere Verbesserungen. Allenthalben übernahmen motorisierte Personenwagen Nebendienste im Eisenbahnverkehr. Gleichzeitig gab der „Fliegende Hamburger" als schnellster Zug der Welt Impulse für Schnellverbindungen zwischen großen Knoten.

Die Ungarischen Staatsbahnen begründeten 1934 den ersten internationalen Städteschnellverkehr mit ihren „Arpad"-Zügen, vierachsigen Dieseltriebwagen mit mechanischer Leistungsübertragung. Sie legten mit 110 km/h Höchstgeschwindigkeit die rund 260 km zwischen Budapest und Wien in knapp drei Stunden zurück.

Ihren Namen trugen sie nach einem ungarischen Stammesführer aus dem 9. Jahrhundert.

In den Vereinigten Staaten schien in der Wirtschaftskrise ein Schnellverkehr nach deutschem Muster gut geeignet zu sein, dem Reiseverkehr mit der Eisenbahn neuen Auftrieb zu geben. Vor allem zwei Bahnen, Chicago, Burlington & Quincy Railroad und Union Pacific, bestellten stromlinienförmige Dieseltriebzüge.

Am 26. Mai 1934 präsentierte Burlington ihren „Pioneer Zephyr" für 72 Passagiere. Er kam von der Edward G. Budd Company in Philadelphia und beeindruckte schon mit seinem geschickten Aufbau aus rostfreiem Stahl. Zuerst war er auf der Weltausstellung in Chicago zu sehen, heute steht er im Chicago Museum of Science and Industry. Auch diesem Zug hatte ein Rekord zu Publicity verholfen: Er bewältigte die 1637 km zwischen Chicago und Denver in Colorado mit einem Schnitt von über 125 km in der Stunde. Fahrplanmäßig fuhr er zwischen Kansas City, Omaha und Lincoln in Nebraska. Ein Jahr später erhielten die Boston & Maine und die Main Central einen weiteren Stromlinienzug, den „Flying Yankee". Er blieb in Edaville, rund 65 km von Boston entfernt, ebenfalls erhalten. Der erste Stromlinienzug der Union Pacific kam unter dem Namen „City of Portland" zwischen Chicago und Portland zum Einsatz. Wenig später folgte ein zweiter, sechsteiliger, noch komfortablerer Zug in Leichtbauweise mit Schlafwagen. Auch er machte durch hohe Geschwindigkeit auf einer Testfahrt von sich reden: In der Spitze erreichte er mehr als 193 km/h, wobei er über knapp hundert Kilometer einen Schnitt von über 165 km/h hielt. Auf einer Langstreckenfahrt von Los Angeles am Pazifik nach New York am Atlantik legte er 5137 km in 56 Stunden und 55 Minuten zurück, was auf einer drei Tage und zwei Nächte dauernden Fahrt über die Rocky Mountains einem Stundenschnitt von nahezu 92 km entsprach. Die „Zephyrs", in zahlreichen Varianten und auf ebenso vielen Strecken eingesetzt, blieben bis in die 1950er Jahre Stars der amerikanischen Eisenbahnen.

Der Erfolg des Triebwagens rückte den Dieselantrieb zunehmend ins Blickfeld. Als leichtere und dennoch stärkere Motoren zur Verfügung standen, verlagerte sich der Schwerpunkt rasch auf Lokomotiven. Auch bei elektrischer Leistungsübertragung, wie sie in Amerika wegen der robusteren Technik stets bevorzugt wurde, ließ sich nun hinreichend hohe Leistung installieren. Besonders die Electro-Motive-Corporation, ursprünglich zum Bau von Benzintriebwagen gegründet, später von General Motors übernommen, aber selbständig weitergeführt, führte den Dieselmotor bei den amerikanischen Eisenbahnen ein. Dabei entstanden die standardisierten Units mit etwa 1500 PS, „Einheiten", die sich je nach nötiger Gesamtleistung einzeln, in Doppel- oder Mehrfachtraktion einsetzen lassen. Die Fabrikation konnte sich auf Serienfertigung einstellen, die Instandhaltung machte mit der Übereinstimmung der Einzelteile keine Schwierigkeiten. Zunächst wurden Units noch mit und ohne Führerraum gebaut, später die Mehrkosten eines Führerstands in jeder Unit für freizügige Verwendbarkeit in Kauf genommen.

Gliedertriebzug VT 10 501 der Deutschen Bundesbahn, gebaut 1954 von Linke-Hofmann-Busch in Salzgitter, ausgerüstet mit M.A.N.-Motoren.

Das Prinzip der Units mit elektrischer Leistungsübertragung ist bis heute nicht in Frage gestellt worden. Allerdings hat der Übergang von Gleichstrom- zu Drehstromfahrmotoren in den 1990er Jahren einen tiefgreifenden Wandel herbeigeführt und zu erheblicher Leistungssteigerung bis zu 5000 hp geführt. Den Weltmarkt für Diesellokomotiven dominiert nach wie vor die amerikanische Lokomotivindustrie weitgehend konkurrenzlos. Schnell setzten sich in den USA immer leistungsfähigere Diesellokomotiven durch. Für 1946 wies die Statistik 4441 Einheiten aus, weitere zehn Jahre später bereits sechsmal so viele. Neunzig Prozent des amerikanischen Eisenbahnverkehrs bestritten schon damals Diesellokomotiven. Elektrifizierte Strecken, in Amerika ohnehin die Ausnahme, wurden großenteils auf Dieselbetrieb umgestellt.

Erfolg der Dieselhydraulik

In Deutschland beschränkte sich die elektrische Leistungsübertragung im Wesentlichen auf die Schnelltriebwagen, die damit bei ihrem geringen Gewicht ausgezeichnete Leistungen erzielten. Zwei dreiteilige Züge der Bauart „Leipzig" erhielten schon 1935 zum Vergleich hydrodynamische Übertragung mit Voith-Strömungsgetrieben. Gleichzeitig untersuchte die Reichsbahn nach den fehlgeschlagenen Versuchen mit direkter und pneumatischer nun die hydraulische Leistungsübertragung in einer Großdiesellokomotive. Anfangs war diese Lösung ebenso wie die elektrische verworfen worden, nachdem die Erfahrungen mit einigen Triebwagen wenig Erfolg versprachen.

Inzwischen war jedoch auch die Technik der Strömungsgetriebe deutlich fortgeschritten. So entstand bei Krauss-Maffei in München die erste dieselhydraulische Lokomotive der Welt mit hoher Leistung, V 16 101, mit einem 1400-PS-Motor der MAN und einem Voith-Flüssigkeitsgetriebe. Aus der Kombination eines Drehmomentwandlers und zweier hydraulischer Kupplungen ergaben sich drei Geschwindigkeitsbereiche: bis 48, bis 70 und bis 100 km/h. Beim Überschreiten eines Bereichs schaltete das Getriebe automatisch auf die nächste Stufe und umgekehrt, wenn sich die Geschwindigkeit in der Steigung verminderte. Die Lokomotive mit der Radsatzfolge 1'C1' wurde am 13. Juli 1935 abgeliefert und zur Jahrhundertfeier der deutschen Eisenbahnen in Nürnberg gezeigt. Auch auf der Weltausstellung in Paris 1937 fand sie große Beachtung. Die Reichsbahn übernahm sie nach eingehender Erprobung am 11. Dezember 1936 als V 140 001. Die Betriebsergebnisse waren zufriedenstellend. Allerdings musste die Lokomotive wegen Treibstoffmangels schon im Juni 1939 abgestellt werden. Sie blieb es genau sieben Jahre lang. Obwohl ausgeplündert, wurde sie instandgesetzt und vorwiegend zur Erprobung und Vervollkommnung der hydraulischen Leistungsübertragung benutzt, deren Brauchbarkeit sie von Anbeginn eindrucksvoll unter Beweis stellte. Am 13. Oktober 1953 wurde sie in Frankfurt-Griesheim ausgemustert. Heute steht sie im Deutschen Museum in München.

Im Sommer 1953 stellte sich auf der Deutschen Verkehrsausstellung in München als Neuentwicklung die V 200 001 vor. Fünf Jahre später erhielt sie auf der Weltausstellung in Brüssel hohe Auszeichnungen. Mit zwei Dieselmotoren leistete sie insgesamt 2000 PS. Jeder der beiden Motoren wirkte über ein eigenes hydraulisches Getriebe auf ein Drehgestell. Damit verfügte diese Bauart über zwei voneinander unabhängige Maschinenanlagen. Von der V 200 (220, 221), lange Symbol der hohen Leistungsfähigkeit deutschen Lokomotivbaus, wurden später mehr als 130 Serienlokomotiven mit bis zu 2700 PS gebaut. Vorangegangen waren leichtere einmotorige Diesellokomotiven V 80 (280) und die Dieselschnelltriebwagen VT 08.

Die Reichsbahn der DDR hielt sich auf der gleichen Entwicklungslinie und stellte als V 180 (118) der V 200 ähnliche Diesellokomotiven etwas geringerer Leistung in Dienst, allerdings mehr als fünf Jahre später. Beide Bauarten bewährten sich ausgezeichnet und erreichten hohe Kilometerleistungen.

Einen bemerkenswerten Exporterfolg verbuchte Krauss-Maffei 1959 für die hydraulische Leistungsübertragung und die deutsche Lokomotivindustrie. Gegen die mächtige Konkurrenz in den USA gingen im Oktober 1961 je drei deutsche 4000-PS-Units, damals die stärksten der Welt, an die Southern Pacific und an die Denver & Rio Grande Western Railroad. Erstmals seit 1900 hatten amerikanische Bahnen im Ausland Lokomotiven bestellt. Zum Teil zusammen mit Krupp exportierte Krauss-Maffei seinerzeit 21 dieselhydraulische Lokomotiven in die Vereinigten Staaten. Für Meterspur gingen 16 weitere 1966 und 1968 an die Vitoria-Minas-Erzbahn nach Brasilien. Freilich schaffte die Dieselhydraulik unter den extremen, von europäischen Verhältnissen weit entfernten Betriebsbedingungen – Schwierigkeiten mit unterschiedlichen Maßsystemen, Problemen bei der Ersatzteilversorgung und nicht zuletzt Vorbehalten gegen die „Fremdkörper" inmitten eines völlig anders gearteten Fahrzeugparks – keinen Durchbruch bei den amerikanischen Bahnen.

Ersatz für die Dampflok

Nachdem die hydraulische Leistungsübertragung den Schlüssel zum Bau

Der markante Kopf des Dieseltriebzuges VT 11 (601). Mit dieser Baureihe nahm die deutsche Bundesbahn 1957 den Trans-Europa-Expreß-Verkehr auf.

wirtschaftlicher Diesellokomotiven geliefert hatte, stand einer raschen Ablösung des Dampfbetriebs nichts mehr im Weg. In Deutschland trug neben dem Elektrifizierungsprogramm auch die erfolgreiche Entwicklung von Diesellokomotiven wesentlich dazu bei, dass in den 1950er Jahren überraschend schnell keine neuen Dampflokomotiven mehr gebaut wurden. Die Bundesbahn beschaffte für den leichten Streckendienst die Baureihe V 100 (211, 212), die Reichsbahn der DDR später eine ähnliche Bauart mit gleicher Bezeichnung. Auch bei den Rangierlokomotiven V 60 bestand eine solche Verwandtschaft, obwohl es sich in beiden Fällen um getrennte Entwicklungen handelte. Die V 60 (260, 261) der Bundesbahn wurde drei-, die der Reichsbahn der DDR (106, 105) vierachsig ausgeführt; beide haben jedoch hydraulische Leistungsübertragung über Blindwelle und Kuppelstangen.

Eine vom VEB-Lokomotivbau „Karl Marx“ in Babelsberg bei Potsdam 1964 entwickelte und 1965 auf der Leipziger Frühjahrsmesse gezeigte

V 240 mit zweimal 1200 PS und hydraulischer Leistungsübertragung ging nicht mehr in Serie. Vielmehr musste die Reichsbahn der DDR Diesellokomotiven der oberen Leistungsklassen nun vorwiegend aus der Sowjetunion beziehen. Sie wurden von der Lokomotivfabrik Woroschilowgrad zunächst mit 2000 PS, später mit 3000 PS in großer Stückzahl an die meisten Bahnen Osteuropas geliefert und in der DDR als V 200 (120) und V 300 (130) eingesetzt. Verbunden war damit der Übergang auf elektrische Leistungsübertragung; die Reichsbahn musste den erheblich ungünstigeren spezifischen Energieverbrauch in Kauf nehmen. Er mochte in der Sowjetunion wegen der eigenen Ölvorkommen keine sonderliche Rolle spielen, die DDR war jedoch auf Ölimporte wiederum aus der Sowjetunion angewiesen. Die Bundesbahn beschaffte nach der V 60 eine vierachsige Drehgestell-Diesellokomotive, Baureihe V 90 (290, 291), für den schwe-

ren Rangierdienst. Für leichte Rangieraufgaben wurden Kleinlokomotiven der Leistungsklassen Köf II und Köf III gebaut. Seit 1. Oktober 1987 zählt auch die ehemalige V 60 zu den Kleinlokomotiven (360), weil die Bedienung der zunehmend eingebauten Funkfernsteuerung durch „Lokrangierführer" ohne umfassende Lokführerausbildung nur für Kleinlokomotiven zulässig ist.
In beiden Teilen Deutschlands baute die Industrie zur Erprobung neuer technischer Entwicklungen einzelne fortschrittliche Lokomotiven auf eigene Initiative.

Eine „Lokomotiv-Familie"

Innerhalb weniger Jahre bot die Industrie Dieselmotoren mit nahezu doppelter Leistung an. Damit ließen sich Lokomotiven mit nur einem Motor und nahezu gleich hoher Antriebsleistung bauen, wie sie die V 200 mit zwei Motoren erreichte. Die V 160, die 1960 erstmals in Dienst gestellt wurde, begründete eine ganze Lokomotivfamilie.
Nur die ersten neun Vorauslokomotiven unterschieden sich äußerlich von den später gebauten Varianten; dann wurde die zunächst bauchige Kopfform zugunsten eines zeitgemäßeren, kantigen Designs verlassen, das Henschel in Kassel mit der zweimotorigen V 320 (232) ins Spiel gebracht hatte. Vier Jahre nach den Vorauslokomotiven folgten 1964 die ersten Serienlokomotiven V 160 (216); insgesamt wurden 224 gebaut. Die ersten leisteten mit nur einem Motor bereits 1900 PS.
Um mit der Dampflokomotive auch die Dampfheizung aufgeben zu können, mussten die in Diesellokomotiven üblichen und zum Teil noch heute vorhandenen Heizkessel durch elektrische Aggregate ersetzt wer-

Bild oben: schweizerisch-niederländische Gemeinschaftsentwicklung eines Trans-Europa-Expreß-Dieseltriebzuges, hier im Einsatz als „L", Étoile du Nord Amsterdam – Paris. Die Züge wurden 1976 nach Kanada verkauft.

Rechte Seite: erster französischer Gasturbinenzug (T.G.S.).

den. Sie konnten wegen des relativ hohen Leistungsbedarfs, der bei langen Zügen 400 bis 500 Kilowatt beträgt, von den damals verfügbaren Dieselmotoren nicht nebenbei angetrieben werden, weil damit ein Viertel der Leistung hätte abgezweigt werden müssen und der Rest für den Betrieb nicht ausgereicht hätte. Zunächst wurden deshalb Hilfsaggregate eingebaut: in die Baureihe V 162 (217) ein zusätzlicher 500-PS-Motor und in die als Einzelfahrzeug gebaute V 169 (219) eine zusätzliche 900-PS-Gasturbine, jeweils neben dem 1900-PS-Fahrdiesel. Das Zusatzaggregat konnte bei schweren Anfahrten, auf Steigungen oder außerhalb der Heizperiode über das Flüssigkeitsgetriebe die Antriebsleistung steigern. Erstmals mit einem 2500-PS-Motor erschien danach – allerdings wieder mit Dampfheizkessel – die Baureihe 215, zum ersten Mal für 140 km/h. Sie wurde schließlich von der 218 mit 2500-PS-Motor und elektrischer Zugheizung abgelöst.

Eine weitere bemerkenswerte Variante stellte die Baureihe 210 dar, die zusätzlich zum 2500-PS-Motor eine Gasturbine mit 1150 PS enthielt, also insgesamt über 3650 PS auf vier Achsen verfügte. Von dieser Baureihe wurden acht Stück beschafft und vor allem auf der kurven- und steigungsreichen Strecke München – Lindau eingesetzt; heute fahren sie nur mit dem Motor.

Äußerlich unterschieden sich die Serienlokomotiven 210, 215, 216, 217, 218 und 219 lediglich in Einzelheiten. In die früheren Bauarten wurden noch Vorkammermotoren eingebaut. Hingegen erhielt die 218 einen Hochleistungsdiesel mit Direkteinspritzung; er erreicht etwas günstigere Verbrauchs-, jedoch nicht die optimalen Verbrennungswerte. Daher rührt die Geruchsbelästigung vor allem in Zügen mit klimatisierten Wagen.

Neue Chancen für Diesel-Elektrik

Die Starkstromelektronik verschob die Verhältnisse zwischen hydraulischer und elektrischer Leistungsübertragung. Henschel in Kassel und BBC in Mannheim ebneten dem Drehstromstrommotor den Weg zur Dieseltraktion mit der „DE 2500".

Die erste ging, nachdem sie 1971 auf der Hannover-Messe gezeigt worden

Bild rechte Seite: Frankreichs Gasturbinenzug (T.G.V.) der dritten Bauart erreichte bei zahlreichen Testfahrten mehr als 300 Stundenkilometer.

Bild oben: Turbotrains auch in Kanada: Von der Canadian National wurden sie zeitweise zwischen Montreal und Toronto eingesetzt.

war, als 202 002-2 zur Erprobung an die Bundesbahn. Später bauten die beiden Unternehmen auf eigene Rechnung zwei weitere, 202 003-0 und 202 004-8. Von Mannheim aus wurden die Komponenten der elektronischen Ausrüstung vorwiegend im Güterzugdienst eingehend getestet. Mit den Versuchen zur Speisung aus der Oberleitung mit 16 2/3 Hertz war die 202 002-2 auch der Vorläufer der elektrischen Lokomotivbaureihe 120.

Trotz der mehrfachen Energieumwandlung führen die hohen Einzelwirkungsgrade der elektronischen Baugruppen zu einem günstigen Gesamtwirkungsgrad dieser Übertragungstechnik. Allerdings bleibt der Aufwand beträchtlich, sodass sich auch die Dieselhydraulik behaupten konnte.

Mit Drehstrom-Leistungsübertragung wurden außer den drei deutschen Lokomotiven DE 2500 vor allem sechs schwere Rangierlokomotiven der gleichen Leistungsklasse von 2500 PS, Gattung Am 6/6 für die Schweizerischen Bundesbahnen, sowie Streckenlokomotiven für die Dänischen und die Norwegischen Staatsbahnen gebaut. Der Gemeinschaftsbetrieb Eisenbahn und Häfen in Duisburg-Hamborn beschaffte sechs Zweikraftlokomotiven für Oberleitungsbetrieb mit 600 Volt Gleichspannung und diesel-elektrischen Betrieb mit Drehstromtechnik.

Die Fahrzeugnummern orientieren sich heute vielfach an der elektronischen Datenverarbeitung. Lokomotiven und Wagen erhalten in Europa nach UIC-Richtlinien Nummern mit elf Stellen und zusätzlicher Kontrollziffer zur selbsttätigen Fehlererkennung. An Lokomotiven angeschrieben werden jedoch in der Regel nur sechs Stellen und die Kontrollziffer. In Deutschland gibt die erste Stelle die Fahrzeugart an: 0 = Dampf-, 1 = Elektro-, 2 = Diesellok, 3 bis 9 Kleinlok, Triebwagen und sonstige Fahrzeuge.

DB
103 109 - 5

ELEKTRISCHE LOKOMOTIVEN

Während Deutschlands erste Eisenbahn 1835 von Nürnberg nach Fürth dampfte, hatte auch die Geschichte der elektrischen Bahnen schon begonnen. Im selben Jahr baute der Amerikaner Thomas Davenport aus Brandon im Staat Vermont ein Wagenmodell mit elektrischem Antrieb, wofür er die Induktionserscheinungen nutzte, die Michael Faraday vier Jahre zuvor bei Experimenten mit elektromagnetischen Feldern beobachtet hatte. Auf einer Ausstellung in Springfield zeigte Davenport das erste Fahrzeug der Welt, das sich elektrisch fortbewegte. Weitere Versuche unternahmen die Holländer Stratingh & Becker in Groningen und 1836 der Italiener Botto in Turin.

Danach baute 1840 Johann Philipp Wagner aus Fischbach in Nassau die erste elektrische Lokomotive. Sie bewegte mit flotter Schrittgeschwindigkeit – eine Chronik spricht von sieben Stundenkilometern – nicht nur sich selbst, sondern auch einen Anhänger von der Größe eines Handwagens im Kreis herum, bis nach etwa drei Stunden die galvanischen Elemente und damit die Kräfte der Elektrizität erschöpft waren. Das Gefährt, das ohne sichtbaren Antrieb fuhr, erregte derartiges Aufsehen, dass Johann Philipp Wagner vom Rat der Freien Reichsstadt Frankfurt ein Patent für fünfzehn Jahre erhielt. Die Versammlung des Deutschen Bundes setzte am 22. April 1841 hunderttausend Gulden für die Anfertigung einer betriebstüchtigen elektrischen Lokomotive aus. Wagner, von Beruf Buchhalter, hatte keine Ahnung von den physikalischen Grundlagen seiner Erfindung – kein Wunder, da selbst anerkannte Fachleute noch so gut wie nichts vom Wesen der Elektrizität wussten. Dennoch ging Wagner mit Elan ans Werk, baute nach seinen Erfahrungen eine Lokomotive von der geforderten Größe und – brachte sie wider Erwarten nicht zum Laufen. Seine Stromquellen vermochten die schwere Last nicht in Bewegung zu setzen. Der Preis wurde zurückgezogen, Wagners erste elektrische Lokomotive bald vergessen.

Ebenso wenig Glück hatte der Schotte Robert Davidson aus Aberdeen, der 1841 eine elektromagnetische Lokomotive konstruierte. Ihr Antrieb war sehr unmittelbar dem einer Dampflokomotive nachempfunden: Statt Dampf bewegten Elektromagnete den Kolben im Zylinder hin und her, Stangen übertrugen die Kraft auf die Räder. Eine Zeit lang soll die Lokomotive auf der Edingburgh-Glasgower Eisenbahn sogar gefahren sein. Ihr Eigengewicht geben alte Quellen mit fünf Tonnen an, ihre Geschwindigkeit mit sechs Stundenkilometern, die Nutzlast mit sechs Tonnen. Lokomotivheizer sollen das Vehikel mit dem Namen „Galvani" kaputtgeschlagen haben, weil sie um ihren Arbeitsplatz fürchteten. Weitere Versuche mit elektrischem Antrieb sind von Stöhrer in Leipzig 1841, von Little 1844 sowie von Farmer und Hall 1851 überliefert.

Bild oben: Werner von Siemens.

Linke Seite: Symbol für Schnelligkeit, hohe Leistung und zeitgemäßes Design: die elektrische Schnellzuglokomotive 103 für 200 Stundenkilometer Höchstgeschwindigkeit. Von der Siemens-Schuckert-Werke AG. und der Henschel& Sohn AG gebaut, wurde die bis dahin schnellste und stärkste Elektrolokomotive von der Deutschen Bahn 1965 in Betrieb genommen.

Professor Charles Grafton Page baute mit Unterstützung des Kongresses der Vereinigten Staaten ebenfalls 1851 eine elektrische Lokomotive für die Washington & Baltimore Railroad und führte sie am 29. April 1851 zwischen Washington und Bladensburg der Regierung vor. Das Ergebnis scheint nicht sonderlich eindrucksvoll gewesen zu sein, jedenfalls wurden keine weiteren Gelder bewilligt.

Diese frühen elektrischen Fahrzeuge mussten scheitern, weil zwar der Elektromotor mit Erregung durch Dauermagnete erfunden war, als Stromquelle aber nur galvanische Elemente zur Verfügung standen. Ihre Kapazität reichte für Starkstrom nicht aus.

Werner Siemens und die elektrische Bahn

Thomas Davenport, von dem der erste elektrische Wagen stammte, erhielt 1837 ein US-Patent für einen Elektromotor mit elektromagnetischer Erregung. So wie ein solcher Motor Strom verbraucht, lässt sich damit umgekehrt auch Strom erzeugen: Entsteht bei Stromzufuhr eine Drehbewegung, so lässt sich Strom abnehmen, wenn die Drehbewegung von Wasser- oder Dampfkraft bewirkt wird. Trotz dieser aus heutiger Sicht einfachen Zusammenhänge, mit deren Erforschung sich damals Gelehrte in aller Welt beschäftigten, dauerte der Schritt vom Elektromotor zum Elektrogenerator nahezu drei Jahrzehnte: 1866 konnte Werner Siemens das dynamo-elektrische Prinzip angeben und damit den Schritt zur „Starkstromtechnik" vollziehen.

Während sich galvanische Elemente und der Induktor mit Dauermagneten nur für geringe Leistungen eigneten, vereinfacht ausgedrückt für Schwachstrom, konnte die Dynamomaschine Stromstärken nahezu unbegrenzter Höhe erzeugen. Werner Siemens verband mit seinem Forschergeist zeitlebens das Talent, theoretischen Erkenntnissen alsbald praktische Nutzanwendungen folgen zu lassen. Er zeigte immer wieder ausgeprägtes Interesse auch an der Elektrotechnik im Eisenbahnbetrieb. Das galt für die Nachrichtenübermittlung ebenso wie für die Antriebstechnik.

So ging er 1878 bei Cottbus an den Bau einer elektrischen Grubenbahn. Im letzten Moment zerschlug sich der Auftrag, und die teilweise bereits fertige Lokomotive bot sich zur Vorführung auf der bevorstehenden Berliner Gewerbeausstellung an. Am 31. Mai 1879 setzte Werner Siemens auf dem Ausstellungsgelände in Berlin-Moabit die erste wirklich brauchbare elektrische Lokomotive der Welt selbst in Gang. Sie zog einen Zug aus drei offenen Wägelchen mit je sechs Personen über eine rund dreihundert Meter lange Rundbahn. Bis Ende September nahmen nahezu neunzigtausend neugierige Besucher die Gelegenheit wahr, eine Fahrt auf der „Bahn ohne Dampf und Pferde" zu erleben. Die Lokomotive leistete 2,2 Kilowatt, umgerechnet etwa drei Pferdestärken. Ohne Last schaffte sie 13 km/h, den voll besetzten Zug zog sie etwa halb so schnell. Ein Drahtbesen nahm den Strom von einem hochkant zwischen den Schienen installierten Flacheisen ab, über Räder und Schienen floss er zurück. Trotz der Berührungsgefahr lagen 150 Volt Spannung an den Schienen mit dem geringen Abstand von 55 cm. Die Ausstellung ging jedoch ohne Zwischenfall zu Ende und mehrte das Ansehen von Siemens.

Dennoch reichten Popularität und Einfluss nicht, um seine 1880 entwickelten Schnellbahnpläne durchzusetzen, die Berlin schon damals Hochbahnen und Untergrundbahnen hätten bringen sollen. Das Unverständnis unter den Zeitgenossen reichte vom Droschkenkutscher über Hausbesitzer bis zu den Beratern des Kaisers. So musste die kleine Ausstellungsbahn erst durch Brüssel, London, Kopenhagen und Moskau zuckeln, bis die Brauchbarkeit elektrischer Antriebe auch in größeren Maßstäben demonstriert werden konnte. Werner Siemens baute dazu auf eigene Kosten zwischen dem Bahnhof der Anhalter Bahn in Groß-Lichterfelde bei Berlin und der knapp zweieinhalb Kilometer entfernten königlichen Kadettenanstalt die erste elektrische Straßenbahn der Welt. Am 16. Mai 1881 nahm sie den Betrieb auf.

Zur ersten elektrischen Tramway Frankreichs verhalf die französische Siemens-Niederlassung wenige Monate später der Seine-Metropole Paris, wo gerade die erste elektrotechnische Weltausstellung stattfand. Schon 1882 folgte in Berlin die zweite elektrische Straßenbahn von Charlottenburg zum „Spandauer Bock".

Dann ging die elektrische Bahn nach dem missglückten Anlauf bei Cottbus doch unter Tage: Die erste elektrische Grubenlokomotive der Welt lieferte Siemens 1882 an die Steinkohlezeche Zaukerode in Sachsen, wo sie in 260

***Bild oben:** Die erste elektrische Lokomotive der Welt, 1879 anlässlich einer Gewerbeausstellung von Siemens in Berlin erstmals vorgeführt, befindet sich heute im Deutschen Museum in München.*

***Rechte Seite:** Die erste elektrische Grubenlokomotive, von Siemens 1882 an die Steinkohlenzeche Zaukerode in Sachsen geliefert, blieb bis 1927 in Betrieb.*

m Tiefe nicht weniger als 45 Jahre in Betrieb stand. Auch für andere Werkbahnen baute Siemens kleine elektrische Lokomotiven, so für die Grube Hohenzollern in Beuthen und für das Salzbergwerk Neu-Staßfurt.
Werner von Siemens starb 1892 als Begründer der Elektrotechnik. Vier Jahre zuvor war er in den Adelsstand erhoben worden.

Fortschritt in der „neuen Welt"

In Europa schien die Entwicklung elektrischer Bahnen eine Weile stillzustehen, dafür kam sie nun in Amerika um so rascher voran. Ein Jahr nach der Premiere der Siemens-Bahn in Berlin hatte Thomas Alva Edison in Amerika ebenfalls eine kleine Elektrolokomotive in Gang gesetzt, die schon 65 km/h erreicht haben soll. Für das Aussehen einer „echten" Lokomotive sorgten die Nachbildung des Kessels mit großem Scheinwerfer und ein imposanter Führerstand. Zusammen mit seinem Landsmann Field baute Edison 1883 noch eine zweite elektrische Lokomotive, „The Judge", wiederum mit „Kessel" und Führerstand, auch der Cow-catcher, der typische amerikanische Bahnräumer, fehlte nicht mehr.

Bald entstanden in Amerika Straßenbahnen und elektrische Überlandbahnen. Sie breiteten sich ab 1884 aus wie ein Präriefeuer: Im folgenden Jahr bestanden drei Bahnen mit 13 Wagen, fünf Jahre später bereits 126 Bahnen mit rund zweitausend Wagen. Anlagen und Fahrzeuge bauten die Thomson-Houston-Company und die Sprague-Company. Franklin Julian Sprague, der den Fahrdraht, Stangenstromabnehmer mit Rolle und eine Mehrfachsteuerung gekuppelter Triebfahrzeuge erfand, errichtete seine erste Straßenbahn in Richmond im Staat Virginia. Aus der Thomson-Houston-Company ging später der Weltkonzern General Electric hervor. Die deutsche Niederlassung, damals Union-Electricitäts-Gesellschaft (UEG), begann 1890 mit der Umstellung der Bremer Pferdestraßenbahn auf elektrischen Betrieb.
Am 22. Oktober 1883 eröffnete die Südbahngesellschaft Österreichs erste elektrische Bahn von Mödling im Süden Wiens bis Klausen; ab 14. Juli 1885 fuhr sie auf Meterspur 4,5 km weit bis in die Hinterbrühl, einen beliebten Ausflugsort. Die Oberleitung bestand aus zwei geschlitzten Kupferrohren, in denen die Stromabnehmer für Hin- und Rückleitung liefen. Die irische Stadt Portrush erhielt wenig später eine 9,6 km lange Straßenbahn, die ab dem 5. November 1883 als erste der Welt mit Strom aus Wasserkraft betrieben wurde. Offenbach am Main baute 1884 die 6,7 km lange Strecke nach Sachsenhausen bei Frankfurt ebenfalls mit Oberleitung aus geschlitztem Kupferrohr.
England, das klassische Land der Eisenbahn, verdankt seine erste elektrische Bahn Magnus Volk, dem Sohn eines deutschen Einwanderers: Am Strand des damals noch kaum bekannten Seebads Brighton eröffnete er am 4. August 1883 ein vierhundert Meter langes Bähnchen mit 600 mm Spurweite; es wurde 1884 auf rund 1300 m verlängert und auf 825 mm Spurweite

verbreitert. Seit 1901 fährt die Bahn insgesamt 2,8 km weit bis Blackrock. Heute gehört sie der Stadt Brighton und erfreut sich in jeder Sommersaison großer Beliebtheit.

Keine Großstadt ohne „Elektrische"

Budapest zeigte sich als erste europäische Metropole gegenüber der elektrischen Straßenbahn so aufgeschlossen, dass eine Linie nach der anderen gebaut werden konnte. Dabei zog Siemens aus seinen Pionierleistungen erstmals größeren kommerziellen Nutzen: „Die von Siemens & Halske erbaute elektrische Stadtbahn (Aktiengesellschaft) hatte Ende 1892 bereits eine Ausdehnung von 11,9 km (meist doppelgleisig). Von den 4 in Betrieb befindlichen Linien wurde die Stationsgassenlinie (2,5 km) am 30. Juli 1889, die Podmaniczkygassenlinie (3,5 km) am 10. September 1889 und die große Ringstraßenlinie bis zur Kerepeserstraße (3 km) am 6. März 1890, bis zur Üllöerstraße (1,3 km) am 7. August 1890, bis zum Borárosplatz (0,8 km) am 5. Juni 1892 eröffnet. Die für Dampfbetrieb eingerichtete Friedhofslinie wird zum elektrischen Betrieb umgebaut; die Königsgassenlinie (2 km) wurde am 22. Juli 1891 eröffnet; weitere sind geplant. 1892 waren 62 Wagen und Maschinen vorhanden; befördert wurden 11 Millionen Personen...". So stand es 1894 im „Brockhaus".

Zu den Hauptproblemen elektrischer Bahnen gehörte die Stromübertragung. Aus Sicherheitsgründen waren Lösungen mit Mittelschiene ebenso umstritten wie die Benutzung der beiden Schienen als Plus- und Minuspol. In England konnte sich allerdings eine offen verlegte dritte Schiene als Stromleitung durchsetzen; noch heute ist dieser Anachronismus, der immer wieder Todesopfer fordert, auf nahezu zweitausend Kilometern verbreitet. Die bei Nahverkehrsbahnen auch in Deutschland üblichen Stromschienen sind hier erhöht angebracht und abgedeckt. Später setzte sich die Oberleitung durch, zur Rückleitung werden die geerdeten und somit berührungssicheren Schienen benutzt. Den noch heute üblichen Bügelstromabnehmer entwickelte 1889 Walter Reichel, später Chefkonstrukteur für elektrische Lokomotiven bei Siemens.

Bild oben: Die erste brauchbare normalspurige elektrische Lokomotive der Welt wurde 1895 für die Tunnelstrecke der Baltimore & Ohio Railroad in Baltimore gebaut. Mit einem Gewicht von 95 Tonnen erreichte die mit Gleichstrom betriebene Maschine eine Leistung von 360 PS.

Linke Seite: Mit dieser für die Vitznau-Rigi-Bahn 1873 gebauten Lokomotive begann die Firmengeschichte der Schweizerischen Lokomotiv- und Maschinenfabrik Winterthur.

Gute Startbedingungen hatte dabei die Allgemeine Elektricitäts-Gesellschaft AEG. Sie war 1889 aus der Deutschen Edison-Gesellschaft hervorgegangen, wobei gleichzeitig die „Construktion elektrischer Eisenbahnen" ins Fertigungsprogramm aufgenommen wurde. Um ins Geschäft zu kommen, kaufte das junge Unternehmen die Deutsche Straßen- und Lokalbahn AG. Nachdem in der aufstrebenden Industriestadt Halle die alte Pferdestraßenbahn mit dem Bevölkerungszuwachs nicht Schritt zu halten vermochte, konnte dort 1890 eine 6,5 km lange elektrische Straßenbahn gebaut werden. Halle stimmte einer Oberleitung zu und ließ sich auch durch den Sturm der Entrüstung nicht beirren. Die Bahn übernahm das amerikanische Sprague-System mit Fahrdraht, Stromabnehmer mit Stange und Rolle sowie Stromrückführung durch die Schienen. Die elektrische Straßenbahn bewährte sich glänzend, bald brauchte jede Großstadt die „Elektrische".

Erste elektrische Vollbahnen

Als erste „richtige" elektrische Bahn mit öffentlichem Verkehr, Bahnhöfen und Signalanlagen, aber auch als erste U-Bahn der Welt gilt die City & South London Railway. Am 18. Dezember 1890 eröffnete der Prinz von Wales ihren ersten Abschnitt zwischen Stockwell und der über fünf Kilometer entfernten Station King William Street. Die Züge der „Röhrenbahn", vom Daily Telegraph als Spielzeug apostrophiert, wurden von zweiachsigen Lokomotiven mit 500 Volt Gleichspannung durch den Tunnel gezogen. Fünf Jahre später elektrifizierte die Baltimore & Ohio Railroad in den USA einen 5,8 km langen Tunnelabschnitt des Hoch- und Untergrundbahnnetzes von Baltimore mit 650 Volt Gleichspannung, um das immer unerträglichere Rauchproblem aus der Welt zu schaffen. In Budapest konnte wiederum Siemens die erste Untergrundbahn des Kontinents bauen, die zur Jahrtausendfeier Ungarns am 2. Mai 1896 eröffnet wurde. Die ersten Linien in Paris folgten 1900.
In den letzten Jahren vor 1900 regte sich auch in Deutschland Interesse an Hoch- und Untergrundbahnen sowie an der Elektrifizierung von Stadtbahnstrecken. Schon 1891 plante die AEG den Bau einer Nord-Süd-U-Bahn in Berlin. Das Vorhaben scheiterte an der Bürokratie; denn obwohl seit 1899 die Realisierbarkeit durch einen Probetunnel unter der Spree zwischen Stralau und Treptow nachgewiesen war, hielten die Behörden ihren mit der Geologie und dem

Bild oben: Die Drehstromlokomotive der Burgdorf-Thun Bahn aus dem Jahre 1899 befindet sich heute im Verkehrsmuseum der Schweiz in Luzern. Die zweite Lokomotive dieser Bauart ist im Deutschen Museum in München zu besichtigen.

Rechte Seite: Die erste Untergrundbahn auf dem europäischen Kontinent ging anlässlich der Jahrtausendfeiern Ungarns am 2. Mai 1896 in Budapest in Betrieb.

unterirdischen Leitungsnetz begründeten Widerstand aufrecht. Zum Zuge kam die AEG beim U-Bahn-Bau in Berlin erst 1912 mit der 10,9 km langen Linie Gesundbrunnen – Neukölln, wobei ein 1,6 km langes Teilstück im Norden als Hochbahn ausgeführt wurde. Als solche hatte Siemens schon 1896 die Verbindungen von der Warschauer Brücke über Gleisdreieck zum Potsdamer Platz mit Fortsetzung zum Zoologischen Garten in Angriff nehmen und bis 17. August 1902 eröffnen können; sie bildeten den Kern des Berliner U-Bahn-Netzes. Das erste Teilstück zwischen Potsdamer Platz und Stralauer Tor wurde am 18. Februar 1902 eröffnet.

Alle diese Bahnen fuhren mit Gleichstrom. Er eignet sich jedoch für größere Entfernungen schlecht. Schon vor der Jahrhundertwende begann deshalb die Suche nach einem zweckmäßigeren Bahnstromsystem.

Mit Drehstrom auf Tempo 210

Gleichstrom ließ sich nur mit verhältnismäßig geringer Spannung erzeugen. Hingegen bietet Wechselstrom die Möglichkeit zur Transformation auf Hochspannung und damit zur Übertragung über größere Entfernung bei geringem Energieverlust. Da dem einfachen Wechselstrommotor „gewisse Übelstände anhafteten“, erhielten „Mehrphasenmotoren“ den Vorzug. Für dreipolige Systeme bürgerte sich der Begriff „Drehstrom" ein; die Motoren bestachen durch einfachen Aufbau und hohe Leistung bei geringem Gewicht. Nachteile für den Bahnbetrieb wie die zweipolige Oberleitung wurden zunächst in Kauf genommen; die Funktion des dritten Pols übernahmen die Schienen.

Drehstromwagen fuhren erstmals auf der Tram zwischen Lugano und Paradiso im Schweizer Kanton Tessin. Charles Eugène Lancelot Brown, Sohn des Gründers der Schweizerischen Lokomotiv- und Maschinenfabrik Winterthur, unternahm 1895 zusammen mit Walter Boveri die ersten Fahrten. Zwei Jahre später, am 24. November 1897, erklomm die von der Maschinenfabrik Oerlikon gebaute erste Drehstrom-Zahnradlokomotive das untere Teilstück der Gornergratbahn von Zermatt aus, rund zwei Kilometer durch die Äußeren Wälder. Zu dieser Zeit trabten – wie eine Zeitung anmerkte – in Berlin noch siebentausend Pferde vor Stadtbahnwagen durch die Straßen, vom Potsdamer Platz gingen in der Stunde 244 Pferdebahnen ab. Die am 21. Juli 1899 eröffnete, 40 km lange Bahn von Burgdorf im Emmental nach Thun am Thuner See elektrifizierte Brown, Boveri & Cie (BBC) in Baden mit 750 Volt / 40 Hertz Drehstrom. Neben „Motorwagen", später „Triebwagen" genannt, die Lokomotive und Wagen in einem Fahrzeug vereinigen, wurden auch zwei Lokomotiven geliefert, die bis 1933 im Einsatz blieben. Die eine steht heute im Verkehrshaus der Schweiz in Luzern, die andere im Deutschen Museum in München.

Werksversuche hatte vor den Schweizern schon Siemens in Berlin mit einer Drehstrombahn unternommen: 1891 zunächst mit 550 Volt und einem provisorisch ausgerüsteten Wagen, dann 1897 mit höheren Spannungen und einer zweiachsigen Lokomotive auf einer Versuchsstrecke in Groß-Lichterfelde. Über die dreipolige, seitlich aufgehängte Oberleitung wurden bis zu 10.000 Volt zugeführt, in der Lokomotive Motoren mit Speisespannungen zwischen 650 und 2000 Volt erprobt.

Am 10. Oktober 1899 kam es zur Gründung der „Deutschen Studiengesellschaft für elektrische Schnellbahnen", an der sich neben der Preußischen Staatsbahn, der AEG und Siemens weitere führende Unternehmen aus Elektrotechnik und Maschinenbau sowie die Deutsche Bank beteiligten. Ein Gleis der Militärbahn Marienfelde – Zossen im Süden von Berlin erhielt eine dreipolige, wiederum seitlich angeordnete Oberleitung, die mit 10.000 Volt und variabler Frequenz bis 50 Hertz gespeist werden konnte. Die AEG und Siemens bauten je einen sechsachsigen Drehstromtriebwagen mit der Achsanordnung (A1A)(A1A), Siemens stellte außerdem eine vierachsige Lokomotive (1A)(A1) zur Verfügung; sie erreichte bei den Versuchen zwischen 1900 und 1903 mit direkt gespeisten Hochspannungsmotoren 160,2 km/h. Die Motoren der beiden Triebwagen lagen über einen Transformator an geringerer Spannung, die Geschwindigkeit wurde vom Kraftwerk aus durch Erhöhung der Frequenz gesteigert. Im Herbst 1903 stellten die Wagen mit über 210 km/h sensationelle Geschwindigkeitsrekorde auf: Am 6. Oktober 1903 überschritt zunächst der Siemens-Wagen die 200-km/h-Grenze. Dann folgten am 23. Oktober Höchstgeschwindigkeiten von 206,7 km/h und am 27. Oktober von 210,2 km/h, die bei weiteren Versuchen mehrfach erreicht wurden: „... Bei den größten Geschwindigkeiten von 200 bis 210 km/h vollzog sich die Bewegung des Fahrzeuges mit solcher Beständigkeit und Ruhe, daß ein auf den Fensterbord gestelltes volles Wasserglas keinen Tropfen verlor, auch nicht in den auf Überhöhung gebauten Gleiskrümmungen von 2000 Meter Radius. Man hatte das Gefühl absoluter Sicherheit und Ruhe der Fahrt...", berichtete Walter Reichel. Aus der Anfangszeit der Versuche sind freilich auch andere Eindrücke überliefert.

Trotz der aufschlussreichen Versuchsergebnisse und des eindrucksvollen Leistungsbeweises für einen elektrischen Bahnbetrieb kam es zu keiner unmittelbaren Nutzanwendung. Eine Schnellbahn Berlin – Hamburg scheiterte an technischen und wirtschaftlichen Problemen wie an politischen Hürden.

Als am Simplon 1906 die Eröffnung des damals längsten Tunnels der Welt bevorstand, schied Dampfbetrieb wegen des Rauchs aus. Der Betrieb auf Schweizer Seite begann am 1. Juni 1906 sogleich elektrisch; Brown, Boveri & Cie hatte die Elektrifizierung der rund 22 km von Brig bis Iselle mit Drehstrom von 3300

Volt und 16 2/3 Hertz auf eigene Rechnung übernommen. Der schon in Italien gelegene Abschnitt Iselle – Domodossola blieb unter Dampf, hingegen wurde der elektrische Betrieb wegen der knappen Kohle nach dem Ersten Weltkrieg am 31. Juli 1919 noch von Brig nach Sitten ausgedehnt. Dieser Abschnitt kam am 15. Januar 1927 als erster unter Einphasenwechselstrom mit 15.000 Volt und 16 2/3 Hertz: die Tunnelstrecke Brig – Iselle am 2. März 1930 und der italienische Abschnitt bis Domodossola am 15. Mai 1930.

In den Vereinigten Staaten elektrifizierte General Electric 1909 unter ähnlichen Verhältnissen 6,4 km der Great Northern, davon 4,2 km Tunnelstrecke in den Cascade-Mountains, mit Drehstrom von 6600 Volt / 25 Hertz. Im Zusammenhang mit dem Bau eines neuen Cascade-Tunnels wurde der elektrische Betrieb 1927 bis 1929 auf Einphasenstrom 11.000 Volt / 25 Hertz umgestellt und auf nahezu 117 km ausgedehnt. Der Drehstrombetrieb endete am 5. März 1927, der elektrische Betrieb überhaupt am 31. Juli 1956.

Die Drehstrom-Elektrifizierung blieb wegen der schwerwiegenden Nachteile für den Bahnbetrieb auf kurze Zeit begrenzt, die Suche nach einem geeigneteren Bahnstromsystem ging also weiter.

Langer Weg ins Neuland

Motoren mit ähnlich günstigem Betriebsverhalten wie bei Gleichstrom ließen sich für Einphasenwechselstrom bauen. Doch im Bahnbetrieb, wo beim Anfahren ständig hohe Motorströme auftreten, bildeten sich starke Lichtbogen: „Der Einphasenkommutatormotor feuert!“ lautete die Erkenntnis. Damit schied der ansonsten vorteilhafte Einphasenwechselstrom vorerst aus. Doch nachdem Drehstrom ebensowenig befriedigte wie Gleichstrom, konzentrierte sich das weitere Vorgehen auf konstruktive Verbesserungen des „feuernden“ Motors. Bald nach 1900 zeigten neben

Bild oben: Einen Geschwindigkeits-Weltrekord stellten 1903 auf der Militärbahn Marienfeld – Zossen bei Berlin zwei von der AEG und von Siemens gebaute Drehstromschnelltriebwagen auf. Sie erreichten für die damaligen Maßstäbe ernorme Geschwindigkeiten von über 210 Stundenkilometern.

Rechte Seite: Drei Bügelstrohmabnehmer übertrugen den Dreiphasenstrom (Drehstrom) von den seitlich neben dem Gleis gespannten Fahrdrähten auf die Versuchsfahrzeuge.

anderen die beiden Wiener Ingenieure Günter Winter und Friedrich Eichberg bei der Union-Electricitäts-Gesellschaft (UEG), Rudolf Richter bei Siemens und Hans Behn-Eschenburg bei der Maschinenfabrik Oerlikon in der Schweiz Lösungsmöglichkeiten auf und verhalfen damit dem Einphasenwechselstrom bei elektrischen Bahnen zum Durchbruch.

Die Erscheinung des Feuerns am Kommutator stand in direktem Verhältnis zur Frequenz des Wechselstroms. Sie musste deshalb für den Bahnbetrieb gegenüber der Industriefrequenz deutlich vermindert werden, andererseits aber hoch genug bleiben, um die Spannung noch transformieren zu können. Außerdem sollten die Turbinen möglichst ein- und dreiphasigen Wechselstrom erzeugen können. So wurde als Bahnfrequenz ein ganzzahliger Teil der Industriefrequenz gewählt, also 25 oder 16 2/3 bei 50 Hertz im Landesnetz. Weil auch dort noch keine einheitliche Frequenz festgelegt war, wichen die Werte zum Teil ab.

Einphasenwechselstrom setzt sich durch

Als erste begann die UEG 1901 zwischen Niederschöneweide-Johannisthal und Spindlersfeld im Südosten von Berlin mit der Einrichtung eines Versuchsbetriebs über 4,1 km mit Einphasenwechselstrom von 6000 Volt und 25 Hertz. Die Probefahrten begannen am 14. August 1903. Bis Herbst 1905 bewältigten zwei Triebwagen den gesamten öffentlichen Personenverkehr auf dieser Strecke. Nach Abschluss des Versuchsprogramms wurde der elektrische Betrieb wieder eingestellt. Inzwischen konnte Siemens das neue System im März 1904 auf der 23,7 km langen Lokalbahn von Murnau über Bad Kohlgrub nach Oberammergau in Oberbayern im Auftrag der Lokalbahn AG München zum ersten Mal betriebsmäßig einsetzen, nachdem sich die ursprünglich geplante Elektrifizierung mit Drehstrom um Jahre verzögert hatte. Siemens baute die großenteils bereits fertige Drehstromoberleitung um, und am 1. Januar 1905 wurde der elektrische Betrieb zunächst mit einigen Zügen, am 24. Januar in vollem Umfang aufgenommen. Die Fahrdrahtspannung betrug 5500 Volt mit 16 Hertz. Nahezu fünfzig Jahre später, am 4. Oktober 1954, passte die Bundesbahn den Betrieb auf der 1938 verstaatlichten Strecke ihrem übrigen Netz mit 15.000 Volt und 16 2/3 Hertz

an. Neben vier Triebwagen, die schon 1919 wieder ausrangiert wurden, hatte die Lokalbahn AG zwischen 1906 und 1930 insgesamt fünf elektrische Lokomotiven mit der Achsanordnung Bo für Murnau – Oberammergau beschafft. Die erste stand bis zum 8. Februar 1983 als Denkmal im Bundesbahn-Ausbesserungswerk München-Freimann und kam am 20. November 1984 ins Deutsche Museum. Die übrigen wurden umgebaut und blieben im Einsatz, zwei davon – 1909 und 1912 gebaut – lange als weitaus älteste Lokomotiven der Bundesbahn.

In Deutschland schätzte Preußen nach den Versuchen zwischen Niederschöneweide und Spindlersfeld als erstes Land die Zukunft des Einphasenwechselstroms richtig ein. Dahinter stand als treibende Kraft Gustav Wittfeld, Referent im Preußischen Ministerium der Öffentlichen Arbeiten. Er engagierte sich leidenschaftlich für den elektrischen Bahnbetrieb und verfocht überzeugt das Wechselstromsystem. Vor einer Entscheidung mit weitreichenden Folgen erschienen jedoch Versuche unter härteren Bedingungen geboten, zumal der Bergbau, der um den Absatz von Lokomotivkohle fürchtete, und die Dampflokomotivindustrie immer neue Argumente gegen die Elektrifizierung vorbrachten.

So ließ die Preußische Staatsbahn bei Oranienburg nördlich von Berlin einen 1760 m langen Versuchsring anlegen, der mit 6300 Volt und 25 Hertz elektrifiziert wurde. Er stand ab 15. November 1906 zur Verfügung und wurde bis 1911 benutzt; Gleise und Oberleitungen konnten dort ebenso wie elektrische Fahrzeuge im Dauertest erprobt werden. Die Ergebnisse dienten als Entscheidungshilfe bei der Fernbahnelektrifizierung.

Inzwischen stellte Preußen aufgrund eines schon 1904 gefassten Beschlusses die 26,6 km lange Vorortbahn Ohlsdorf – Hamburg – Altona – Blankenese auf elektrischen Betrieb mit Einphasenwechselstrom bei 6300 Volt und 25 Hertz um; er begann versuchsweise im Herbst 1907 und in vollem Umfang am 29. Januar 1908. Das Stromsystem bewährte sich so gut, dass es zeitweise auch für die Berliner S-Bahn ins Auge gefasst wurde.

Die Entwicklungsergebnisse der Länder deckten sich weitgehend. Um die Jahreswende 1912/13 wurden daraufhin für den Einphasenwechselstrom 15.000 Volt und 16 2/3 Hertz festgelegt. Dem bedeutsamen „Übereinkommen betreffend die Ausführung elektrischer Zugförderung“ zwischen den preußisch-hessischen, den bayerischen und den badischen Staatseisenbahnen schlossen sich wenig später aufgrund gleicher Erfahrungen Österreich, die Schweiz, Schweden und

Norwegen an. Auf dieser Grundlage entwickelte sich ein einheitliches elektrisches Bahnnetz in Mittel- und Nordeuropa.

Drei Inseln

Die Reichsbahn musste nach ihrer Gründung 1920 dort anknüpfen, wo die Länderbahnen begonnen hatten. Immerhin gewährleistete das einheitliche Stromsystem auch einheitliche Technik und ließ die Möglichkeit offen, die weit voneinander entfernten Teilnetze eines Tages zusammenwachsen zu lassen.

Preußen hatte, abgesehen von den Versuchsstrecken in und um Berlin, an drei verschiedenen Stellen mit der Elektrifizierung begonnen: in Altona, in Mitteldeutschland und in Schlesien. Während sich der Betrieb um Hamburg auch später auf die S-Bahn und die Altonaer Hafenbahn beschränkte, sollte er nach den Versuchen zwischen Dessau und Bitterfeld in Mitteldeutschland vor allem auf die Abschnitte Magdeburg – Dessau, Bitterfeld – Leipzig und Leipzig – Halle ausgedehnt werden. Doch kurz nach Ausbruch des Ersten Weltkriegs kamen die Arbeiten zum Erliegen, der elektrische Betrieb wurde beendet, das Oberleitungskupfer ging in die Rüstung, und das Bahnkraftwerk Muldenstein lieferte Strom an die Industrie. Erst nach dem Krieg konnte das Netz wieder aufgebaut werden: Am 19. Dezember 1922 wurde der elektrische Betrieb auf den Strecken Zerbst – Dessau – Bitterfeld – Leipzig und Leipzig – Halle zum zweiten Mal aufgenommen. Erst 1934 folgte auch die südliche Magistrale Magdeburg – Leipzig über Köthen.

In Schlesien lief der elektrische Betrieb während des Ersten Weltkrieges weiter. Auch die Lokomotiven aus Mitteldeutschland fanden dort Verwendung. In den ersten fünf Nachkriegsjahren wurde die Hauptlinie der schlesischen Gebirgsbahn im Westen bis Görlitz elektrifiziert, in weiteren fünf Jahren bis Breslau im Osten. Zweiglinien – die meisten nach Süden in die Sudeten – folgten: Ruhbank – Landeshut – Liebau, Hirschberg – Polaun, Lauban – Kohlfurt, Lauban – Marklissa und Hirschberg – Schmiedeberg – Landeshut. Ende 1932 umfasste das schlesische Netz rund vierhundert Kilometer.

Bayern setzte nach Umstellung von Karwendel- und Außerfernbahn die Elektrifizierung an anderer Stelle fort: Am 1. August 1916 wurde der elektrische Betrieb auf der Strecke Salzburg – Freilassing – Bad Reichenhall – Berchtesgaden eröffnet. Weitere Strecken südlich von München folgten in den 1920er Jahren, so die Garmischer Liniengruppe 1925. Ab Sommer 1927 fuhren die Züge von München über Kufstein nach Innsbruck, ein Jahr später auch nach Salzburg elektrisch. Damit erhielten zum ersten Mal zwei getrennte elektrische Betriebe, die Karwendelbahn und Salzburg – Berchtesgaden, Verbindung miteinander. Von München aus wurde 1927 Regensburg erreicht, 1933 Stuttgart und 1935 Nürnberg. Zu dieser Zeit bestanden neben der Berliner und der Hamburger S-Bahn sowie einigen Einzelstrecken drei „Inseln" mit elektrischem Betrieb: in Süddeutschland, in Mitteldeutschland und in Schlesien. Dann konzentrierte sich die Elektrifizierung auf die Strecke München – Berlin. Der Ausbau schritt von Nürnberg aus rasch nach Norden voran: 1939 bis Saalfeld, 1940 bis Rudolstadt, 1941 bis Weißenfels. Am 2. November 1942 war in Leipzig die Verbindung mit dem mitteldeutschen Netz hergestellt. Danach zogen die Kriegsereignisse einen Schlussstrich unter die Elektrifizierung. Das mitteldeutsche Netz umfasste damals knapp 500, das schlesische 400 und das süddeutsche 1800 km; in Baden wurden rund 100 km elektrisch betrieben, in den österreichischen Landesteilen weitere 650 km. Hinzu kamen noch die Hamburger Strecken, sodass die Deutsche Reichsbahn damals etwa 3500 km mit Einphasenwechselstrom elektrifiziert hatte.

Die Teilung Deutschlands 1945 brachte das schlesische Netz unter polnische Verwaltung, das mitteldeutsche lag in der sowjetischen Besatzungszone, das süddeutsche unterstand den Amerikanern, die Strecken in Baden kontrollierte Frankreich. Während die Anlagen in Schlesien wenig später demontiert wurden, lief der elektrische Betrieb in Mitteldeutschland

Bild oben: Versuchslokomotive der Schweizer Maschinenfabrik Oerlikon.

Rechte Seite: Als erste Einphasenwechselstrom-Lokomotive wurde auf der im Herbst 1904 elektrifizierten Strecke Murnau – Oberammergau die „LAG 1" am 19. Februar 1906 von der Lokalbahn AG München in Dienst gestellt.

wieder an. Erst 1946 befahlen die Sowjets seine Einstellung und beanspruchten ortsfeste Anlagen, insbesondere das Kraftwerk Muldenstein, sowie die meisten elektrischen Lokomotiven als Reparation. Beim Abbau machten Eisenbahner Teile unbrauchbar, andere gingen auf dem Transport nach Russland verloren, Schäden durch unsachgemäße Versuche und durch Witterungseinflüsse taten ein Übriges. Schließlich gab die Sowjetunion 1953 das restliche Material an die DDR zurück. Im mitteldeutschen Industriegebiet bildete es die Grundlage für die dritte Elektrifizierung.

Zehntausend Kilometer elektrisch

Auch im westlichen Teil Deutschlands kam der elektrische Zugbetrieb auf unzerstörten Strecken rasch wieder in Gang. Schon am 22. Mai 1945, also nur zwei Wochen nach Kriegsende, fuhren die Züge von München-Pasing nach Augsburg und nach Garmisch-Partenkirchen wie früher elektrisch. Zum Jahresende 1945 waren mehr als zwei Drittel des süddeutschen Netzes wieder in Betrieb. Selbst Überlegungen, weitere Strecken umzustellen, ließen nicht lange auf sich warten. Im April 1948 begann die Elektrifizierung der fast hundert Kilometer langen Hauptstrecke Nürnberg – Regensburg: Am 15. Mai 1950 wurde der Betrieb aufgenommen. Eine drei Kilometer lange Verbindungskurve bei Stuttgart-Untertürkheim, die Strecken Stuttgart-Bad Cannstatt – Waiblingen und Blankenese – Sülldorf auf der Hamburger S-Bahn waren schon 1949 elektrifiziert worden.
Elektrischer Betrieb bedeutete höhere Leistungsfahigkeit mit weniger Per-

sonal, geringeren Energiekosten und vermindertem Aufwand an ortsfesten Wartungsanlagen. Dass die Finanzierung des anfangs utopisch erscheinenden Programmes trotz der unbefriedigenden Kapitalstruktur Jahr für Jahr sichergestellt werden konnte, gehört zu den Verdiensten von Professor Dr. Heinz Maria Oeftering, der seit 1957 an der Spitze der Bundesbahn stand. Die Elektrifizierung trug in jener Zeit wesentlich dazu bei, die Bundesbahn trotz ihrer kriegsbedingten Belastungen und der wachsenden Konkurrenz vor stärkerem Absinken in die roten Zahlen zunächst zu bewahren.
Das erste Kilometerjubiläum fiel auf den 4. Juni 1955: In Schliengen auf der Rheintallinie Karlsruhe – Basel wurde der 2000. Kilometer fertig. Am 1. Juni 1958 folgte der 3000. Kilometer, am 30. September 1961 in Wächtersbach auf der Strecke Hanau – Fulda der 4000., am 2. Oktober 1963 in Recklinghausen der 5000., am 6. April 1965 auf der Nord-Süd-Strecke zwischen Hannover und Hamburg der 6000., am 20. März 1967 zwischen Gießen und Kassel der 7000., am 24. März 1968 in Buchholz bei Hamburg der 8000., am 10. Mai 1972 in Mettlach an der Saar der 9000., am 26. August 1975 in Villingen im Schwarzwald der 10.000. und am 27. September 1980 in Emden der 11.000. Kilometer. Vom 12.000. hat am 2. Juni 1991 bei der Eröffnung der neuen Strecken Hannover – Fulda und Mannheim – Stuttgart niemand Notiz genommen. Am 31. Dezember 1993 waren im Bundesbahnnetz einschließlich der S-Bahn Hamburg 12.163 km elektrifiziert.

Von Bregenz bis Hegyeshalom

Österreichs Rolle in der Geschichte des elektrischen Bahnbetriebs reicht weit zurück: Die Schmalspurbahn in die Hinterbrühl war eine der ersten elektrischen Bahnen Europas, das Wöllersdorfer Militärgleis wurde 1902 mit Drehstrom elektrifiziert und ins Stubaital fuhr die erste Ein-

***Bild oben:** Schnellzug mit der preußischen ES 1, Nummer 10 501, auf der Strecke Dessau – Bitterfeld in Mitteldeutschland im Jahre 1911. Bei Versuchsfahrten erreichte die Lokomotive 135 Stundenkilometer.*

***Linke Seite oben:** Güterzug der preußischen EG „Breslau" 582, der späteren E 91 82, im Bahnhof Gottesberg in Schlesien, 1925.*

***Linke Seite unten:** „Karwendel-Expreß" mit der bayerischen ES 1, Nummer 21 002, der späteren E 16 02, im Bahnhof Mittenwald, 1926.*

phasenwechselstrombahn mit Industriefrequenz. Schließlich stammten auch die beiden Ingenieure Winter und Eichberg aus Österreich, die um die Jahrhundertwende dem Wechselstrom-Bahnmotor zur Einsatzreife verhalfen. Trotzdem standen die österreichischen Bahnen, von einigen Privatgesellschaften abgesehen, dem elektrischen Betrieb lange abwartend gegenüber.

Um so mutiger erscheinen die Pionierleistungen kleinerer Unternehmen. So nutzte die Montafoner Bahn von Bludenz nach Schruns, am 18. Dezember 1905 als erste Normalspurstrecke Österreichs von Anfang an elektrisch eröffnet, die Wasserkräfte der Ill für den Betrieb mit Gleichstrom. Als die Arlbergstrecke mit Wechselstrom elektrifiziert wurde, trafen 1925 die beiden Stromsysteme im Bahnhof Bludenz aufeinander, die Züge der Lokalbahn konnten nur noch mit Hilfsbatterien einfahren. Ende der 1960er Jahre gelang der Montafoner Bahn die Umstellung; seit 6. März 1972 fährt sie wie die Österreichischen Bundesbahnen mit Wechselstrom von 15.000 Volt und 16 2/3 Hertz.

Auch die Niederösterreichischen Landesbahnen investierten in die Zukunft, als sie ihre 1907 fertiggestellte Strecke von St. Pölten über Mariazell bis zur Endstation Gusswerk elektrifizierten, um die Kapazität dem rasch steigenden Verkehrsaufkommen anzupassen. Am 7. Oktober 1911 wurde auf dieser über 91 km langen Schmalspurbahn mit 760 mm Spurweite der elektrische Betrieb mit Einphasenwechselstrom von 6600 Volt und 25 Hertz aufgenommen. Obwohl die Bahn 1922 an die Österreichischen Bundesbahnen überging und in St. Pölten auf die mit 15.000 Volt und 16 2/3 Hertz elektrifizierte Westbahn traf, blieb das Stromsystem der Mariazeller Bahn unverändert.

Die private Preßburger Bahn von Wien donauabwärts bis Preßburg (Bratislava) fuhr seit Eröffnung am 5. Februar 1914 elektrisch: in beiden Städten mit Gleichstrom wie die Straßenbahn, außerhalb zwischen Groß-Schwechat und Engerau mit Wechselstrom. Über die beiden städtischen Abschnitte liefen später Trambahnlinien, auf der Wechselstromstrecke fährt die Wiener Schnellbahn. Über die Grenzstation Wolfsthal hinaus wird die Strecke bis Engerau (Petržakla), einem südlichen Vorort der slowakischen Hauptstadt, wiederhergestellt.

Die Fernbahn-Elektrifizierung ließ in Österreich noch auf sich warten. Zwar wurde am 28. Oktober 1912 die Karwendelbahn von Innsbruck nach Garmisch über Seefeld – Mittenwald elektrisch eröffnet. An eine Umstellung der Hauptverkehrsadern des Landes, insbesondere der rund 770 km langen Westbahn von Wien über Linz – Salzburg – Innsbruck und den Arlberg bis Buchs und Bregenz im Westen sowie der Südbahn von Wien über den Semmering in die Steiermark, war damals nicht zu denken, wobei militärische Einwände auch hier ihre Rolle spielten.

Genau hundert Jahre nach Eröffnung begann die Elektrifizierung der Semmeringbahn. Als erste Abschnitte gingen am 29. September 1956 Wien – Gloggnitz und einen Tag später ganz im Süden St.Veit an der Glan – Villach in Betrieb. Von Villach aus spannte sich der Fahrdraht zur italienischen Grenze bei Tarvis und zur jugoslawischen bei Rosenbach. Die Bergstrecke über den Semmering von Gloggnitz bis Mürzzuschlag folgte im Mai 1959, im Herbst 1961 der Abschnitt über den Neumarkter Sattel von St.Veit bis Knittelfeld. Durchgehend ist die Südbahn seit 1963 elektrifiziert.

Seither haben die Österreichischen Bundesbahnen ihr Netz auch im Osten bis an die Landesgrenzen ausgedehnt. Am 21. Mai 1976 erreichte es in Hegyeshalom (Straß-Sommerein) das ungarische Netz mit 25.000 Volt und 50 Hertz, am 24. Mai 1977 zwischen Spielfeld-Straß und Maribor (Marburg an der Drau) das jugoslawische, heute kroatische Gleichstromnetz mit 3000 Volt und am 1. Juni 1986 zwischen Bernhardsthal und Breclav (Lundenburg) auf der Strecke Wien – Brünn das heute slowakische Netz mit wiederum 25.000 Volt und 50 Hertz.

Die Schweiz – voll elektrisch

Am 11. Juni 1960 erreichte die Schweiz ein Ziel: die vollständige Elektrifizierung des gesamten Streckennetzes. Als letzte wurden die Strecken von Oberglatt nach Niederweningen und von Cadenazzo über die italienische Grenze nach Luino einbezogen. Die Privatbahnen fuhren bereits weitgehend elektrisch. „Die Rauchfahne wird eingezogen", hieß es damals unter Anspielung auf den rußigen Dampfbetrieb, den es künftig in der Schweiz nirgends mehr geben sollte.
Auch am Anfang der „Elektrifikation" standen private Initiativen: Der Versuchsbetrieb zwischen Seebach und Wettingen ging zu Lasten der Maschinenfabrik Oerlikon, die Elektrifizierung im Simplon-Tunnel finanzierte Brown, Boveri & Cie, Pionierarbeit für den Einphasenwechselstrom leistete von 1911 an die Lötschbergbahn zunächst zwischen Spiez und Frutigen, ab 1913 auf der gesamten Linie Thun – Brig. Die Rhätische Bahn eröffnete etwa gleichzeitig ihre Strecke ins Unterengadin elektrisch.
Zu diesem Zeitpunkt waren die Schweizerischen Bundesbahnen SBB gerade erst „dem Gedanken der elektrischen Zugförderung nähergetreten", veranlasst durch den wachsenden Verkehr über den Gotthard, der auch mit schweren Dampflokomotiven kaum noch zu bewältigen war. Nach erneuter Verzögerung durch den Ersten Weltkrieg begann die Elektrifizierung 1916 unter dem Druck hoher Preise für die knappe Importkohle. Die Nordrampe von Erstfeld nach Göschenen und die anschließende Tunnelstrecke bis Airolo waren am 18. Oktober 1920 betriebsbereit, die Südrampe bis Biasca folgte am 12. Dezember; durchgehend elektrisch lief der Betrieb über 110 km von Erstfeld bis Bellinzona ab 29. Mai 1921. Durch den Gotthard-Tunnel war schon in der Nacht vom 30. Juni zum 1. Juli 1920 der erste Zug elektrisch gefahren.
Unterdessen hatte der Verwaltungsrat der SBB 1918 beschlossen, alle wichtigen Strecken mit zusammen 1724 km Länge innerhalb der nächsten 30 Jahre zu elektrifizieren. Doch nach dem Ausbau der Gotthard-Bahn ruhten die Pläne, bis sich die Elektrifizierung 1923 zur Bekämpfung der Arbeitslosigkeit aufdrängte. Nun wurde der Zeitplan sogar gestrafft, und bis Ende 1928 gelang die Umstellung von 1681 km oder 55,3 Prozent des SBB-Netzes. Elektrifiziert wurden damals die Zufahrten zur Lötschbergbahn von Bern nach Thun, zum Gotthard im Norden von Basel, Zürich und Bern nach Erstfeld wie im Süden von Chiasso nach Bellinzona, zum Simplon über Lausanne – Brig, ferner die von Zürich ausgehenden Hauptstrecken nach Winterthur, über St. Gallen nach Romanshorn und Rorschach am Bodensee, nach Schaffhausen und Rapperswil, die Rheintallinie über Sargans nach Chur sowie zahlreiche Verbindungsstrecken. Diesem ersten folgten vier weitere Schritte.
Zwischen 1929 und 1936 wurden knapp fünfhundert Kilometer elektrifiziert, vorwiegend im Jura und in der Ostschweiz; außerdem wurde der mit Drehstrom elektrifizierte Simplon-Tunnel auf Einphasenstrom umgestellt. Zwischen 1937 und 1940 kamen ohne festes Programm nur etwa fünfzig Kilometer hinzu. Während des Zweiten Weltkriegs beschleunigte die Furcht vor Engpässen in der Kohleversorgung abermals die Umstellung auf heimische Energie. Andererseits machte das Eidgenössische Militärdepartement zur Auflage, eine jederzeit verfügbare Betriebsreserve von 175 leistungsfähigen Dampflokomotiven vorzuhalten. Um dabei die Wirtschaftlichkeit einigermaßen wahren zu können, wurden die weiteren Elektrifizierungsschritte auch unter dem Gesichtspunkt von Dampflokumläufen geplant. Maßgebend waren hohe Kohleersparnis oder wirtschaftlicherer Fahrzeug- und Personaleinsatz.
So wurden von 1940 bis 1943 abermals 186 km elektrifiziert, darunter die einzige Schmalspurlinie der SBB

Strom mit der Industriefrequenz von 50 Hertz auch der Eisenbahn nutzbar zu machen, lag immer wieder im Bestreben namhafter Konstrukteure. In Deutschland wurde 1936 die Höllentalbahn im Schwarzwald als Versuchsstrecke elektrifiziert. Unser Bild zeigt die von BBC und Krauss-Maffei 1936 fertiggestellte 50-Hertz-Versuchslokomotive E 244 11.

von Luzern über den Brünig nach Meiringen und weiter bis Interlaken mit knapp 75 km Länge. Der zunehmende Kohlemangel führte dann zur Umstellung vor allem der Strecken, die mit Rücksicht auf die Dampflokreserve zunächst ausgeklammert worden waren.
Ein weiterer Schritt schloss sich Ende 1946 mit mehr als 370 km vorwiegend in der Nordschweiz an.
Für die letzte Ausbaustufe blieben noch zehn Strecken mit 256 km Länge übrig. Nur die Strecke Etzwilen – Singen mit Betriebsführung durch die Deutschen Bundesbahn und einige unbedeutende Abschnitte, deren Stilllegung bevorstand, wurden von der Elektrifizierung ausgenommen. Die Umstellung war 1960 abgeschlossen.

Erz und „weiße Kohle"

Schweden sah sich bereits in den Gründerjahren der elektrischen Bahnen zu einem Systementscheid gezwungen, als der Dampfbetrieb auf der Erzbahn über Riksgränsen nach Narvik die Kapazitätsgrenze erreicht hatte. Gegenüber zweigleisigem Ausbau versprach die Elektrifizierung in Anbetracht der vorhandenen Wasserkräfte die wirtschaftlichere Lösung. Das Erz von Kiruna sollte künftig mit Strom, der „weißen Kohle", zur Küste transportiert werden.
Die 1910 getroffene Entscheidung für Einphasenwechselstrom stützte sich auf Versuche, die fünf Jahre lang zwischen Tomteboda und Värtan bei Stockholm stattgefunden hatten. Die Schwedische Staatsbahn erprobte auf der sechs Kilometer langen Strecke zwei von Westinghouse aus den Vereinigten Staaten und von Siemens aus Deutschland bezogene Lokomotiven mit 25 Hertz bei verschiedenen Fahrdrahtspannungen.
Für die 129 km von Kiruna nach Riksgränsen wurden 16.000 Volt und 16 2/3 Hertz gewählt. Den Auftrag erhielt Siemens unter der Bedingung, den elektrischen Betrieb zunächst auf eigenes Risiko zu übernehmen. Die Arbeiten begannen 1910. Durch den Ersten Weltkrieg verzögert, lief der Betrieb erst im Frühjahr 1915 an, im Herbst ging die gesamte Anlage an die Staatsbahn über. Als sich die Erwartungen auch unter den harten klimatischen Verhältnissen nördlich des Polarkreises voll erfüllten, stand der Ausdehnung des elektrischen Betriebs nichts mehr im Weg. So wurde die Erzbahn auch südlich von Kiruna elektrifiziert: 1920 bis Gällivare und zwei Jahre später bis zum Ostseehafen Luleå am Bottnischen Meerbusen. Die Ofotenbahn, der 42 km lange norwegische Streckenabschnitt von Riksgränsen bis Narvik, kam 1923 hinzu. Von nun an konnte die gesamte Nordlandbahn zwischen Luleå im Süden und Narvik, der nörd-

lichsten Eisenbahnstation am Atlantik, durchgehend elektrisch befahren werden.
Schweden räumte der Elektrifizierung auch danach hohe Priorität ein. Als Trelleborg an der Südspitze des Landes erreicht war, galt die 2171 km lange Strecke bis Riksgränsen in Lappland als längste, zusammenhängend elektrisch betriebene Bahnlinie der Welt. Heute sind mit 7320 km knapp 75 Prozent des schwedischen Streckennetzes elektrifiziert. Norwegen erreicht mit 2422 km etwa 60 Prozent. In beiden Ländern hat sich das Wechselstromsystem mit 15.000 Volt und 16 2/3 Hertz ebenso bewährt wie in Deutschland, Österreich und der Schweiz.

Neue Aspekte für die Industriefrequenz

Obwohl die Stromversorgung mit 50 Hertz zunächst an der für Lokomotivmotoren zu hohen Frequenz gescheitert war, galt die Benutzung von Strom aus dem Landesnetz doch stets als erstrebenswertes Ziel. Anfang der 1930er Jahre erschien beim inzwischen erreichten Stand der Technik ein Bahnbetrieb mit 50 Hertz nicht mehr ausgeschlossen. Einige Industriebahnen hatten zusammen mit der Lokomotivindustrie die ersten Schritte unternommen. Um alle Möglichkeiten auszuloten, elektrifizierte die Deutsche Reichsbahn im Schwarzwald die Höllentalbahn von Freiburg im Breisgau nach Neustadt und die in Titisee abzweigende Drei-Seen-Bahn nach Seebrugg mit 50 Hertz und 20.000 Volt. Lokomotiv- und Elektroindustrie konnten sich mit geeigneten Fahrzeuge an den Versuchen beteiligen. Am 18. Juni 1936 wurde der Betrieb eröffnet: Vier elektrische Lokomotiven mit unterschiedlicher Technik standen bereit, um auf der steilen, früher zum Teil mit Zahnstange betriebenen Strecke erprobt zu werden.
Nach dem Zweiten Weltkrieg übernahm die französische Besatzungsmacht die Weiterführung der Versuche und ließ eine fünfte Lokomotive mit neuester Technik bauen. Die Französischen Eisenbahnen nutzten die Strecken im Schwarzwald, bevor sie die Versuche mit 50 Hertz auf knapp achtzig Kilometern, zwischen La Roche-sur-Foron und Aix-les-Bains in Savoyen, fortsetzten. Bis 15. Juni 1950 kamen die Strecken Aix-les-Bains – Annecy und bis 10. Mai 1951 Annecy – La Roche-sur-Foron hinzu. Die Spannung erwies sich mit 20.000 Volt als zu gering; sie wurde am 15. November 1953 auf 25.000 Volt erhöht. Schon 1952 war die Entscheidung gefallen, weitere Strecken mit dem neuen System zu elektrifizieren, als nächste die 275 km lange, mit Güterverkehr stark belegte Hauptbahn von Valenciennes im nordfranzösischen Kohlerevier bis Thionville, dem lothringischen Diedenhofen, in der Eisen- und Stahlregion Ostfrankreichs. Daraus entwickelte sich vor allem im Norden Frankreichs ein getrenntes Netz mit Industriefrequenz. Seither durchzieht eine Systemgrenze das Land, durchgehend eingesetzte Triebfahrzeuge müssen für beide Systeme ausgerüstet sein.
Auch für die Deutsche Bundesbahn stellte sich im Hinblick auf das umfangreiche Elektrifizierungs-

programm Anfang der 1950er Jahre die Systemfrage erneut. Eingehende Untersuchungen ergaben jedoch unter den gegebenen Verhältnissen keine Überlegenheit der 50-Hertz-Frequenz. Dieses Ergebnis haben Wirtschaftlichkeitsberechnungen bis in jüngste Zeit wiederholt bestätigt.
Die Reichsbahn in der DDR richtete im Harz auf der ebenfalls steigungsreichen Strecke Blankenburg – Königshütte einen 50-Hertz-Versuchsbetrieb ein. Er begann am 26. September 1965. Die fünfzehn hierfür gebauten schweren Güterzug-Lokomotiven waren zuvor auf dem nördlichen Berliner Außenring erprobt worden, dessen Abschnitt Hennigsdorf – Wustermark seit 25. Juni 1962 als Teststrecke ebenfalls mit 25.000 Volt und 50 Hertz elektrifiziert war. Doch hielt die DDR, die als einziges Ostblockland Bahnstrom mit 16 2/3 Hertz benutzte, gegen den Druck der Sowjetunion ebenfalls daran fest; zur Begründung wurden der Umfang des bereits bestehenden Netzes und des vorhandenen Fahrzeugparks angeführt.
Die Halbleitertechnik bot jedoch für Industriefrequenz neue Möglichkeiten: Damit konnte der Wechselstrom aus der Oberleitung einfach und mit geringen Verlusten auf der Lokomotive gleichgerichtet, für den Antrieb aber die bewährte Gleichstromtechnik beibehalten werden. Vor allem Länder, die mit der Elektrifizierung erst spät begannen und somit in der Systemwahl nicht festgelegt waren, machten davon Gebrauch.
Um an diesem weltweiten Markt teilzuhaben, bildeten namhafte westeuropäische Lokomotivhersteller 1955 die „50-Hertz-Arbeitsgemeinschaft“: AEG und Siemens aus Deutschland, Brown-Boveri (BBC) und die Maschinenfabrik Oerlikon aus der Schweiz sowie Alsthom und MTE aus Frankreich. BBC schied nach dem Zusammenschluss mit Asea aus. Offiziell ist die Gruppe nie aufgelöst worden, seit Anfang der 1990er Jahre tritt sie jedoch nicht mehr in Erscheinung. Im Hintergrund steht nicht zuletzt der verschärfte Wettbewerb zwischen Deutschland und Frankreich im Hochgeschwindigkeitsbereich. Insgesamt hat die „Arge 50-Hertz“ rund 1300 Lokomotiven, Triebwagen und Fahrzeugausrüstungen sowie Stromversorgungsanlagen in alle Welt geliefert.

Später Start mit 50 Hertz

China entschied sich Anfang der 1960er Jahre von vornherein für 25.000 Volt und 50 Hertz. Als erste wurde eine 91 km lange Teilstrecke bei Baoij zwischen Chengdu und Zhengzhou elektrifiziert, seit 1975 ist die 676 km lange Verbindung mit 981 Brücken und 304 Tunneln durchgehend elektrisch in Betrieb. Weitere Strecken folgten ab 1980: der 362 km lange Abschnitt Xiangfan – Ankang, der inzwischen bis Tschunking verlängert ist, die 511 km lange Strecke Baoij – Lanzhou, die Verbindung zwischen Shijazhuang und Taiyuan über Yangquan mit 235 km und die 379 km lange Strecke Datong – Peking. Damit erreichte der Fahrdraht erstmals die Hauptstadt. Auf der 636 km langen Strecke Kunming – Guiyang wurde der elektrische Betrieb 1990 aufgenommen. Seitdem geht die dynamische Entwicklung in China unaufhaltsam weiter.
Als erste Bahn der Welt wurde in den USA im Januar 1974 die Black Mesa and Lake Powell Electric Railway mit 50.000 Volt und 60 Hertz in Betrieb genommen; die 129 km lange Strecke verbindet das Kohlebergwerk Black Mesa mit einem Dampfkraftwerk bei Page in Arizona. Bei der hohen Spannung genügte ein einziger Speisepunkt, um selbst bei ungünstigen Verhältnissen mindestens 32.000 Volt am anderen Ende der Strecke zu gewährleisten. Während die elektrische Anlage ihre Bewährungsprobe bestand, führten die hohen Radsatzlasten bis zu 30 t innerhalb kurzer Zeit zu schweren Schäden am Oberbau. Ebenfalls mit 50.000 Volt und 60 Hertz fährt in Kanada seit 1984 die British Columbia Railway auf der 129 km langen Tumbler-Ridge-Kohlenbahn nordöstlich von Prince George.
In Russland wurde ein Abschnitt der Strecke Brest – Moskau, später die Baikal-Amur-Magistrale über „Spartransformatoren“ an 50.000 Volt Gesamtspannung angeschlossen. Durch eine Mittelanzapfung am Transformator werden zwei benachbarte Abschnitte mit je 25.000 Volt

Linke Seite: Gleichstrom bewährte sich in großem Umfang auf dem S-Bahn-Netz in Berlin, das bis zum Zweiten Weltkrieg als modernstes Schnellbahnnetz der Welt galt. Die Stadtbahn als West-Ost-Verbindung wurde am 11. Juni 1928 auf elektrischen Betrieb umgestellt; um diese Zeit entstand das Bild am Savignyplatz.

Bild oben: Als modernste, mit Gleichstrom betriebene S-Bahn-Strecke nahm die Deutsche Bahn am 3. Mai 1975 in Hamburg den ersten Teilabschnitt der City-Linie zwischen Hauptbahnhof und Hafen in Betrieb.

gespeist, die Speisepunkte können in doppelter Entfernung liegen. Dieses System wird in Frankreich auch auf den neuen TGV-Strecken genutzt.

Erbe der Vergangenheit

Anfangs fiel die Wahl häufig auf Gleichstrom, weil er sich einfach von Elektrizitätswerken beziehen oder mit stationären Gleichrichtern wirtschaftlich aus Drehstrom eines öffentlichen Netzes erzeugen ließ. Auch Betriebsführung und Fahrzeugtechnik warfen damit auf kurzen Strecken die geringsten Probleme auf. Allerdings wurde die Stromversorgung mit zunehmender Ausdehnung kostspielig: durch die Vielzahl nötiger Speisepunkte, eine aufwendige Oberleitung und verhältnismäßig hohe Energieverluste. Eine Reihe von Bahnen setzte deshalb die Elektrifizierung später mit Wechstrom fort und nahm sogar Systemwechselbahnhöfe an den Berührungspunkten in Kauf.
Gleichwohl haben auch Gleichstrom-Fernbahnen beachtlichen technischen Standard erreicht wie in Italien und Belgien, Holland und Frankreich, in mehreren osteuropäischen Ländern, in Japan und Südafrika. Frankreich errang mit Gleichstrom sogar einen jahrzehntelang unangefochtenen Weltrekord: Am 29. März 1955 fuhr die Lokomotive BB 9004 zwischen Bordeaux und Dax im 1500-Volt-Netz mit knapp 25 Prozent Überspannung 331 km/h.
In England beschränkte sich der elektrische Betrieb zunächst auf die von London ausgehenden Regionalverbindungen der Southern Railway bis Brighton, Eastbourne, Hastings und Portsmouth, die Mitte der 1930er Jahre mit Gleichstrom elektrifiziert wurden und zur Stromübertragung eine dritte Schiene mit 750, teilweise nur 630 Volt benutzen. Schließlich schwenkte England aber ebenfalls auf Wechselstrom um, nicht zuletzt aufgrund der französischen Erfahrungen. Als erste Fernbahnen wurden ab 1965 die Strecken von London nach Birmingham, Liverpool und Manchester mit 25.000 Volt und 50 Hertz elektrifiziert. Am 6. Mai 1974 war Glasgow erreicht. Die Ostküstenbahn zwischen London und Edinburgh ist seit 30. September 1991 elektrifiziert.
Gleichstrom benutzte anfangs auch die Sowjetunion. Dort wurde als erste am 6. Juli 1926 die Strecke Baku – Sabuntschi – Sucharany mit 1650 Volt Gleichspannung in Betrieb genommen. In größerem Umfang setzte sich der elektrische Betrieb erst nach 1933 durch, wobei die Spannung bald auf 3000 Volt erhöht wurde. Eine erste Versuchsstrecke für Wechselstrom mit 25.000 Volt und 50 Hertz entstand 1958 südlich von Moskau auf dem 137 km langen Abschnitt Oscherelje – Pawelez. Die Elektrifizierung mit Gleichstrom lief zunächst weiter, doch wurden einige Strecken bereits

Bilder oben und links: Attraktive S-Bahn-Züge der Baureihe 420 – oben der erste nach Ankunft in München am 24. Oktober 1969 – sorgten zusammen mit der U-Bahn für reibungslosen Verkehr zur Olympiade 1972 in München.

mit dem neuen System elektrifiziert, darunter ein Teil der Transsibirischen Bahn östlich Mariinsk. Die geplante Umstellung von Gleichstromstrecken auf Wechselstrom unterblieb, nachdem während der Bauzeit unerträgliche betriebliche Behinderungen eintraten. Bei neuen Vorhaben wurde durchweg Wechselstrom mit Industriefrequenz benutzt. Insgesamt betrieb die Sowjetunion vor ihrem Zerfall über fünfzigtausend Kilometer elektrisch.

In Japan bestand ebenfalls aus früherer Zeit ein umfangreiches elektrisches Bahnnetz mit Gleichstrom bei 1500 Volt. Als die neue Tokaido-Linie gebaut wurde, fiel die Entscheidung für Wechselstrom mit 60 Hertz. Konventionelle Strecken werden mit 20.000 Volt, die neuen Shinkansen-Schnellbahnen mit 25.000 Volt betrieben, wobei die aus den öffentlichen Netzen bezogene Energie teilweise mit 50 Hertz geliefert und durch Frequenzumformer auf 60 Hertz gebracht wird. Gegenwärtig werden in Japan 6111 km mit Gleichstrom und 4929 km mit Wechselstrom betrieben; hinzu kommen zahlreiche Privatbahnstrecken.

In Amerika entstanden um die Jahrhundertwende ebenfalls einige Gleichstrombahnen, denen vor allem im Netz der New York, New Haven and Hartford Railway und einiger anderer Gesellschaften bald die ersten Strecken mit Wechselstrom folgten. Bei Spannungen zwischen 3300 und 11.000 Volt wurden fast durchweg 25 Hertz gewählt. Meist ging es darum, in Städten und längeren Tunnels das Qualmproblem zu beseitigen. In den 1940er Jahren begannen Automobil- und Ölindustrie, ganze Nahverkehrsnetze aufzukaufen, um den Betrieb wenig später einzustellen und durch Verlagerung des Verkehrs auf die Straße die eigenen Gewinne zu steigern. Eine nennenswerte Rolle hat der elektrische Betrieb in Amerika jedoch nie gespielt. Anfang der 1980er Jahre verschwanden etwa zur selben Zeit wie die Dampfzüge auch die letzten elektrischen Lokomotiven. In den USA fährt Amtrak im Nordostkorridor zwischen Washington und New

Haven elektrisch mit 12 500 Volt / 25 Hertz, der Nordabschnitt bis Boston wird mit 2 x 25.000 Volt / 60 Hertz elektrifiziert; nach jahrzehntelangem Zögern wurde der Auftrag Anfang 1996 vergeben. Auftrieb erhielten, von St. Francisco und Washington ausgehend, elektrische Nahverkehrsnetze: Neben Gleichstromstrecken mit 600 Volt bestehen auch Wechselstromnetze mit 25 oder 60 Hertz. Von den rund 110.000 km Strecken in den USA werden weniger als zweitausend Kilometer elektrisch betrieben, ausschließlich im Personenverkehr.

Auch die Reichsbahn der DDR betrieb S-Bahn-Verkehr auf bestehenden Strecken. Wegen der erforderlichen hohen Kapazität wurden vielfach Doppelstockzüge eingesetzt. Im elektrifizierten Netz waren sie meist mit Lokomotiven der Baureihe 242 (oben) bespannt, die ebenso wie die S-Bahn-Triebzüge 280 (rechte Seite) vom ehemaligen VEB Lokomotivbau „Hans Beimler" in Hennigsdorf bei Berlin gebaut wurden.

Für S-Bahnen Gleichstrom

Mit Gleichstrom werden heute unabhängig von den Fernbahnen die Undergrounds und Metros, die Hoch- und Untergrundbahnen der meist städtischen oder regionalen Schnellbahnnetze betrieben. Die ersten Linien entstanden zwischen 1890 und 1902 in London, Chicago, Budapest, Paris und Berlin.

Pläne zur Elektrifizierung der Berliner Stadt-, Ring- und Vorortbahn, seit 1930 kurz S-Bahn genannt, hatte die Union-Elektricitäts-Gesellschaft (UEG) schon 1899 ausgearbeitet. Sie blieben in der Schublade, weil die technische Basis noch nicht genügend sicher erschien. Die 1907 von den Siemens-Schuckert-Werken empfohlene Elektrifizierung mit Einphasenwechselstrom führte erst Jahre später zu einem Versuchsprogramm, das dann im Ersten Weltkrieg unterblieb. Die Verzögerungen gingen zum Teil auf die alten Widerstände einflussreicher Interessengruppen zurück. Erst kurz vor dem Ende der Länderbahnen und ihrem Zusammenschluss zur Deutschen Reichsbahn leitete das Preußische Ministerium der öffentlichen Arbeiten 1919 die Umstellung auf elektrischen Betrieb in die Wege.

Mehrere Gründe sprachen für das Gleichstromsystem mit von unten bestrichener Stromschiene: Damit lagen von der Versuchsstrecke Potsdamer Ringbahnhof – Lichterfelde Ost seit 1903 Betriebserfahrungen vor. Zur Energieversorgung konnte innerhalb der Stadt an vielen Speisepunkten bereits Drehstrom aus einem öffentlichen Netz bezogen und mit stationären Gleichrichtern in Fahrstrom umgewandelt werden. Mit Stromschienen war im Gegensatz zu Oberleitungen elektrischer Betrieb ohne vergrößertes Profil möglich. Andererseits kam für die Stromschiene in Bodennähe nur relativ geringe Spannung in Frage. Gewählt wurden 800 Volt. Auch die Fahrzeuge, von denen in S-Bahn-Netzen stets eine große Anzahl benötigt wird, ließen sich für Gleichstrom besonders einfach, zweckmäßig und wirtschaftlich ausrüsten.

Am 8. August 1924 wurde der elektrische Betrieb vom Stettiner Bahnhof in Berlin nach Bernau eröffnet, am 4. Oktober 1925 bis Oranienburg und am 16. März 1927 bis Velten in der Mark Brandenburg. Diesen drei Strecken im Norden der Stadt folgten am 11. Juni 1928 die Stadtbahn, die Berlin in Ost-West-Richtung durchquert, am 6. November 1928 der südliche und am 20. März 1929 der nördliche Teil der Ringbahn sowie am 18. April 1929 als Ringschluss die Verbindung zwischen Halensee und Westend. Nach und nach wurden dann auch die meisten Vorortlinien auf elektrischen Betrieb umgestellt.

Das Arbeitsbeschaffungsprogramm von 1933 führte zum Bau der Nord-Süd-S-Bahn, die vom Stettiner zunächst zum Anhalter Bahnhof und weiter bis Yorckstraße überwiegend unterirdisch durch die Stadt geführt wurde. Der nördliche Abschnitt vom

Stettiner Bahnhof bis Unter den Linden wurde am 28. Juli 1936 eröffnet, der südliche bis Yorckstraße nach und nach bis 6. November 1939. Damit verfügte Berlin über ein in aller Welt als vorbildlich betrachtetes S-Bahn-System mit einer Ringlinie, Durchmesserlinien in Ost-West- und Nord-Süd-Richtung sowie mit zahlreichen Strecken in die Umgebung.

Im April 1945 kam der Betrieb zum Erliegen, nachdem Luftangriffe und Beschuss schwere Zerstörungen verursacht hatten. Damals umfasste das S-Bahn-Netz mit Stromschiene 294,85 km. Nach dem Waffenstillstand lief der Verkehr nur zögernd wieder an. Aufgrund alliierter Vereinbarungen führte die Reichsbahn der Sowjetzone den Betrieb in ganz Berlin, auch im westlichen Teil. Die meisten Vorortstrecken wurden zunächst nur eingleisig befahrbar gemacht, mehrere Linien aber später über ihre früheren Endpunkte hinaus verlängert. So bestand das auf rund 350 km erweiterte Netz in seiner Grundstruktur unverändert bis Sommer 1961. Dann wurden mit dem Bau der Mauer durch Berlin alle über die Sektorengrenze führenden S-Bahn-Strecken mit Ausnahme der Stadtbahn und der Nord-Süd-Linie unterbrochen. Teils aus betrieblichen Gründen, teils um die Westsektoren zu umfahren, entstanden einige neue Linien und Verbindungen. So wurde ein Teil des Berliner Außenrings mit Stromschiene elektrifiziert und in das S-Bahnnetz einbezogen; Oranienburg erhielt damit über die Bernauer Linie Verbindung mit dem Ostteil Berlins. Der Flughafen Berlin-Schönefeld wurde 1962 in Grünau über eine rund sechs Kilometer lange Neubaustrecke an die S-Bahn angeschlossen. Von Lichtenberg fuhr die elektrische S-Bahn bis Ahrensfelde seit 30. Dezember 1982 und bis Wartenberg seit 20. Dezember 1985.

Im Westteil Berlins verlor die S-Bahn immer mehr an Bedeutung. Ein Eisenbahnerstreik hatte die Schließung der ersten Strecken ab 28. September 1980 zur Folge. Nach Übernahme durch den Senat von Berlin (West) am 9. Januar 1984 musste der Verkehr auf weiteren Linien eingestellt werden; die Berliner Verkehrsbetriebe (BVG) konnten ihn nur auf zwei Abschnitten aufrechterhalten: auf der Stadtbahn Friedrichstraße – Zoo – Charlottenburg (7,3 km) und auf der Südlinie Anhalter Bahnhof – Lichtenrade (13,8 km). Doch bereits am 1. Mai 1984 fuhr die S-Bahn wieder über Charlottenburg hinaus nach Grunewald und weiter bis Wannsee, vom Anhalter Bahnhof durch den Tunnel bis Gesundbrunnen und ab 1. Oktober 1984 weiter bis Frohnau im Norden. Die Wannseebahn zwischen Anhalter Bahnhof und Wannsee über Schöneberg, Steglitz, Lichterfelde West und Zehlendorf folgte am 1. Februar 1985. Nach dem Fall der Mauer am 9. November 1989 wuchs das alte Netz langsam wieder zusammen.

Die Hamburger Stadt- und Vorortbahn, die anfangs nur aus einer Durchgangslinie bestand, wurde zunächst mit Einphasenwechselstrom elektrifiziert: zwischen Blankenese und Ohlsdorf 1907, weiter bis Poppenbüttel 1924. Die Umstellung auf Gleichstrom nach Berliner Vorbild, jedoch mit höherer Spannung von 1200 Volt,

begann 1940: Am 22. April fuhren die ersten neuen Züge zwischen Ohlsdorf und Poppenbüttel. Der Krieg unterbrach die Umstellung, und noch zehn Jahre danach waren Oberleitung und Stromschiene, Wechselstrom- und Gleichstromzüge in Betrieb. Erst am 22. Mai 1955 fuhr die letzte Wechselstrom-S-Bahn, nachdem genügend neue Triebwagen zur Verfügung standen.

Neue Netze auf alten Strecken

Im Gegensatz zu Berlin und Hamburg werden die S-Bahnen aller anderen Netze in Deutschland mit Oberleitung und Wechselstrom von 15.000 Volt und 16 2/3 Hertz betrieben. Vorbild wurde die zu den Olympischen Spielen 1972 eröffnete S-Bahn in München. Als ein einziges großes Bauwerk wurde ein 4,2 km langer Tunnel zwischen Haupt- und Ostbahnhof unter der Innenstadt hindurch neu erstellt, um die Vorortlinien im Westen und Osten zu verbinden. Damit entstand fast ausschließlich mit vorhandenen Strecken ein leistungsfähiges Netz von rund 400 km Gesamtlänge.
Auch andere Ballungsgebiete Deutschlands erhielten unter Nutzung beste-

Bild oben: Doppellokomotive CS 200 001 für 3000 Volt Gleichspannung, Höchstgeschwindigkeit 200 Kilometer, gebaut 1976 von Škoda in Pilsen, in der damaligen Tschechoslowakei.

Linke Seite: Güterzuglokomotive K 01 für Wechselspannung 25.000 Volt / 50Hertz. Krupp und Siemens lieferten 1961 zwanzig Lokomotiven dieser Bauart mit Siliziumgleichrichtern in die Sowjetunion; sie bewährten sich unter extremen klimatischen Bedingungen bei Temperaturen bis -50o Celsius.

hender Strecken Nahverkehrsnetze, die als S-Bahnen betrieben werden, so im Rhein-Ruhr- und Rhein-Main-Gebiet, in Stuttgart, Köln und Nürnberg.
In Ostdeutschland richtete die Reichsbahn der DDR S-Bahnverkehr mit Wechselstrom von 15.000 Volt und 16 2/3 Hertz in Leipzig und Dresden sowie in Halle, Magdeburg und Rostock ein.

Oldtimer – ihrer Zeit voraus

Die Überlegenheit elektrischer Bahnen beruht heute auf der hohen Leistungsfähigkeit. Ursprünglich fanden sich elektrische Antriebe jedoch gerade in Fahrzeugen mit geringer Leistung: in Straßenbahnen, Lokalbahntriebwagen und Nebenbahnlokomotiven. Dafür genügten kleine Motoren, die sich auch bei den beengten Raumverhältnissen unmittelbar mit einer Achse verbinden ließen und so einen zweckmäßigen und einfachen Antrieb ermöglichten.
Selbst die erste elektrische Lokomotive, die Werner Siemens 1879 in Berlin vorstellte, zeigte bereits einige Merkmale, die sich erst Jahrzehnte später allgemein durchsetzten. So übertrug ein Zahnradgetriebe das Drehmoment des Motors allein mit rotierenden Elementen auf die Räder. Beide Achsen wurden zur Kraftübertragung genutzt. Außerdem war bereits die charakteristische Symmetrie zu erkennen, die bei elektrischen Lokomotiven – im Gegensatz zur Dampflok – zwischen Vorwärts- und Rückwärtsfahrt keine Unterscheidung nötig macht. Freilich lag zwischen ersten Ansätzen und betriebsreifen Lösungen ein weiter Weg. Dabei bildete der Antrieb mehr und mehr das zentrale Problem.
Besondere Vorteile schien anfangs der Direktmotor zu bieten, bei dem die Antriebsachse gleichzeitig auch als Motorwelle dient und das Drehmoment ohne Verluste unmittelbar übertragen wird. Tatsächlich waren etwa die Versuchstriebwagen, die 1903 zwischen Marienfelde und Zossen Geschwindigkeitsrekorde mit mehr als 210 km/h erzielten, mit Achsmotoren ausgerüstet. Da Raddurchmesser und Spurweite die Größe solcher Motoren begrenzen, konnten höhere Leistungen nicht installiert werden. Außerdem ließ sich der günstige Drehzahlbereich der Motoren nicht mit den üblichen Fahrgeschwindigkeiten in Einklang bringen, sodass der Direktmotor bald wieder verschwand.
Eine andere Möglichkeit bildete der im Prinzip schon 1885 zum ersten Mal in Amerika verwirklichte Tatzlagermotor mit Übertragung des Drehmoments durch Zahnräder. Der Motor stützt sich auf der einen Seite auf den

gefederten Rahmen der Lokomotive oder eines Drehgestells ab, auf der anderen Seite umfasst er mit zwei tatzenförmigen Lagern die Antriebsachse; damit belastet er den Radsatz zur Hälfte ungefedert. Die Wechselwirkungen zwischen Fahrweg und Fahrzeug galten nach verbreiteter Ansicht allenfalls bei leichten Motoren und geringen Geschwindigkeiten als vertretbar. So liefen mit Tatzlagerantrieb zunächst tatsächlich vor allem leichte „Motorwagen", später kurz „Triebwagen" genannt, die Lokomotive und Wagen in einem Fahrzeug vereinigen. Auch die erste Einphasenwechselstrom-Lokomotive, die Siemens 1906 für die Bahn Murnau-Kohlgrub-Oberammergau baute, fuhr mit Tatzlagerantrieb; sie blieb nahezu fünfzig Jahre im Einsatz. Ihr folgten 1909 und 1912 zwei nahezu baugleiche Lokomotiven, die ab 1938 bei der Deutschen Reichsbahn als E 69 02 und E 69 03 liefen. Seit 29. Juli 1982 sind sie zwar ausrangiert, aber noch immer betriebsfähig.

Die 1960 von der Schwedischen Staatsbahn in Dienst gestellte Erzbahn-Lokomotive 976 war die damals größte elektrische Fahrleistungs-Lokomotive der Welt. 35,25 Meter lang, fast 260 t schwer, konnte sie 5000 t Anhängelast ziehen. Mit ihrer Entwicklung war aber auch das Ende der schwedischen Anwendung von Kuppelstangenantrieben vorgezeichnet.

Die Dampflok stand Pate

Der Leistung waren bei den damaligen technischen Möglichkeiten enge Grenzen gesetzt. Mit steigenden Anforderungen verließ die Entwicklung deshalb den an sich zweckmäßigen Einzelachsantrieb und schwenkte auf große und leistungsstarke Motoren um.

Dafür wurde wie bei Dampflokomotiven ein Antriebsgestänge zu Hilfe genommen. Die Motoren konnten so im gefederten Teil der Lokomotive eingebaut werden. Allerdings musste der Antrieb die von der Federung hervorgerufenen Relativbewegungen zwischen Motor und Treibachse ausgleichen. Um durch die Schwingungen der Federung den einwandfreien Lauf der Treibstange nicht zu beeinträchtigten, wurde sie möglichst wenig geneigt angeordnet.

Hohe Leistung bedeutete hohes Motorgewicht und großes Einbauvolumen. Beidem sind im Lokomotivbau Grenzen gesetzt: dem Gewicht durch die Belastbarkeit der Gleise, dem Volumen durch das Fahrzeugprofil, das von Spurweite, Gleisabstand, Brückendurchfahrten und Tunnelquerschnitten bestimmt wird. Da die Leistung rotierender Maschinen auch von der Drehzahl abhängt, zielte die Entwicklung auf möglichst hohe Drehzahlen ab. Grenzen setzten die dynamischen Kräfte, die an den äußersten Stellen des Rotors, also am Ankerumfang, am größten sind. Weil sich mit größeren Durchmessern gleiche Umfangsgeschwindigkeit bei geringerer Drehzahl erreichen lässt, wurde die gesamte Lokomotivleistung in nur einem Großmotor zusammengefasst, der die Lokomotive vielfach bis unter das Dach ausfüllte.

Während bei der Dampflok die hin- und hergehende Kolbenbewegung in Rotation umgesetzt werden muss, waren bei elektrischen Lokomotiven die Drehbewegungen von Motorwelle und Antriebsachse aneinander anzupassen. Anfangs führte Resonanz häufig zum Bruch der Treibstangen. Durch Schrägstellen ließ sich dieses Problem zwar beherrschen, doch neigten Lokomotiven mit Stangenantrieb zu Schüttelschwingungen, sobald die engen Toleranzen im Triebwerk nicht mehr eingehalten waren.

Zahlreiche Versuche zielten darauf ab, die Laufeigenschaften zu verbessern. Anfangs wurde das Drehmo-

ment meist von der Motorwelle direkt übertragen, später jedoch unter Zwischenschaltung von Zahnradgetrieben entweder auf eine Blindwelle in Höhe der Radsätze oder mit nur wenig geneigten Stangen unmittelbar auf einen Radsatz. Wie bei der Dampflokomotive konnten dabei mehrere oder sämtliche Achsen durch waagerechte Kuppelstangen verbunden werden, um die Haftreibung optimal auszunutzen. Hier lag einer der Vorteile des Stangenantriebs: Einzelne Radsätze können nicht „schleudern“.

Trotzdem überwogen die Mängel: Die Eigenschaft des Elektromotors, Arbeit in Form reiner Drehbewegung zu leisten, blieb ungenutzt. Vielmehr musste die rotierende Bewegung erst in hin- und hergehende und danach wieder in rotierende umgesetzt werden. Abgesehen vom Aufwand, von der starken Beanspruchung der Lokomotive durch Schwingungen und unruhigen Lauf bedeutete das auch starken Verschleiß, hohen Ölverbrauch und erheblichen Werkstattaufwand.

Vor allem Lokomotiven für höhere Geschwindigkeit erforderten Vorkehrungen zur Entgleisungssicherheit. Die selbst bei gutem Massenausgleich unvermeidlichen Unwuchten und die hohe Belastung der Stangenlager begrenzten die Drehzahl der Antriebsachsen. Für die geforderte Geschwindigkeit mussten deshalb wie bei Dampflokomotiven Räder mit großem Durchmesser und zur sicheren Führung in Gleisbogen voranlaufende Achsen mit kleinen Rädern vorgesehen werden.

Elektrische Lokomotiven mit Stangenantrieb

Zwei Jahre, nachdem 1909 in Preußen der Bau derartiger Lokomotiven begonnen hatte, erreichte die ES 1-Schnellzuglokomotive 10 501 bei Versuchsfahrten zwischen Dessau und Bitterfeld immerhin 135 km/h. Später verlagerten sich die Versuche von Mitteldeutschland mehr auf die schlesische Gebirgsbahn mit ihren schwierigen Betriebsverhältnissen. Gleichzeitig entwickelten die Bayrischen und Badischen Staatseisenbahnen ihre eigenen Lokomotiven, ebenfalls mit Stangenantrieb.

Auch Österreich beschaffte 1912 eine erste Serie für die Mittenwaldbahn. Nach dem Zusammenschluss der Länderbahnen 1920 ließ auch die Deutsche Reichsbahn noch in größerer Zahl Lokomotiven mit Stangenantrieb bauen. In der Schweiz entstanden, wie in Österreich, weniger unterschiedliche Versuchslokomotiven, da die Elektrifizierung der Hauptbahnen erst 1917 begann. Trotzdem liefen 1960 bei Abschluss der Elektrifizierung auch in der Schweiz nicht weniger als 34 verschiedene Typen elektrischer Lokomotiven, die älteren meist ebenfalls mit Stangenantrieb.

In Schweden erreichte diese Antriebsart so hohen Stand, dass sie sich nicht nur den enormen Anforderungen des Erzverkehrs auf der Strecke nach Narvik, sondern auch der schlechten Gleislage auf vielfach schwachem und vom rauhen Klima geprägten Oberbau voll gewachsen zeigte. Noch 1970 beschaffte die Schwedische Staatsbahn neue Lokomotiven mit Stangenantrieb, während er in den meisten übrigen Ländern längst der Vergangenheit angehörte.

Bei der Deutschen Bundesbahn wurden am 18. November 1975 als letzte große Stangen-Ellok die 191 099-1 und die 191 100-7 (frühere Baureihe E 91) ausrangiert. Bis 1983 liefen Rangierlokomotiven der Reihen 160 (E 60) und 163 (E 63).

Wenngleich auch Lokomotiven mit Stangenantrieb hohen Entwicklungsstand erreichten, so konnten ihre insgesamt ungünstigen Betriebseigenschaften auf die Dauer nicht befriedigen.

Tatzantrieb schließlich doch erfolgreich

Nicht zuletzt die Lehrmeinung, Tatzlagerantriebe verursachten Schäden an Oberbau und Fahrzeug, hatte zum Stangenantrieb geführt. Doch zwei Jahrzehnte später erwies sich der Tatzlagermotor vor allem wegen seines einfachen Aufbaus als vorteilhafte Lösung für den Einzelachsantrieb: Ohne die befürchteten Folgen wurden sowohl höhere Geschwindigkeiten als auch große Leistungen erreicht.

In Preußen gab es auf der Altonaer Hafenbahn vier stärkere elektrische Lokomotiven mit Einzelachsantrieb durch Tatzlagermotoren. Die erste aus dem Jahr 1907 war von der AEG für die Versuche auf der Oranienburger Rundbahn gebaut worden und legte dort bei täglich zwanzigstündigem Dauerbetrieb insgesamt 300.000 km zurück; 1911 wurde sie für den Einsatz auf der Hafenbahn umgerüstet, wo sie bis 1932 lief. Als erste Vollbahn-Elektrolokomotive Deutschlands erhielt sie einen Platz im Verkehrsmuseum Nürnberg, wurde im Krieg nach Pressig-Rothenkirchen „ausgelagert", aber auch dort nicht vom Krieg verschont und später verschrottet. Zwei weitere Versuchslokomotiven bewährten sich nicht und verschwanden schon nach wenigen Jahren wieder. Hingegen zeigte die 1923 folgende vierte Maschine annehmbare Betriebseigenschaften, sodass sie über dreißig Jahre lang auf der Hafenbahn im Einsatz blieb.

Auch in Bayern wurden zwei elektrische Lokomotiven mit Einzelachsantrieb gebaut. Sie leisteten von 1915 an auf der Strecke Freilassing – Berchtesgaden vorwiegend Schiebedienst, bewährten sich ebenfalls und blieben bis 1937 und 1941 im Einsatz. Aus einer von ihnen entstand ein Schneepflug, der in Berchtesgaden noch jahrelang Dienst tat. Diese beiden bayerischen Lokomotiven können mit ihren vier Tatzlagermotoren in zwei Drehgestellen als frühe Vorläufer der ersten deutschen Einheits-Elektrolokomotive E 44 gelten, die sich anderthalb Jahrzehnte später mit rund 175 Stück zur erfolgreichsten deutschen Ellok der vierziger Jahre entwickelte.

Die Deutsche Reichsbahn bezeichnete die Länderbahnlokomotiven mit Einzelachsantrieb durch Tatzlagermotoren als E 73: die beiden bayerischen Lokomotiven als E 73 01 und E 73 02, die preußischen als E 73 03 und E 73 05.

Die Erprobung des Tatzantriebs in schweren Güterzuglokomotiven auf der schlesischen Gebirgsbahn verzögerte sich durch den Ersten Welt-

krieg bis 1923; insgesamt wurden damals neun sechsachsige Lokomotiven mit Einzelachsantrieb eingesetzt. Sie bestanden aus zwei gelenkig verbundenen Hälften mit je drei Tatzlagermotoren. Die Lokomotiven, als Baureihe E 92[7] bezeichnet, blieben bis Mitte der 1940er Jahre im Einsatz. Drei wurden zerstört, die übrigen sechs gelangten in die DDR, blieben aber auf dem Abstellgleis. Hingegen wurden von sechs noch schwereren Güterzuglokomotiven mit Tatzantrieb, die 1927 als Baureihe E 95 gebaut worden waren, bis 1960 von der Reichsbahn der DDR drei wieder instandgesetzt. Die E 95 02 wird betriebsfähig erhalten.

In den ab 1930 gebauten elektrischen Einheitslokomotiven E 44, E 93 und E 94 der Deutschen Reichsbahn kamen Tatzlagerantriebe in großer Zahl zum Einsatz. Nach 1945 spielten sie in beiden Teilen Deutschlands auch bei der Neuentwicklung eine Rolle. Die Reichsbahn in der DDR stützte ihr gesamtes Neubauprogramm, das Anfang der 1960er Jahre begann, auf diese Antriebsart und ließ später über fünfhundert Lokomotiven der Baureihen E 11 (211) und E 42 (242) damit ausrüsten. Hingegen beschaffte die Bundesbahn lediglich eine einzige Variante der sechsachsigen Güterzuglokomotive E 50 (150) mit Tatzantrieb.

Federstern-Antrieb aus Amerika

Erste Versuche mit voll gefederten Einzelachsantrieben hatten in Amerika schon kurz nach der Jahrhundertwende stattgefunden. Der Einsatz beschränkte sich jedoch auf wenige Fahrzeuge, zumal sich auch manche Motorkonstruktion als ungeeignet erwies. Der wirklich bahnbrechende Einzelachsantrieb mit vollkommener Abfederung der Massen kam schließlich von der Westinghouse-Company: Ihr Federstern-Antrieb wurde bald auch in Europa aufgegriffen und vielfach variiert.

Die Kräfte werden dabei über die Speichen der Antriebsräder übertragen. Eine mit dem Motor im Lokomotiv- oder Drehgestellrahmen gefedert eingebaute Hohlwelle umgibt die eigentliche Achse in hinreichendem Abstand, um sich dem Federspiel entsprechend bewegen zu können. Das kleine, als Ritzel bezeichnete Zahnrad auf der Motorwelle greift in das Großzahnrad auf der Hohlwelle und treibt sie damit in bestimmtem Übersetzungsverhältnis an. Auf der Hohlwelle sind an einem Ende oder beiderseits Mitnehmer angebracht, die von innen zwischen die Speichen der Antriebsräder greifen und seitlich dagegendrücken. Federelemente zwischen Mitnehmer und Speichen

Bild oben: Bei der von 1950 – 1954 gebauten Kandó-Lokomotive V 55 der Ungarischen Staatsbahnen (MAV) waren die Phasenumformer, der Periodenumformer und die Erregermaschine zu einem gemeinsamen Aggregat zusammengefasst. Es war die letzte nach dem Kandó-System gebaute Reihe der MAV.

Rechte Seite: Lange orientierte sich die Kraftübertragung vom Elektromotor zu den Radsätzen am Antrieb der Dampflokomotive. Zu Treib- und Kuppelstangen kam vielfach ein riesiger Motor, der konstruktive Vorteile bot und oft die gesamte Lokomotivleistung in sich vereinte.

bewirken eine vollkommen elastische Kraftübertragung.
Die Schweizerischen Bundesbahnen bestellten 1921 die ersten elektrischen Lokomotiven Ae 3/5 und Be 4/7 mit Westinghouse-Antrieb für die Gotthard-Strecke, wobei sich besonders die S.A. des Ateliers de Sécheron (SAAS) für diese Konstruktion einsetzte. Etwa gleichzeitig hatte Jakob Buchli für BBC den nach ihm benannten Einzelachsantrieb ohne Hohlwelle, jedoch ebenfalls mit frei beweglicher Kupplung zwischen Motor und Radsatz, entwickelt. Beide Bauarten bewiesen ihre Eignung, wobei sich der kompliziertere Buchli-Antrieb im Betrieb besser zu bewähren schien und damit in der Schweiz als Standardbauart für den Einzelachsantrieb weite Verbreitung fand. In Deutschland wurde er in die ab 1926 eingesetzte bayerische Gattung ES 1, die spätere Reichsbahn-Baureihe E 16 (116) eingebaut, als für die ersten elektrifizierten Fernstrecken in Bayern Schnellzuglokomotiven gebraucht wurden. Die letzten fuhren bis 1978 zwischen München und Salzburg. Seit 1974 steht die E 16 07 im Deutschen Museum in München. Wegen der höheren Anforderungen an die Wartung hat sich der Buchli-Antrieb in Deutschland nicht durchsetzen können.
Hier hatte Walter Kleinow für die AEG den Westinghouse-Antrieb weiterentwickelt. Als „Federtopfantrieb“ erschien er 1925 zunächst in der E 73 06, einer weiteren Lokomotive für die Hafenbahn in Altona, wenig später in den Versuchslokomotiven der Baureihe E 21. Dabei bewährte er sich ausgezeichnet und wurde serienmäßig in die E 17, später in die E 04 und in den 1930er Jahren auch in die als Spitzenleistung des deutschen Lokomotivbaus auf der Internationalen Ausstellung 1937 in Paris mit einem „Großen Preis“ ausgezeichnete E 18 eingebaut. Aus dieser Baureihe entstand für den geplanten Schnellverkehr zwischen München und Berlin die E 19 für 180 km/h, von der 1939 und 1940 je zwei in zwei Vari-

anten gebaut und ebenfalls mit einem verstärkten AEG-Federtopfantrieb ausgerüstet wurden.
Nach dem Vorbild der für die Bern-Lötschberg-Simplon-Bahn (BLS) in der Schweiz 1943 entwickelten Ae 4/4 und der von den Schweizerischen Bundesbahnen 1946 in verbesserter Ausführung eingesetzten Re 4/4 entstanden ab 1950 neue Einheitsbaureihen für die Deutsche Bundesbahn: E 10 (110) für Schnellzüge, E 40 (140) für Reise- und Güterzüge, E 41 (141) für Nahverkehrszüge und E 50 (150) für schwere Güterzüge. In fünf Vorauslokomotiven E 10 wurden neben neuen deutschen Entwicklungen auch mehrere ausländische erprobt, um den kriegsbedingten Stillstand in Deutschland wettzumachen. Mit Ausnahme eines Teils der Serienlokomotiven E 50, die mit Tatzantrieb ausgerüstet wurden, erhielten alle den von Siemens neu entwickelten Gummiringfederantrieb, eine weiter verbesserte Variante des alten Westinghouse-Prinzips, wobei Gummisegmente statt der Federelemente die elastische Verbindung zwischen Motor und Radsatz bewirkten.
Der Gummiringfederantrieb bewährte sich ausgezeichnet und wurde auch in den meisten nach dem Krieg für die Österreichischen Bundesbahnen neu entwickelten elektrischen Lokomotiven eingesetzt. Beim Übergang zum Einzelachsantrieb Mitte der 1920er Jahre war Österreich zunächst eigene Wege gegangen. In der Personenzuglokomotive Reihe 1570 von 1926 waren die Fahrmotoren nicht horizontal, sondern vertikal im Maschinenraum eingebaut; die senkrechte Motorwelle übertrug das Drehmoment über Kegelräder und Gelenke elastisch auf die Antriebsachsen. In der weiterentwickelten 1670 war dieser Antrieb noch in den 1970er Jahren eingesetzt. In Frankreich fand diese Antriebsart ebenfalls Verbreitung.
Eine weitere, eigenwillige Variante entwickelte die Schweizerische Lokomotiv- und Maschinenfabrik Winterthur als „Universalantrieb“:

Bild oben: Für den elektrischen Schnellverkehr zwischen Berlin und München war die von der AEG 1938 gelieferte E 19 vorgesehen, mit 180 Stundenkilometern Höchstgeschwindigkeit die schnellste elektrische Lokomotive der Deutschen Reichsbahn. Zwei der insgesamt vier Lokomotiven dieser Baureihe waren noch nach dem Zweiten Weltkrieg bei der Deutschen Bundesbahn im Einsatz.

Linke Seite: 1939 in Dienst gestellt, war die 11 852 der Schweizer Bundesbahnen (SBB) die stärkste elektrische Lokomotive ihrer Zeit.
Das vierzehnachsige Riesenfahrzeug wurde 1972 aus dem Betrieb genommen und steht heute im Verkehrshaus der Schweiz in Luzern.

Dabei wurde jede Treibachse von zwei axial einander gegenüberliegenden Motoren über dem Radsatz durch ein Zahnradvorgelege mit Doppelübersetzung angetrieben; eine Kreuz-

gelenkkupplung zwischen Großzahnrad und Antriebsachse bewirkte die elastische Kraftübertragung. Diesen Antrieb erhielt auch eine der beiden ersten Lokomotiven Ae 8/14. Später setzten sich jedoch in Österreich wie in der Schweiz modifizierte Federantriebe nach dem Westinghouse-Prinzip durch.
Die Österreichischen Bundesbahnen bevorzugten anfangs eine von Sécheron angebotene Variante und übernahmen später den Federtopfantrieb nach Kleinow. Die Schweizer Bahnen gingen vom Buchli-Antrieb mehr und mehr zu einem ebenfalls von BBC entwickelten Federantrieb über.
In anderen Ländern entstanden zahlreiche weitere Einzelachsantriebe, von denen besonders der französische Alsthom-Antrieb sowie die von BBC und Sécheron in der Schweiz entwickelten Scheiben- und Lamellenantriebe größere Verbreitung fanden. Die E 03 (103) der Deutschen Bundesbahn für 200 km/h erhielt Kardan-Gummiringfederantrieb, eine Weiterentwicklung des bewährten Antriebs mit Gummisegmenten. Das Großzahnrad ist dabei auf die Hohlwelle nicht fest aufgeschrumpft, sondern überträgt das Drehmoment über gummigefederte Gelenkhebel auf die Hohlwelle, um die bei hoher Geschwindigkeit vertikal und horizontal auftreffenden Stöße abzufangen.

Lokomotiven werden gelenkig

Anfangs wurden überwiegend Lokomotiven mit starrem Rahmen gebaut. Lag er mit den Achslagern innen zwischen den Rädern, wurde der Antrieb außen angebracht; lag er hingegen außerhalb, fanden Motoren und Antrieb zwischen den Rädern Platz.
Auch bei elektrischen Lokomotiven warf neben dem Antrieb die Kurvengängigkeit erhebliche Probleme auf. Um Gleisbogen „reibungslos“ durchfahren zu können, muss der äußerste Abstand fest im Fahrzeugrahmen gelagerter Radsätze möglichst gering sein. Die Lokomotiven wurden aber immer länger, weil sich beim damaligen Stand der Technik nur so höhere Leistung erreichen ließ; Höhe und Breite sind vom zulässigen Profil vorgegeben. So mussten für einwandfreien Kurvenlauf konstruktive Lösungen gefunden werden. Sie orientierten sich zunächst ebenfalls an Dampflokomotiv-Konstruktionen und reichten von der Spurkranzschwächung bei mittleren Achsen über die Seitenbeweglichkeit einzelner Radsätze, voranlaufende Drehgestelle oder bewegliche Einzelachsen bis zur Verbindung der äußersten Lauf- mit der benachbarten Treibachse zu einem Lenkgestell.
Um die Längenbegrenzungen zu umgehen, wurden die Lokomotiven vielfach in der Mitte, später auch in drei Teile geteilt, so dass sie aus mehreren gelenkig miteinander verbundenen Einzelfahrzeugen zu bestehen schienen.
Durchgesetzt haben sich dann getrennte Rahmen für Motoren und Antrieb, die Drehgestelle. Hauptrahmen und Aufbauten stützen sich dabei auf zwei oder drei Drehgestelle ab. Zunächst wurden auch sie mit großen Moto-

ren, Blindwelle und Stangenantrieb gebaut, wie die Schweizer Gattung Ce 6/8, das berühmte „Krokodil", von dem die Schweizerischen Bundesbahnen zwischen 1920 und 1927 in drei Serien zusammen über fünfzig Stück beschafften. Vor und hinter den beiden Drehgestellen war eine Laufachse angeordnet. Die weitere Entwicklung führte zu Drehgestellen mit Einzelachsantrieb. Heute bevorzugen die meisten Bahnen auch für hohe Leistung vierachsige Lokomotiven, für besondere Anforderungen werden sechs Achsen in zwei drei-achsigen oder in drei zwei-achsigen Drehgestellen vorgesehen.

Einfache Gleichstromtechnik

Gleichstromlokomotiven stellen an die technische Ausrüstung die geringsten Ansprüche. Die Spannung am Fahrdraht oder an der Stromschiene entspricht der Motorspannung. Die Motordrehzahl und damit die Geschwindigkeit lässt sich über die Spannung regeln: zunächst durch Reihen- oder Parallelschaltung der Motoren, die dabei entweder an geteilter oder an voller Spannung liegen. Je mehr Fahrmotoren, desto feinere Abstufung ist durch Kombinationen von Reihen- und Parallelschaltung möglich. Im oberen Geschwindigkeitsbereich bewirkt Feldschwächung weitere Drehzahlsteigerung, wobei ein Teil der Feldwicklung ab- oder ein Widerstand parallelgeschaltet wird. Zur feinstufigen Regelung im Bereich geringer Geschwindigkeiten werden Widerstände als Spannungsteiler benutzt; sie setzen allerdings elektrische Energie nutzlos in Wärme um.

Das Drehmoment und damit die Zugkraft einer Gleichstromlokomotive mit Reihenschlussmotoren verläuft über der Geschwindigkeit nach einer ähnlichen Charakteristik wie bei Dampflokomotiven und entspricht damit weitgehend den Anforderungen des Bahnbetriebs: Bei Stillstand und geringer Geschwindigkeit, also zum Anfahren, zur Beförderung schwerer Züge und in Steigungen steht hohe Zugkraft zur Verfügung; mit wachsender Geschwindigkeit nimmt sie ab. Die Gleichstromlokomotive verbindet also einfachen Aufbau mit günstigem Betriebsverhalten. Die elektrische Ausrüstung nimmt auch nur wenig Platz in Anspruch, sodass sich der Innenraum von Gleichstromfahrzeugen gut zur Fahrgastbeförderung nutzen lässt.

Anfangs galten 1500 Volt an der Fahrleitung als Höchstwert, weil die Isolierung der Gleichstrommaschinen keine höhere Spannung zuließ. Bei niedriger Spannung bedeutet hohe Leistung zwangsläufig hohen Strom und damit starke Wärmeentwicklung. Diese thermische Belastung erfordert große Leiterquerschnitte, was an den Oberleitungen von Gleichstrombahnen deutlich wird. Als sich bis zu 3000 Volt betriebssicher beherrschen ließen, konnten Leistungsfähigkeit und Wirtschaftlichkeit von Gleichstrombahnen deutlich verbessert werden.

Bild oben: Radsatz der 50-Hertz-Versuchslokomotive E 244 31 mit Einphasen-Induktionsmotor und Drehstrom-Asynchronmotor.

Rechte Seite: 50-Hertz-Lokomotive der französischen Eisenbahnen (SNCF) Baureihe BB 15.000 mit Thyristorsteuerung, umschaltbar für schwere Güterzüge und für Schnellzüge mit Geschwindigkeiten bis zu 180 Stundenkilometer.

Lösung mit gedrittelter Frequenz

Hauptvorteil des Einphasenwechselstroms ist die hohe Fahrdrahtspannung. Damit genügen geringe Leiterquerschnitte; auch die Verluste bleiben gering. Auf der Lokomotive kann die Motorspannung über einen Transformator auf induktivem Weg feinstufig, heute stufenlos, geregelt werden. Allerdings steigt schon damit der Aufwand. Denn über den Transformator fließt die gesamte Lokomotivleistung, sodass er in Fahrzeugen mit mehreren Motoren auch für die mehrfache Motorleistung ausgelegt sein muss. Die Beanspruchungen im Fahrbetrieb verlangen außerdem robuste Ausführung und Kurzschlussfestigkeit. So belastet der Transformator die Lokomotive mit hohem Gewicht, das die in eine Wechselstromlokomotive installierbare Leistung begrenzt.

Für die Drehzahlregelung der Motoren und damit für die Zugkraft- und Geschwindigkeitsregelung der Lokomotive bot die Transformierbarkeit von Wechselstrom jedoch einfache und wirtschaftliche Möglichkeiten. In konventionellen Lokomotiven werden die erforderlichen Teilspannungen an zahlreichen Anzapfungen des Transformators abgegriffen. Damit beim Weiterschalten auf die nächste Fahrstufe keine größeren Zugkraftsprünge entstehen, sind die Spannungsschritte im unteren Geschwindigkeitsbereich besonders fein abgestuft; bei schweren Anfahrten kann damit der Haftwert zwischen Rad und Schiene annähernd ausgenutzt werden, ohne dass einzelne Radsätze schleudern. Da sich die Anzapfungen am Transformator nicht beliebig vermehren lassen, wurden immer neue Möglichkeiten gesucht und gefunden, die Stufenzahl durch schaltungstechnische Kunstgriffe zu erhöhen.

Zum Abgreifen der Motorspannung am Transformator dient die Steuerung. Früher musste sie der Lokomotivführer im Stehen mit erheblichem Kraftaufwand betätigen. Neuere Lokomotiven haben dafür ein leicht bedienbares Steuerrad auf dem Führertisch, mit dem die Fahrstufen vorgewählt werden, während eine Nachlaufsteuerung die eigentlichen Schaltvorgänge bewirkt. Heute dienen mühelos mit einer Hand bedienbare Kipphebel für die Auf-Ab-Steuerung. Alle neuzeitlichen Lokomotiven lassen sich im Sitzen bedienen, bei der Gestaltung der Führerräume werden ergonomische Gesichtspunkte besonders berücksichtigt.

Die Schaltelemente der Steuerung wurden zu Schaltwerken verschiedenster Bauart zusammengefasst: zu Nockenschaltwerken, Schlittenschaltwerken, Rundschaltwerken oder Schaltwerken mit elektromagnetischen oder elektropneumatischen Schützen. Zu allen Schaltwerken gehören besondere Lastumschalter, die beim Umschalten auf die nächste Spannungsstufe den Motorstrom aufrechterhalten, weil sonst mit starkem Ruck die Zugkraft wegbleiben würde. Hierfür werden heute steuerbare Halbleiter, Thyristoren, eingesetzt. Bauelemente der Leistungselektronik ermöglichen auch ein Umschalten genau im Nulldurchgang des Wechselstroms, sodass damit ausgerüstete Steuerungen weitgehend verschleißfrei arbeiten.

Die Transformator-Anzapfungen wurden bei früheren Konstruktionen stets auf der Niederspannungsseite vorgesehen. Dabei fließen über die Kontakte des Schaltwerkes hohe Ströme, die zu Lichtbogen führen und starken Verschleiß an den Kontakten verursachen. Für Lokomotiven höherer Leistung wurden deshalb Hochspannungssteuerungen entwickelt, die allerdings höheren Aufwand am Transformator erfordern. Die Spannungsstufen liefert eine Hochspannungswicklung; zwei weitere Wicklungen mit festem Übersetzungsverhältnis transformieren die über das Schaltwerk primärseitig angelegte Hochspannung auf die niedrigere Motorspannung. Die Kontakte schalten damit lediglich den Primärstrom, der zu der Spannung im umgekehrten Verhältnis steht.

Der Einphasenwechselstrommotor zeigt für die Verhältnisse der Eisenbahn ähnlich günstiges Betriebsverhalten wie der Gleichstrom-Reihenschlussmotor, bereitete jedoch anfangs erhebliche technische Probleme. Das „Feuern“, das den Kommutator zerstört, konnte durch Verminderung der Frequenz begrenzt werden, denn damit sinken auch die Induktionsspannungen, die besonders beim

Anfahren in den durch die Kohlebürsten gerade kurzgeschlossenen Ankerwindungen hohe Kurzschlussströme und damit Lichtbogen hervorrufen. Im Übrigen ließen sich die Schwierigkeiten großenteils durch konstruktive Maßnahmen am Motor selbst beseitigen: durch Zwischenschalten von Widerständen zwischen Kommutator und Ankerwicklungen, später durch Einführung von Wendepolen wie bei Gleichstrommotoren und durch Phasenverschiebung des Wendefeldes.
Zeitweise wurde die Einphasenwechselstromlokomotive zum zahlenmäßig überlegenen elektrischen Triebfahrzeug.

Ziel: die 50-Hertz-Lokomotive

Das Bahnstromsystem mit der verminderten Frequenz bewährte sich zwar gut und bewies in den fünf Ländern Mittel- und Nordeuropas hohe Leistungsfähigkeit, da jedoch eine Energieversorgung unmittelbar aus öffentlichen Stromnetzen ausscheidet, stand die Suche nach gangbaren Wegen für Wechselstromlokomotiven der Normalfrequenz von 50 Hertz ständig im Raum. Bis sich das Ziel in jüngster Zeit mit der Leistungselektronik erreichen ließ, wurden im Wesentlichen vier Umwege beschritten:
Der erste bestand darin, den Einphasenstrom auf der Lokomotive mit rotierenden Umformern in Drehstrom zu verwandeln und die Lokomotive mit Drehstrom-Induktionsmotoren auszurüsten. Eine Alternative bildete die Erzeugung von Gleichstrom und der Antrieb durch Gleichstrom-Reihenschlussmotoren. Auch konstruktive Anpassungen, also Motorsonderbauarten, ließen eine Lösung erwarten. Schließlich wurde versucht, den Einphasenwechselstrom in der Lokomotive gleichzurichten, was damals bei höheren Leistungen nur mit Quecksilberdampfgleichrichtern möglich war. Erst nachdem Mitte der 1950er Jahre in den Siemens-Laboratorien erstmals die Herstellung reinsten Siliziums als Ausgangsmaterial gelungen war, führte die Halbleitertechnik mit Siliziumgleichrichtern zu einer auch wirtschaftlich tragbaren Lösung. Daraufhin wurden Lokomotiven für 50 Hertz in immer größerer Zahl gebaut.

Die Kandó-Lokomotiven

Erste bemerkenswerte Entwicklungen elektrischer Lokomotiven für 50-Hertz stammten von Kálmán Kandó und der Maschinenfabrik Ganz & Cie in Budapest. Schon während des Ersten Weltkriegs versuchte Kandó eine wirtschaftlichere Elektrifizierung mit Strom aus dem Landesnetz. Sein System erwies sich in Ungarn als betriebstüchtig, erforderte jedoch hohen Aufwand und blieb in der Welt einmalig.
Wechselstrom mit 50 Hertz speiste auf der Lokomotive einen rotierenden Phasenumformer mit Hochspannung; er lieferte Mehrphasenstrom mit Niederspannung für die Drehstromfahrmotoren. Zum Anfahren und Beschleunigen auf eine höhere Fahrstufe diente ein Flüssigkeitswiderstand im Sekundärkreis der Fahrmotoren. Der rotierende Umformer deckte beim Fahren außerhalb der synchronen Motordrehzahlen auch den Blindleistungsbedarf auf der Lokomotive selbst – das Netz brauchte nur Wirkleistung zu liefern. Bis 1923 wurde in Budapest die Strecke vom Westbahnhof nach Dunakeszi-Alag im Norden zunächst mit 12.000 Volt / 42 Hertz elektrifiziert, bald jedoch auf 15.000 Volt / 50 Hertz umgestellt.
Die erste Kandó-Lokomotive unternahm dort am 31. Oktober 1923 erste Probefahrten. Die Maschine war mit zwei gleichen Doppelfahrmotoren ausgerüstet; jeder setzte sich aus zwei Einzelmotoren mit unterschiedlicher Polzahl zusammen. Durch Kombination von Reihen- und Parallelschal-

„Europa-Lokomotive", Baureihe 184 (E 410) der Deutschen Bundesbahn, für alle vier Stromsysteme der europäischen Hauptstrecken: Gleichspannung 1500 und 3000 Volt sowie Wechselspannung 15.000 Volt / 16 2/3 Hertz und 25.000 Volt / 50 Hertz.

tung ergaben sich vier Synchrongeschwindigkeiten. Aufgrund der Versuchsergebnisse wurden vor allem der Phasenumformer und die Fahrmotoren konstruktiv verändert. Der Umformer lieferte nun außer Drei- auch Zwei- und Vierphasenspannung, sodass sich bei ständiger Parallelschaltung der beiden Drehstromfahrmotoren drei verschiedene Geschwindigkeitsbereiche mit synchronen Motordrehzahlen ergaben.

Die verbesserte Kandó-Lokomotive ging im Sommer 1928 als V 50 001 wieder in Betrieb. Die Ergebnisse entsprachen den Erwartungen. In wenigen Monaten legte die Lok 50 000 km zurück, wobei sie mit einem 1200-Tonnen-Güterzug täglich zwölf Stunden lang im Dauerversuch lief. Obwohl noch nicht offiziell abgenommen, brachte sie am 6. November 1928 außerplanmäßig einen Schnellzug nach Budapest, dessen Dampflokomotive am Endbahnhof des elektrifizierten Streckenabschnitts entgleist war. Aufgrund der guten Erfahrungen fiel noch im selben Monat die Entscheidung für die Elektrifizierung der Fernstrecke von Budapest in Richtung Wien bis zur österreichischen Grenze bei Hegyeshalom. Zwischen Budapest und Komarom (Komorn) wurde der elektrische Betrieb mit 16.000 Volt und 50 Hertz 1932, auf der gesamten Strecke bis Hegyeshalom

CC-40104

1935 aufgenommen. Bis 1937 lieferte Ganz an die Ungarischen Staatsbahnen (MAV) 32 Umformerlokomotiven der Bauart Kandó, davon 29 als Baureihe V 40 mit vier gekuppelten Achsen und zwei äußeren Laufachsen, die übrigen drei als Baureihe V 60 mit sechs gekuppelten Achsen. Alle waren mit nur einem großen Fahrmotor, mit Blindwelle und Stangenantrieb ausgerüstet. Sie konnten mit vier Synchrongeschwindigkeiten fahren.

Die in den dreißiger Jahren beabsichtigte Umstellung auf Einzelachsantrieb zwang zu grundlegenden Änderungen, da sich die mehrfache Polumschaltung zur Geschwindigkeitsregelung in kleinen Motoren aus Platzgründen nicht verwirklichen ließ. Als Alternative sollte die Frequenz des Drehstroms in mehreren Stufen änderbar sein. Die MAV bestellte 1939 zwei Versuchslokomotiven Reihe V 44, doch nur die erste kam 1943 noch zu einigen Versuchsfahrten, bevor beide dem Krieg zum Opfer fielen.

Danach entwickelte Ganz zunächst eine verbesserte Phasen- und Frequenzumformerlokomotive, Reihe V 55, von der bis 1954 insgesamt zwölf Stück gebaut wurden. Dann verließen die MAV das Kandó-System und rüsteten neuere Lokomotiven mit Gleichstromfahrmotoren aus. Zur Umwandlung des 50-Hertz-Stroms in Gleichstrom wurden zunächst Motorumformer, später Siliziumgleichrichter benutzt.

Die Kandó-Lokomotiven der Baureihen V 40 und V 60 bewältigten bis in die 1960er Jahre den Betrieb zwischen Budapest und Hegyeshalom und wurden erst ausgemustert, als genügend moderne Lokomotiven zur Verfügung standen.

50-Hertz-Lokomotiven im Höllental und im Harz

Für die Versuche mit 20.000 Volt und 50 Hertz auf der Höllentalbahn im Schwarzwald bestellte die Deutsche Reichsbahn bei deutschen Lokomotivfabriken vier Lokomotiven, wobei die Technik den Unternehmen überlassen blieb. Die 50-Hertz-Lokomotiven wurden als Baureihe E 244 bezeichnet; die Ziffer 2 kennzeichnete das abweichende Stromsystem, die 44 den von der Einheitsbaureihe E 44 übernommenen mechanischen Teil.

Die E 244 01 mit vier Gleichstrom-Reihenschlussmotoren und Tatzlagerantrieb kam von der AEG. Den Gleichstrom erzeugte ein gittergesteuerter Quecksilberdampfgleichrichter in Verbindung mit Glättungsdrosseln. Die Lokomotive wurde nach Umstellung der Höllentalbahn auf 15.000 Volt und 16 2/3 Hertz am 20. Mai 1960 verschrottet.

Die E 244 11, ebenfalls mit vier Gleichstrom-Reihenschlussmotoren in Tatzlagerbauart ausgerüstet, lieferte Krauss-Maffei mit elektrischer Ausrüstung von BBC. Ein ungesteuerter Quecksilberdampfgleichrichter speiste die Fahrmotoren mit welligem Gleichstrom. Als erste in Deutschland erhielt die Lokomotive ein Hochspannungs-Stufenschaltwerk mit 28 Dauerfahrstufen und Servomotorantrieb.

Die E 244 21 baute Krauss-Maffei zusammen mit den Siemens-Schuckertwerken; zu jedem Radsatz gehörten zwei in Reihe geschaltete, 14-polige Reihenschlussmotoren für Direktspeisung mit 50-Hertz.

Die E 244 31 baute Krupp in Essen, den elektrischen Teil zusammen mit Garbe-Lahmeyer: An jedem Radsatz waren in Tatzlagerbauart ein Einphaseninduktionsmotor mit gleichstromerregtem Zwischenläufer und ein Drehstrom-Asynchronmotor angeordnet. Beide konnten für sich allein, aber auch gemeinsam laufen; durch

Linke Seite: französische Viersystemlokomotive, Baureihe CC 40 100.

Bild rechts: Die elektrischen Schnelltriebwagen ET 11 sollten wie die Lokomotiven E 19 zwischen München und Berlin eingesetzt werden. Nach dem Zweiten Weltkrieg liefen sie als „Münchner Kindl" zwischen München und Frankfurt (Main) über Stuttgart.

Bild oben: Wechselstromlokomotitiven mit Thyristorsteuerung lieferte die schwedische Lokomotivenfabrik Allmänna Svenska Elektriska Aktiebolaget ASEA) in Västerås nicht nur an die Schwedische Staatsbahn, sondern in mehrere west- und osteuropäische Länder und sogar an Amtrak in die USA.

Rechte Seite: Auch die Österreichischen Bundesbahnen kauften fünf ASEA-Lokomotiven, bevor sie die Entwicklung einer eigenen Thyristorlokomotive, Reihe 1044, veranlassten.

Schaltkombinationen ergaben sich drei synchrone Geschwindigkeitsstufen. Die Lokomotive, 1962 im Deutschen Museum in München aufgestellt, kam später zur Deutschen Gesellschaft für Eisenbahngeschichte; einen Radsatz mit Motorgruppe erhielt das Verkehrsmuseum Nürnberg.

Nach dem Krieg veranlasste die französische Besatzungsmacht zur Fortsetzung der Versuche auf der Höllentalbahn den Bau einer fünften 50-Hertz-Lokomotive: die in Basel beschädigt abgestellte E 44 005 erhielt von der AEG Wechselstrommotoren für Direktspeisung mit 50-Hertz, wobei sämtliche konstruktiven Möglichkeiten zur Unterdrückung der bekannten Störerscheinungen berücksichtigt waren. Zu jedem Radsatz gehörte ein Tandemmotor, in dessen Gehäuse mit gemeinsamer Feldwicklung zwei in Reihe geschaltete Anker liefen. Die Lokomotive wurde als E 244 22 der ebenfalls mit 50-Hertz-Motoren ausgerüsteten E 244 21 zugeordnet. Die Versuchsergebnisse bildeten später die Grundlage zur Entwicklung von 50-Hertz-Lokomotiven für die Französischen Eisenbahnen.

Mit den noch brauchbaren Tandemmotoren sowie mit Rahmen und Drehgestellen der E 244 21 baute das Bundesbahn-Ausbesserungswerk München-Freimann 1962 eine Zweisystemlokomotive für 15.000 Volt / 16 2/3 Hertz und 25.000 Volt / 50 Hertz, die E 344 01. Sie wurde bis 1969 vorwiegend im deutsch-französischen Grenzverkehr zwischen Saarbrücken und Forbach eingesetzt, danach wegen Motorschäden abgestellt und verschrottet.

Die E 244 11 und 244 22 kamen nach Einstellung des Versuchsbetriebs mit Serienausrüstung für 16 2/3 Hertz als E 44 188 und E 44 189 wieder zum Einsatz.

Die DDR suchte Anfang der 1960er Jahre an die Entwicklung von 50-Hertz-Lokomotiven mit Siliziumgleichrichtern Anschluss zu finden, nachdem sich in osteuropäischen Ländern großer Bedarf dafür abzeichnete. Der VEB-Lokomotivbau Hennigsdorf entwickelte zunächst zwei

sechsachsige Güterzuglokomotiven und bezog insbesondere die Siliziumdioden aus westlichen Ländern. Zur Erprobung wurde 1962 die 23 km lange Strecke vom Werk Hennigsdorf zum Verschiebebahnhof Wustermark mit 25.000 Volt und 50 Hertz elektrifiziert und bis 1973 genutzt. Auf Dauer elektrifizierte die Reichsbahn 1965 die Rübelandbahn Blankenburg – Königshütte im Harz mit 50 Hertz und beschaffte dafür 15 sechsachsige Lokomotiven, Baureihe E 251, mit Siliziumgleichrichtern. Diese Lokomotiven fahren heute, von Werklokomotiven abgesehen, als einzige in Deutschland mit Industriefrequenz. Ihre sechs Tatzlagermotoren werden mit welligem, durch je eine Drossel geglättetem Gleichstrom gespeist.

Erfolg der Leistungselektronik

Der Gedanke, die elektrische Energie aus der Oberleitung in der Lokomotive umzuformen, um zur Speisung der Fahrmotoren ein anderes System nutzen zu können, wurde seit den 1920er Jahren immer wieder verfolgt. Den Durchbruch brachte der Siliziumgleichrichter. Wie dem Bahnstrom mit 50 Hertz öffnete er auch Mehrsystemfahrzeugen neue Wege. Das Leistungsgewicht elektrischer Lokomotiven mit rotierendem Umformer, mit Quecksilber- und mit Siliziumgleichrichter verhielt sich etwa wie 100 zu 10 zu 1.

Als erste Lokomotive der Welt mit Siliziumgleichrichter erprobte die Deutsche Bundesbahn 1957 die E 80 01, eine umgebaute Rangierlokomotive von 1929, deren Gleichstrom-Fahrmotoren aus der Oberleitung über Gleichrichter, auf nicht überspannten Gleisen aus einer Batterie, gespeist wurden.

Aufgrund der Erfahrungen mit dieser Lokomotive beschaffte die Bundesbahn Anfang der 1960er Jahre ihre ersten drei Zweisystemlokomotiven. Wenig später lieferte Siemens Siliziumgleichrichter und die übrige elektrische Ausrüstung für zwanzig schwere Güterzuglokomotiven von Krupp in die Sowjetunion. Die neueren 50-Hertz-Lokomotiven der Ungarischen Staatsbahnen (MAV) wurden ebenfalls mit Siliziumgleichrichtern aus Deutschland ausgerüstet. Auch in anderen Ländern setzte sich diese Technik rasch durch.

Etwa fünf Jahre später folgte mit dem Thyristor, dem steuerbaren Siliziumgleichrichter, ein Entwicklungsschritt, mit dem sich die Starkstromtechnik ähnlich grundlegend veränderte wie zuvor die Nachrichtentechnik mit dem Transistor: Im voll ausgesteuerten Zustand wirken Thyristoren wie einfache Stromventile; bei Teilaussteuerung sperren sie den Strom zu Beginn jeder Wechselspannungshalbwelle auch in Durchlassrichtung, bis ein äußerer Impuls „zündet". Je nachdem, ob der Zündimpuls früher oder später eintritt, fließt der Strom während der Halbwelle mehr oder weniger lange, sodass in den Fahrmotoren mehr oder weniger Energie wirksam wird. Thyristoren verbanden den Gleichrichtereffekt mit einer stufen- und verlustlosen, weitgehend verschleißfreien Steuerung für Zugkraft und Geschwindigkeit. In Verbindung mit dieser „Anschnittsteuerung" ließ sich auch der Transformator einfach und leichter bauen, da weder Anzapfungen für eine Vielzahl von Spannungsstufen noch ein Stufenschaltwerk nötig sind.

Als die Bundesbahn ihre Viersystemlokomotiven mit Thyristorsteuerung ausrüsten ließ, konnte bei etwa gleichem Dienstgewicht ebenso hohe Leistung installiert werden wie früher in eine Lokomotive für nur ein Stromsystem. Da die Anschnittsteuerung auch für einfache Wechselstromfahrzeuge Vorteile versprach, wurde sie zunächst für die Triebzüge der Reihe 420 vorgesehen, von denen bis 1996 acht Bauserien mit zusammen 489 Drei-Wagen-Zügen für S-Bahnnetze wie in München, Frankfurt oder Stuttgart beschafft wurden. Die gleiche Steuerung erhielten die Schnelltriebwagen 403 für 200 km/h.

Die schwedische ASEA baute als eine der ersten Lokomotivfabriken Thyristorlokomotiven auch für den Export, darunter für Amtrak in den USA. Die Österreichischen Bundesbahnen beschafften zehn dieser Lokomotiven, Baureihe 1043, bevor die einheimische Industrie eine eigene Thyristorlokomotive entwickelt hatte, die Reihe 1044. Zwei Prototypen bau-

te Simmering-Graz-Pauker zusammen mit einer Arbeitsgemeinschaft der drei großen Elektrounternehmen Österreichs, Elin-Union, Brown-Boveri und Siemens. Nach eingehender Erprobung der 1044.01 und 1044.02, vorwiegend am Semmering, begann die Serienbeschaffung, die bis 1995 andauerte.
Die Gefahr der Beeinflussung oder Störung von Signal- und Fernmeldeanlagen sowie die von der Anschnittsteuerung ausgehende Belastung des Oberleitungsnetzes mit Blindleistung erfordern geeignete Vorkehrungen.

Eine „neue Generation"

Die Leistungselektronik bot indessen bei der Ausrüstung elektrischer Triebfahrzeuge noch weitere Möglichkeiten. Unter anderem ließ sich Gleichspannung stufenlos einstellen. Derartige Gleichstromsteller, auch Chopper genannt, arbeiten verlustfrei und erlauben beim Bremsen auf einfache Weise die Rückspeisung von Energie ins Netz.
Eine völlig neue Lokomotivgeneration folgte schließlich Ende der 1970er Jahre mit Drehstrom-Antriebsmotoren in Verbindung mit Leistungselektronik. Damit ließen sich die Vorteile dieser Motoren nutzen und die Nachteile des alten Drehstromsystems umgehen. Die Wechselspannung aus der Oberleitung wird in der Regel über einen Gleichspannungs-Zwischenkreis durch „Vier-Quadrantensteller" in Drehstrom mit stufenlos einstellbarer Spannung und Frequenz umgewandelt. Geraume Zeit ließ die mehrfache Energieumwandlung eine Abkehr von der konventionellen Technik als fragwürdig erscheinen. Heute ist Drehstromantrieb für Fahrzeuge hoher Leistung jedoch Stand der Technik.
Das Betriebsverhalten der Drehstromlokomotive, das bei den alten Steuerungsmethoden durch nur wenige Geschwindigkeitsstufen gekennzeichnet war, ließ sich nun einer idealen Kennlinie annähern. Die Eisenbahn erreichte ihr altes Ziel, für Schnellzüge und Güterzüge dieselben Lokomotiven einsetzen zu können. Da das Drehmoment der Asynchronmotoren von den Ständerwicklungen durch Induktion erzeugt wird und kein Stromübergang zwischen Ständer und Läufer stattfindet, unterliegen Drehstrommotoren so gut wie keinem Verschleiß und laufen weitgehend wartungsfrei. Trotz ihrer hohen Leistung sind sie klein und leicht. Damit vermindert sich das Gesamtgewicht der Drehgestelle, die ungefederten Massen der Lokomotive bleiben gering, die Beanspruchung von Gleis und Weichen sinkt ebenfalls. Mit der Drehstromtechnik lässt sich die Belastung des Oberleitungsnetzes durch Blindleistung vermeiden, die

Bild oben: Die von BBC, Henschel. Krauss-Maffei und Krupp entwickelte und 1980 vorgestellte Baureihe 120 der Deutschen Bahn AG war damals die erste in Serie gebaute Drehstromlokomotive der Welt.

Rechte Seite: Auch die Züge der Britischen Klasse 390 haben den Beinamen Pendolino. Schließlich wird die Neigetechnik vom italienischen Fiat-Konzern geliefert. Die Züge selbst baut Alstom. Dieses Exemplar ist auf den Namen „City of Stoke-on-Trent" getauft, steht im Bahnhof Birmingham und macht sich bald auf den Weg nach Wolverhampton. Diese Zugmodelle werden von Virgin Trains auf der West Coast Main Line eingesetzt, auf der sie eine Höchstgeschwindigkeit von 200 km/h erreichen.

Störung von Signal- und Fernmeldeanlagen durch Oberwellen ist leichter beherrschbar. Ohne zusätzlichen Aufwand ist beim Bremsen Energierückspeisung ins Netz möglich.

Die Entwicklung dieser Technologie hatte 1971 in Deutschland begonnen. BBC in Mannheim rüstete eine Diesellokomotive von Henschel in Kassel damit aus: Der Drehstrom zur Speisung der Fahrmotoren wurde an Bord erzeugt, Spannung und Frequenz waren stufenlos regelbar. Auch der nächste Schritt, den Strom direkt der Oberleitung zu entnehmen, stützte sich auf diese Lokomotive; dazu waren 1974 Stromabnehmer, Transformator, Hochspannungsausrüstung und Messeinrichtungen in einen angehängten Wendezugsteuerwagen eingebaut worden. Auch dabei erwies die neue Technik ihre Eignung in überzeugender Weise, wenn auch zunächst im Bereich geringerer Leistungen. In der künftigen Generation elektrischer Lokomotiven sollte jeder der vier Fahrmotoren soviel leisten wie die Versuchslokomotive mit ihren ebenfalls vier Fahrmotoren insgesamt. Nachdem der erste Drehstrom-Asynchron-Lokomotivmotor mit 1,4 Megawatt Dauerleistung 1976 auf dem Prüfstand bei BBC in Mannheim die Erwartungen in vollem Umfang bestätigt hatte, bestellte die Bundesbahn zunächst fünf Lokomotiven, Baureihe 120, mit Drehstromantriebstechnik zur Erprobung. Für das Intercity-Netz wurde ihre größte zulässige Geschwindigkeit von ursprünglich 160 auf 200 km/h erhöht, vor Güterzügen sollten sie dennoch gleiche Leistung erzielen wie die stärksten elektrischen Güterzuglokomotiven. Die Erprobung zog sich Jahre hin, bevor die Bundesbahn 1984 eine Serie von 60 Lokomotiven bestellte.

Schneller mit „Pendolino"

Um die zahlreichen Kurven aus der Bauzeit vieler Strecken schneller durchfahren zu können, entwickelte Fiat den „Pendolino", einen elektrischen Triebzug mit Neigetechnik. Damit können in Gleisbogen die Fliehkräfte im Wagen weitgehend ausgeglichen werden. In Italien sind seit 1975 mehrfach verbesserte „Pendolino"-Züge zum Einsatz gekommen, 1995 auch in Finnland und 1996 zwischen Italien und der Schweiz.

Große Erwartungen knüpften die Britischen Eisenbahnen an ihren „Advanced Passenger Train" APT, den jedoch Fehlschläge begleiteten, sodass die Entwicklung 1982 eingestellt wurde. In Schweden hingegen ist der Neigezug X 2000 von ASEA mit vier Zwischen- und einem Steuerwagen sowie einer Triebkopf-Lokomotive ohne Neigetechnik erfolgreich im Einsatz.

Die Deutsche Bundesbahn erprobte eine „gleisbogenabhängige Wagenkastensteuerung" schon 1968 in Dieseltriebwagen. Als zwei Unfälle erkennen ließen, dass bereits mäßige Überschreitung der zulässigen Geschwindigkeit zum Entgleisen führen kann, wurde die Neigetechnologie nicht weiter verfolgt. Anders in Italien: Von dort kam sie schließlich einsatzreif nach Deutschland zurück. Die dynamischen Querkräfte im Gleis, die Schäden und hohe Instandhaltungskosten am Ober-

bau hatten befürchten lassen, bleiben nun infolge geringer Fahrzeug- und Laufwerkmassen beim „Pendolino“ sogar unter den bisherigen Werten.
„ICT“, Intercity-Züge mit Neigetechnik, bestehen aus fünf oder sieben Fahrzeugen mit Allachsantrieb wie früher beim Schnelltriebzug 403. Die „Neitec“-Züge nach dem „Pendolino“-Prinzip erreichen 230 km/h, lassen sich ebenfalls in zwei Flügel teilen und ersetzen nach und nach Intercity und Interregio. Auf kurvenreichen Strecken sind mit der Neigetechnik etwa 20 Prozent kürzere Fahrzeiten möglich. In der Abkürzung steht das T für „Tilting“, den englischen Begriff für Neigetechnik.

Rekord um Rekord

Am 12. Februar 1976 erteilten die Französischen Eisenbahnen den größten Auftrag in ihrer Geschichte: Bis Sommer 1978 bauten die Société Alsthom und Francorail MTE nach zwei Probezügen 95 zehnteilige elektrische TGV-Züge für die Neubaustrecke Paris – Lyon, die am 22. September 1981 teilweise und am 25. September 1983 auf voller Länge von 427 km eröffnet wurde. Seither dauert die Fahrt nur noch zwei Stunden.
Die Triebköpfe sind für Wechselstrom 25.000 Volt / 50 Hertz und Gleichstrom 1500 Volt ausgerüstet. Von den sechs Antriebsdrehgestellen wurde jeweils eins den beiden an die Triebköpfe angrenzenden Zwischenwagen zugeordnet. Im Übrigen stützen sich die jeweils benachbarten Wagen auf jeweils ein gemeinsames Drehgestell ab. Zwölf Fahrmotoren leisten zusammen 6400 Kilowatt; damit lassen sich die Steigungen bis zu 35 o/oo auf der Neubaustrecke ohne Geschwindigkeitseinbuße bewältigen. Die Höchstgeschwindigkeit wurde bald von zunächst 260 auf 270 km/h erhöht.
Sechs weitere Züge erhielten für den Verkehr mit der Schweiz zusätzlich Wechselstromausrüstung für 15.000 Volt / 16 2/3 Hertz. Sie fahren seit 22. Januar 1984 die Strecke Paris – Lausanne, seit 31. Mai 1987 auch nach Bern und seit 23. Dezember 1995 für Wintersportler bis Brig. Am 14. April 1988 präsentierten die Französischen Eisenbahnen und Alsthom in Belfort bereits die zweite Generation, den TGV-„Atlantique“. Im Gegensatz zur konventionell ausgerüsteten Südost-Bauart kam neueste Eisenbahntechnik zum Einsatz. Der Drehstromantrieb steigerte die Dauerleistung auf 8800 Kilowatt, die Höchstgeschwindigkeit auf 300 km/h und das Sitzplatzangebot um rund dreißig Prozent in zehn Zwischenwagen. Die acht Synchron-Fahrmotoren ließen sich nun in den vier Drehgestellen der beiden Triebköpfe unterbringen.
Die Züge wurden ab 20. September 1989 zunächst nach Le Mans und

Tours, später darüber hinaus Richtung Atlantik und über Bordeaux nach Südwest-Frankreich eingesetzt. Auf dem Neubauabschnitt zwischen Fontenay-aux-Roses bei Paris und Tours fuhren erstmals in der Welt Züge fahrplanmäßig mit 300 km/h. Am 18. Mai 1993 ging als dritte die Neubaustrecke TGV-Nord-Europe von Paris in Richtung Lille und Calais in Betrieb, wo sie direkt an den Kanaltunnel anschließt.

Für den Verkehr durch den Kanaltunnel nach England entstand unter dem Namen „EuroStar" ein vom TGV abgeleiteter Hochgeschwindigkeitszug mit eingeschränktem Profil und elektrischer Ausrüstung auch für 750 Volt Gleichspannung aus der dritten Schiene zwischen Folkestone und London.

Eine doppelstöckige Bauart, TGV-Duplex, erhöht das Sitzplatzangebot in Verbindung mit hohem Fahrgastaufkommen.

Bild oben: Der französische TGV kann im Regelbetrieb eine Höchstgeschwindigkeit bis zu 320 km/h erreichen. Er gilt in Frankreich als Nationalsymbol und ist der bislang erfolgreichste Höchstgeschwindigkeitszug Europas

Bild links: Japans Shinkansen-Züge (Neue Hauptlinien),die die Großstädte des Landes verbinden erreichen eine Geschwindigkeit von 300 km/h und gelten als die weltweit sichersten Verkehrsmittel der Welt. Bislang ist es noch zu keinem Unfall mit Personenschäden gekommen.

Schon in seiner ersten Bauform überbot der TGV den Weltrekord von 331 km/h aus dem Jahr 1955: Am 26. Februar 1981 fuhr TGV 016 zwischen Montchanin und Saint Florentin auf der Strecke Paris – Lyon 380 km/h; seit 18. Mai 1990 hält den Rekord der TGV 325 der Atlantique-Reihe mit 515,3 km/h unangefochten. Dem deutschen ICE-Vorläufer blieb das „blaue Band" nur zwei Jahre. Auf den japanischen Shinkansen fuhren die elektrischen Schnelltriebzüge ursprünglich nur mit 210 km/h, heute sind 270 km/h die Regel; am 21. Dezember 1993 rückte einer der neuen Star-21-Züge mit 425 km/h in der Rekordliste an die zweite Stelle.

Eurosprinter

Auf den Namen „Eurosprinter" hört eine Lokomotiven-Großfamilie, die von Siemens Mobility, früher Siemens Transportation Systems, und Krauss Maffei hergestellt wird und in vielen europäischen Ländern im Einsatz ist. Das wesentliche Merkmal ist die Vielseitigkeit der Lokomotiven-Konzeption. Eurosprinter sind sowohl im schweren Güterverkehr im Einsatz als auch im schnellen Personenverkehr. Die einen Modelle haben eine Höchstgeschwindigkeit von 140 km/h, die anderen düsen mit bis zu 230 km/h über die Schienen.

Weniger prestigeträchtig als die schnellen Brüder: Der Eurosprinter ES 64 F4 ist auf den Frachtverkehr ausgelegt und erreicht eine Höchstgeschwindigkeit von 140 km/h. Es hat aber, ähnlich wie der ES 64 U4, die Fähigkeit, unter allen vier in Europa gebräuchlichen Stromsystemen fahren zu können. Unter Wechselstrom kommt diese Lokomotive auf eine Stundenleistung von 6400 Kilowatt.

Sogar Weltrekorde aufgestellt haben die Eurosprinter-Loks schon.

Die Benennung der verschiedenen Eurosprinter-Familienmitglieder erfolgt mit System. Allen Typen gemeinsam als Teil des Namens ist das Kürzel ES. Es steht für „Eurosprinter". Dahinter folgen zwei Ziffern, die die Nennleistung symbolisieren: 46 für 4600 kW, 64 für 6400 kW. Danach folgt einzelner Buchstabe: U steht für Universal-, F für Frachtlok und P steht für Prototypenlok. Die abschließende Ziffer symbolisiert die Stromsysteme, für die die Lok konzipiert ist: 2 steht für Zweifrequenzausführung, sprich für 15 kV/16,7Hz und 25 kV/50 Hz, bei der 4 kommt die Kompatibilität für Gleichstrom bei 1500 V und bei 3000 V hinzu. Ein Beispiel: Die ES 64 U2 ist als Universallok sowohl für den Güter- als auch für den Personenverkehr gedacht und kann in zwei verschiedenen Wechselstromsystemen fahren, also auch grenzüberschreitend eingesetzt werden.

Allen Eurosprintern gemeinsam ist, dass sie von Drehstrom-Asynchronmotoren angetrieben werden. Der ölgekühlte Transformator ist nicht mehr, wie es früher Standard war, im Lokkasten untergebracht, sondern unterflur. Dadurch ermöglichen die Eurosprinter, durch einen Mittelgang von einem Führerstand zum anderen zu gehen.

Ihren Durchbruch schaffte die Eurosprinter-Serie Ende der neunziger Jahre. Damals brauchte die Österreichische Bundesbahn (ÖBB) dringend Auffrischung für den veralteten Fuhrpark. Das aufwendige Ausschreibungsverfahren gewann Siemens. Die bereits angesprochene ES 64 U2 firmiert in Österreich unter dem geschützten Namen „Taurus". Das lateinische Wort für „Stier" soll zweifelsohne die Kraft der Maschine symbolisieren. Doch die Lokomotive ist inzwischen auch für die Deutsche Bahn (DB) im Einsatz, ebenso wie für weitere Bahnunternehmen in Österreich, Deutschland und in Ungarn.

Geschützter Name: *Die ES 64 U2 firmiert in Österreich unter dem Namen „Taurus". Das lateinische Wort für „Stier" soll zweifelsohne die Kraft der Maschine symbolisieren. Die Taurus hat eine Anfahrzugkraft von 300 kN und schafft eine Höchstgeschwindigkeit von 230 km/h. Ein eng verwandtes Modell erreichte 2006 eine Geschwindigkeit von 357 km/h: Weltrekord für eine konventionelle Lokomotive.*

Die 25 Loks, die der DB gehören, sind der Güterverkehrsparte Railion zugeordnet. Auch das Unternehmen Dispolok hat 60 Exemplare im Besitz und vermietet diese an verschiedene Bahn-Gesellschaften.

Die ES 64 U2 hat eine Anfahrzugkraft von 300 kN und schafft eine Höchstgeschwindigkeit von 230 km/h. Aus diesem Modell ist eine bemerkenswerte Weiterentwicklung hervorgegangen, die ES 64 U4. Auch diese ist auf Initiative der ÖBB hin entstanden. Die Aufgabe war, eine Lok zu bauen, die auch in einem 3kV-Gleichstromnetz funktioniert, wie man es etwa in Italien vorfindet. Als Zusatzmerkmal wurde noch die Kompatibilität für 1,5-kV-Netze sichergestellt, wie man sie in Südfrankreich und in den Niederlanden vorfindet. In diesem Bereich aber sinkt die Leistung der ES 64 U4.

Für weltweites Aufsehen unter Bahnfreunden sorgte die ES 64 U4 mit ihrer Weltrekordfahrt am 2. September 2006. Auf der Schnellstrecke Nürnberg-Ingolstadt zwischen Kinding und Allersberg erreichte die etwa 3,7 Millionen Euro teure Lokomotive zunächst 344 km/h und später im zweiten Versuch sogar 357 km/h. Das ist die höchste Geschwindigkeit, die eine konventionelle Lokomotive bisher erreicht hat. Der alte Rekord stammte aus dem Jahr 1955 (!). Damals hatte die SNCF BB 9004 331 km/h erreicht. Im Bahnhof Kinding zwischen Nürnberg und Ingolstadt standen beide Loks an jedem 2. September 2006 einträchtig nebeneinander.

Weniger prestigeträchtig sind die Fahrleistungen der ES 64 F4, die dennoch ein wichtiger Teil der Eurosprinter-Familie ist. Dieses Modell ist auf den Frachtverkehr ausgelegt und hat deshalb eine Höchstgeschwindigkeit von 140 km/h. Es hat aber, ähnlich wie der schnelle Bruder ES 64 U4, die Fähigkeit, unter allen vier in Europa gebräuchlichen Stromsystemen fahren zu können. Ausnahmen sind die

Unterwegs in Dresden: Eine Straßenbahn aus der Reihe Flexity Classic, hergestellt von Bombardier. Dieses Modell hat zwölf Achsen und ist gut 45 Meter lang. Es bietet offiziell insgesamt 260 Menschen Platz. Aber wenn es eng wird, passen sicher auch noch ein paar mehr hinein. Dann aber sollte die Bahn nicht mehr mit ihrer Höchstgeschwindigkeit von 70 km/h unterwegs sein.

britischen Inseln (wegen des engeren Lichtraumprofils) und Spanien/Portugal sowie einige osteuropäische Länder (Breitspur). Die Variabilität des Modells zeigt sich aber nicht nur bei den verschiedenen Stromnetzen. Seine anpassbare, auf LED basierende Beleuchtung lässt sich auch auf die verschiedenen Anforderungen der europäischen Bahnnetze einstellen.

Die ES 64 F4 entstand im Auftrag der DB, die 1999 100 Viersystem-Güterlokomotiven bestellte. Fahren sie unter Wechselstrom, dann erreichen die Loks, wie der Name schon andeutet 6400 kW Leistung, in 3-kV-Gleichstromnetzen 6000 kW und im 1,5-kV-Gleichstromnetz noch 4200 kW.

Manchmal kommen diese Lastesel aber auch im Personenverkehr zum Einsatz, etwa wenn sie vor City-Night-Liner gespannt werden. Dann sind passend zum Design der Nachtzüge blau lackiert.

Bombardier

Bombardier Transportation ist ein relativ junges Unternehmen. Es wurde erst 1974 gegründet. Der Anlass war, dass das Mutterunternehmen Bombardier den Auftrag ergattert hatte, 423 U-Bahnen für Montreal zu bauen. Über die Jahre kaufte der Konzern mehrere Unternehmen hinzu, so dass die Palette der Schienenfahrzeuge aus dem Hause Bombardier sich immer weiter ausdifferenzierte.

Heute stellt Bombardier Straßenbahnen, U-Bahnen, Lokomotiven her, ebenso wie Triebwagen, die etwa als S-Bahnen und Regionalzüge im Einsatz sind. Aber auch in der Produktion von Hochgeschwindigkeitszügen ist Bombardier engagiert, etwa beim US-amerikanischen Avela und dem neuen spanischen AVE, umgangssprachlich „pato" („Ente") genannt. Ebenso beteiligt Bombardier sich an der Her-

Haltestelle Gleisdreieck: Ein Zug der Linie U1 ist unterwegs im Berliner Nahverkehr. Es handelt sich um ein Gefährt aus der Baureihe HK. Das ist mit 2,30 Metern Breite die schmalere Version der Berliner U-Bahnen. Die Wagen der Reihe HK sind, anders als die der Reihe H, auf den so genannten Kleinprofilstrecken unterwegs, dem ältesten Teil der Berliner U-Bahn, gebaut zwischen 1896 und 1913.

stellung des französischen TGV und des deutschen ICE.

Die Straßenbahnmodelle von Bombardier firmieren unter dem Markennamen Flexity (eine Ausnahme ist die Cobra-Tram, die eigens für den Einsatz in Zürich entwickelt wurde). Unter dem Dach von Flexity gibt es die Linien Classic, Outlook, Berlin, Swift und Link. In Deutschland sehr verbreitet sind die Modelle der Flexity-Classic-Linie in verschiedenen Ausführungen. Sie sind in zehn deutschen Städten unterwegs, unter anderem in Frankfurt/Main, Dortmund, Bremen und Dresden. inzwischen gelingt es Bombardier aber zunehmend, diese Serie auch in anderen Ländern zu verkaufen.

An dieser Stelle wird exemplarisch die Flexity-Classic-Linie vorgestellt, die in Dresden unterwegs ist. Bei den Dresdner Verkehrsbetrieben firmiert das Modell als NGTD12DD, ein etwas sperriges Kürzel, in dem aber schon viele Informationen stecken. NGT steht für Niederflur-Gelenk-Triebwagen, was unter anderem auf eine wesentliche Eigenschaft der Bahn hinweist: dass sie nämlich einen bodennahen Einstieg ermöglicht, der es etwa Rollstuhlfahrern oder gehbehinderten Menschen einfacher macht. Wie es bei modernen Straßenbahnen üblich ist, hat dieses Modell zusätzlich auch eine Rollstuhlrampe an Bord. Das folgende D transportiert die Information „Drehgestell". Diese Bahnen schonen dadurch im Vergleich zu den Vorgängermodellen die Schienen-Infrastruktur, weil sie besser laufen und die Last sich besser verteilt. Die Zahl „12" steht dafür, dass diese Bahn auf zwölf Achsen unterwegs ist, die sich auf eine Länge von stattlichen 45,09 Metern verteilen. „DD" schließlich ist das Kürzel des Einsatzortes Dresden.

Der NGTD12DD erreicht eine Höchstgeschwindigkeit von 70 km/h

und bietet 107 Sitzplätze sowie 153 Stehplätze. Teilweise ist in Dresden auch eine kürzere achtachsige Version unterwegs, mit einer Länge von „nur" 30 Metern. Die Bahnen werden im Bombardier-Werk Bautzen (Sachsen) hergestellt. Da erscheint es nur konsequent, dass auch Leipzig, die zweite Metropole des Freistaats, auf diese Art Straßenbahn setzt.

U-Bahnen von Bombardier sind in Berlin unterwegs – und laut Planungen ab 2009 auch in Hamburg. In der Bundeshauptstadt sind es zwei verschiedene Fahrzeugtypen, einmal die Baureihe H und die Baureihe HK. Was beide Serien im Wesentlichen unterscheidet, ist ihre Größe. Das Berliner U-Bahn-Netz hat nämlich zwei verschiedene so genannte Profile. Die älteren Teile des Netzes, die zwischen 1896 und 1913 erbaut wurden, sind Kleinprofilstrecken. Sie erlauben eine maximale Wagenbreite von 2,30 Meter. Alles, was später gebaut wurde, sind Großprofilstrecken für 2,65 Meter breite Wagen. Für diese Abschnitte ist die Baureihe H konzipiert, die Reihe HK entspricht dem Kleinprofil.

Die größeren Züge wurden ab 1997 in Serie an die Berliner Verkehrsbetriebe (BVG) ausgeliefert. Die kleinen Brüder sollten zeitgleich ihren Dienst aufnehmen. Weil bei der Entwicklung aber viele technische Probleme auftraten, verzögerte sich die Lieferung der Reihe HK bis 2001 – und bestand dann aus nur vier Zügen statt den ursprünglich bestellten 25.

Beiden Reihen gemein ist die Konstruktion nach dem Prinzip der „leeren Röhre". Fast die gesamte Technik ist außerhalb des Passagierraumes untergebracht. Die Wagen sind von vorn bis hinten durchgängig. Ein Unterschied zwischen H und HK ist die Zahl der Wagen. Die H-Züge bestehen aus sechs Wagen und sind 98,74 Meter lang, die HK-Züge haben vier

Reiseziel Nürnberg: Diese Lokomotive aus der Reihe Traxx 2 wartet in Ingolstadt Hauptbahnhof auf die Weiterfahrt nach Norden. Diese zweite Generation aus der Traxx-Familie erfüllt höhere Anforderungen an die Crash-Sicherheit als die Vorgängerserie. Beiden gemeinsam ist die Höchstgeschwindigkeit im Personenverkehr: 160 km/h. Im Güterverkehr sind es „nur" 140 km/h.

Wagen auf 51,59 Meter. Auch die Höchstgeschwindigkeit unterscheidet sich. Die Baureihe H erreicht 72 km/h, die Reihe HK „nur" 60 km/h.

Bombardier ist auch im mittelschweren Güter- und Personenfernverkehr präsent, in Form seiner Lokomotivenfamilie Traxx. Eine weitere Bombardier-Lokomotive ist die NJP ALP 46, die in den USA im Einsatz ist, aber längst nicht so bekannt wie die Traxx-Loks. Der Markenname ist eine

Flexibel einsetzbar: Die Traxx-Reihe aus dem Hause Bombardier bedient den Trend zum grenzüberschreitenden Güterverkehr. Die Lokomotiven, hier ein Exemplar aus der ersten Generation, sind nämlich in der Lage, in zwei verschiedenen Stromsystemen zu fahren, bei 15 Kilovolt und bei 25 Kilovolt. Damit können sie auch in Frankreich und in Dänemark ihre Fracht von A nach B bringen.

Abkürzung für „locomotives platform for Transnational Railway Applications with eXtreme fleXibility". Zu dem Label Traxx gehören sowohl elektrische Lokomotiven als auch solche mit Dieselantrieb. Obwohl die Maschinen erst seit 1997 gebaut werden, gibt es bereits drei Traxx-Generationen.

Ihre Wurzeln hat die Familie in der Zeit Anfang bis Mitte der neunziger Jahre. Die Deutsche – damals noch – Bundesbahn hatte dringenden Bedarf, die Flotte an Elektro-Lokomotiven zu modernisieren. Also wurden unter Führung der Adtranz im Wesentlichen zwei neue Modelle für den Güter- und den mit Doppelstockwagen aufgefrischten Regionalverkehr entwickelt und Ende der neunziger Jahre in Dienst gestellt. In Deutschland firmieren sie als Baureihen 145 und 146. Die eigentliche Traxx entstand dann, als die Gütersparte der Deutschen Bahn für ihre zunehmenden internationalen Transporte Lokomotiven brauchte, die unter zwei Stromsystemen, 15 Kilovolt und 25 Kilovolt, funktionieren und somit etwa auch in Frankreich und Dänemark einsetzbar sind.

Mit diesem Anforderungsprofil entwickelte die Firma Adtranz, die 2001 von Bombardier übernommen wurde, die 145 und 146 weiter. Und so entstand die Baureihe 185, die Traxx 1, von der die Deutsche Bahn gleich 399 Stück anschaffen wollte. Diese Traxx ist im Güterverkehr auf eine Höchstgeschwindigkeit von 140 km/h ausgelegt, im Personenverkehr schafft sie 160 km/h. Die ursprüngliche Stundenleistung von 4200 Kilowatt wurde durch eine Modifikation der Software auf 5600 Kilowatt gesteigert.

Ab 2004 lieferte Bombardier die ersten Exemplare der zweiten Traxx-Generation an die Gütersparte der Schweizer Bundesbahnen aus. Die wesentliche Neuerung ist im Lok-Kasten passiert. Die Traxx 2 erfüllt höhere Sicherheitsstandards in Bezug auf Crashs. Außerdem wurde die Umrichteranlage weiterentwickelt. Optisch unterscheidet dieses Modell sich vom Vorgänger durch Ecken am Lok-Kasten, die leicht nach unten gezogen wurden und Klappen an der Vorderseite, die Zugriff auf die Klimaanlage erlauben.

Unter dem etwas verwirrenden Namen Traxx 2E bietet Bombardier seit 2006

die dritte Generation der Lok-Familie an. Bei diesem Modell wurde die Plattform so verändert, dass der gleiche Lok-Kasten für elektrische und dieselelektrische Versionen zum Einsatz kommen kann. An die gleiche Stelle lässt sich entweder der Dieselmotor setzen oder die Stromrichteranlage. Wenn nötig, könnte sogar eine elektrische zur dieselgetriebenen Lokomotive umgebaut werden, oder umgekehrt. An Stundenleistung und Höchstgeschwindigkeiten änderte sich über die verschiedenen Generationen hinweg wenig.

Mit dem hochgradig flexiblen Traxx-Konzept hat Bombardier ein Erfolgsmodell in der Angebotspalette. Nach eigenen Angaben hat der Konzern bereits mehr als 1250 Traxx-Lokomotiven verkauft, von denen mehr als 800 auf Europas Schienen unterwegs seien.

Viel Platz in der Angebotspalette von Bombardier nehmen die verschiedenen Triebwagenmodelle ein, von denen die meisten im Nah- und Regionalverkehr eingesetzt werden. Eine Ausnahme bildet der DSB IC3, ein kurios aussehender Zug mit den Spitznamen „Dänenrüssel“ und „Gumminase“. Die dänische Bahn setzt dieses Modell unter anderem für die „Vogelfluglinie“ zwischen Kopenhagen und

Hamburg ein. Weitere Triebwagen von Bombardier sind die DBAG Baureihe 612, der Sprinter Lighttrain, die BLS RaBe 525 und der Itino. Die DBAG Baureihe 481 ist in Berlin als derzeit neueste S-Bahn unterwegs.

Für den Regionalverkehr im Rest der Republik von Bedeutung sind die DBAG Baureihen 425 und 426. Beide sind eng verwandt mit den Reihen 423 und 424, die als neue S-Bahnen in den Regionen München, Frankfurt, Stuttgart, Rhein-Ruhr und Hannover unterwegs sind. Somit sind auch die 425 und die 426 von vorn bis hinten durchgängig und sind außen möglichst glatt gehalten, um eine gute Aerodynamik zu ermöglichen und die Reinigung zu erleichtern. Die 425 besteht aus vier Teilen und ist etwa 70 Meter lang, die 426 ist eine Art Kurzversion aus zwei Teilen.

Trotz der großen optischen Ähnlichkeit weist die Reihe 425 einige Unterschiede zu den reinen S-Bahnen 423 und 424 auf. Zwar ist die Fußbodenhöhe ähnlich. Der 425 ist aber flexibel, was die Bahnsteighöhe betrifft und hat dementsprechend auch Vorrichtungen an Bord, um Rollstühle auf Einstiegshöhe zu heben. Auch Toiletten sind an Bord, die im normalen S-Bahn-Verkehr selten sind.

Ab dem Jahr 2000 wurden die Serien 425 und 426 Schritt für Schritt eingeführt. Im Herbst 2002 beeinträchtigen plötzlich Bremsprobleme den Betrieb. Aus Sicherheitsgründen wurde die Höchstgeschwindigkeit von 160, bzw. 140 km/h auf 120 km/h gedrosselt. In der Folgezeit wurden aufwendige Untersuchungen und Umbauten angestellt, die besonders im Herbst und Winter den Betrieb einschränkten. Erst seit April 2005 durften die 425 wieder bis auf 160 km/h beschleunigen und konnten somit dem eigentlichen Fahrplan gerecht werden.

Europaweit verbreitet ist eine andere Gruppe von Triebwagen aus dem Hause Bombardier namens Talent, die ursprünglich von der Waggonfabrik Talbot hergestellt wurde. Daher rührt auch der Name: Talent steht für Talbot leichter Niederflur-Triebwagen. Diese Serie gibt es sowohl in elektrisch als auch in dieselbetriebener Ausführung. Zudem lässt er sich mit Neigetechnik bestellen, was ihn für den Regionalverkehr auf kurvenreichen Strecken interessant macht. Züge aus der Talent-Familie sind außer in Deutschland auch in Österreich, Ungarn, Norwegen, den Niederlanden und sogar in Kanada unterwegs.

Es gibt den Gelenkzug in verschiedenen Längen: bestehend aus zwei, drei oder vier Teilen. Auch die Ausstattung des Innenraums ist flexibel. Überhaupt ist die Flexibilität ein Wesensmerkmal des Talent. Denn auch die

Bild oben: Unschwer zu erkennen: Die DBAG Baureihe 425 ist eng verwandt mit der neuen S-Bahn-Generation, wie sie in vielen Ballungsräumen der Bundesrepublik unterwegs ist.

Bild rechts: Vielseitig: Die windschnittige Talent-Serie gibt es in verschiedenen Längen – zwei-, drei- oder vierteilig – und mit ganz unterschiedlichen Motorenleistungen.

Fußbodenhöhe ist variabel. Die Vielseitigkeit zeigt sich auch bei den Fahrleistungen, die je nach Ausstattung Höchstgeschwindigkeiten zwischen 100 und 160 km/h erlauben.

Der Talent fällt durch sein windschnittiges Äußeres auf (für das Design war Alexander Neumeister verantwortlich). Mit der verjüngten Zugspitze gemahnt der Talent fast schon an einen Hochgeschwindigkeitszug. Und im Querschnitt ist der Talent fast oval.

Anfang 2007 gab die Deutsche Bahn bekannt, auch von der nächsten Generation, dem Talent 2, Gebrauch machen zu wollen. Geplant war, ab 2010 im Nürnberger S-Bahn-Verkehr 42 dieser Triebwagen einzuführen.

ICE

Die Anfänge neuer, schneller Züge reichen bis 1969 zurück, als die Bundesregierung mit Blick auf die Magnetschwebetechnik eine Hochleistungs-Schnellbahn-Studie bestellte. Zunächst galt es, die weithin noch unbekannten Grenzen des Rad-Schiene-Systems zu erforschen. Züge für hohe Geschwindigkeit waren zwar für die seit 1970 geplanten Neubaustrecken vorgesehen, deren schier endlose Verzögerung lähmte aber auch die Fahrzeugentwicklung. Erst als weithin doch gebaut wurde und in Frankreich der TGV, der „Zug für hohe Geschwindigkeit“, zielstrebig in Schwung kam, schien mit einem Mal auch in Deutschland Eile geboten.

Die Entscheidung für den Bau eines InterCity-Experimental fiel 1982. Der Versuchs- und Demonstrationszug, kurz ICE/V, mit zwei Triebköpfen und drei Zwischenwagen, einer davon Messwagen, erschien 1985 zum 150-jährigen Bestehen der Eisenbahn in Deutschland. Die Erprobungs- und Vorführfahrten gipfelten am 1. Mai 1988 in einem Geschwindigkeits-Weltrekord mit 406,9 km/h.

Für die Neubaustrecken Hannover-Würzburg und Mannheim-Stuttgart beschaffte die Bundesbahn unter erheblichem Zeitdruck infolge stark verzögerter Mittelfreigabe durch das Bundesfinanzministerium zunächst nur 41, erst ein Jahr später weitere 19 InterCity-Express-Züge, Baureihe 401. Dennoch begann der ICE-Verkehr termingerecht am 2. Juni 1991,

Bild links: Spitzname „Pato“, die „Ente“: Mit seiner platt gedrückten Nase erinnert der neue spanische Hochgeschwindigkeitszug AVE S-102 an einen Wasservogel. Dessen ungeachtet erreicht er auf der Schiene stattliche 350 km/h.

Bild oben: Prestigeobjekt Hochgeschwindigkeitszüge: Die spanische Bahngesellschaft Renfe baut mit Macht das Netz für Züge wie diesen AVE S-100 (Alta Velocidad Espanola) aus. Dieses Modell ist eine Weiterentwicklung des TGV Atlantique.

wegen der geringen Zahl verfügbarer Züge allerdings nur auf der Linie Hamburg – München über Hannover – Fulda – Frankfurt – Mannheim – Stuttgart.
Damit ließ sich die Höchstgeschwindigkeit von 250 km/h auf den Neubaustrecken so weit wie möglich in kürzere Reisezeit umsetzen. Ab Sommer 1992 kamen alle zwei Stunden ICE-Verbindungen zwischen Hamburg und München über Würzburg – Nürnberg hinzu, weitere ab Sommer 1994 jeweils zwischendurch auf der

direkten Linie über Ansbach ohne Halt zwischen Würzburg und Augsburg. Berlin erhielt im Sommer 1993 ICE-Anschluss. Auslandsverbindungen bestehen seit 1992 über Basel in die Schweiz.
Den „Modal Split", die Aufteilung des Verkehrsmarkts auf die einzelnen Verkehrsträger, konnte der ICE sogleich zugunsten der Bahn verändern; besonders vom Flugzeug stiegen Passagiere in den Zug um.
Die damaligen ICE-Wagen waren mit 3,02 Metern rund zwanzig Zentimeter breiter als hergebrachte Reisezugwagen, die Sitzabstände dementsprechend größer. Die Züge enthalten vier Wagenbauarten: 1. Klasse, 2. Klasse, einen Service-Wagen 2. Klasse mit Sondereinrichtungen und einen Speisewagen mit Bord-Restaurant und Bord-Treff.
Der gesamte Zug ist druckdicht, um die Druckwellen an den Tunneleinfahrten und -ausfahrten sowie bei Zugbegegnungen fernzuhalten. Jeder Zug dieser Generation besteht aus einem Triebkopf vorn und hinten und aus bis zu 14 Zwischenwagen. Jeder Triebkopf wird von vier Drehstrom-Asynchronmotoren angetrieben, die in zwei zweiachsige Drehgestelle eingebaut sind und zusammen 4800 Kilowatt Dauerleistung erreichen.
Von Anfang an spielte das Design für die Entwicklung der Marke ICE eine herausgehobene Rolle. Es unterscheidet die Züge auf den ersten Blick von der übrigen Flotte der Deutschen Bahn. Die Farbe der Grundlackierung heißt lichtgrau. Besonders markant ist der rote Streifen, der sich unter den Fenstern über die Länge des Zuges streckt. Darüber liegt das ebenfalls durchgehende Fensterband, unterbrochen von den ovalen Türfenstern. Die Deutsche Bahn schützte die Farbgestaltung als so genanntes Geschmacksmuster.
Ende 1993 wurden für das deutsche Netz zunächst 60 Züge der zweiten Generation, des ICE2, bestellt. Ausgeliefert wurden letztlich 44. Sie

bestehen aus nur einem Triebkopf, zwei Wagen 1. Klasse, drei Wagen 2. Klasse, Service-Wagen und am anderen Ende einem Steuerkopf mit Führerraum, jedoch ohne Antrieb. Mit automatischer Kupplung können zwei dieser „Halbzüge" gemeinsam fahren und auf Zwischenstationen schnell getrennt werden, um unterschiedliche Ziele zu erreichen. 1997 ging diese Baureihe in Dienst, zunächst auf der neu eingerichteten Linie zwischen Berlin und Bonn. Ab Frühjahr 1998 dann konnte die Deutsche Bahn den Flügelzugbetrieb aufnehmen. So wurde in Hamm der Gesamtzug in zwei Hälften gegabelt. Die eine fuhr durch das Ruhrgebiet über Dortmund – Essen – Duisburg – Düsseldorf nach Köln und weiter nach Bonn, die andere nahm die Strecke durch das Bergische Land über Hagen – Wuppertal – Solingen, um zu ihrem Ziel Köln/Bonn zu gelangen. Im Herbst des gleichen Jahres war der Neubauabschnitt zwischen Berlin und Hannover fertig, und die Fahrzeit zwischen Berlin und dem Ruhrgebiet sank um stattliche zweieinhalb Stunden.
Diese ersten zwei ICE-Generationen sind breiter und schwerer, als es der internationale Eisenbahnverband UIC erlaubt. Doch die Deutsche Bahn wollte mit der Marke ICE auch in den grenzüberschreitenden Verkehr einsteigen. Aus dieser Überlegung heraus resultierte der 1994 ergangene Auftrag für die nächste Generation, den ICE3, der sich in mehrerlei Hinsicht signifikant von den Vorgängermodellen unterscheidet. Auf Anhieb fallen die schmaleren Proportionen auf. Gegenüber dem pfeilartigen ICE3 wirken die älteren Modelle wuchtig, fast klobig. Diese dritte Generation kommt zudem ohne Triebkopf aus. Die gesamte Antriebstechnik ist nun unterflurig angebracht

Bild links: Die beiden Triebköpfe des Inter-City-Experimetal, die 1985 von der Deutschen Bahn in Betrieb genommen wurden. Als technische Basis verwendete man den in der Leistung etwas gedrosselten Aufbau der Drehstrom-Lokomotive der Baureihe 120. Die Kosten seiner Entwicklung beliefen sich auf 94 Millionen DM, die zu 60 % vom Bundesforschungsministerium übernommen wurden.

Bild unten: Breiter, als die UIC erlaubt: Die ersten zwei Generationen des ICE, hier ein ICE 2, überschreiten die vom internationalen Bahnverband vorgegebenen Maße und taugen deshalb kaum zum grenzüberschreitenden Verkehr. Dennoch bietet der ICE 2 mehr Flexibilität als die Vorgängergeneration. Dadurch, dass er als Halbzug konzipiert ist, lassen sich zwei Züge erst zusammenkoppeln und dann trennen, um auf unterschiedlichen Strecken weiterzufahren. Diese Hochgeschwindigkeits-Baureihe ging 1997 in Dienst, zunächst auf der Strecke zwischen Berlin und Köln, beziehungsweise Bonn.

und verteilt sich über die Länge des Zuges. Das hat für Fahrgäste den Vorteil, dass sie, wenn sie einen Platz ganz vorn ergattern, dem Zugführer sozusagen über die Schulter schauen können. Der ICE 3 erreicht unter Wechselstrom eine Dauerleistung von 8000 Kilowatt, unter Gleichstrom 4300 Kilowatt.

Der ICE 3 versieht seinen Dienst seit 1999. Es gibt ihn in einer Version für den nationalen Verkehr und in einer Mehrsystemvariante mit sechs statt zwei Stromabnehmern (ICE3M), damit er auch im Ausland fahren kann. Zudem wurde er ähnlich wie der ICE 2 als Halbzug konzipiert, so dass er entweder in nachfrageschwächeren Zeiten als Kurzzug fahren kann oder zu einer Langversion gekoppelt werden kann, die sich dann auch unterwegs trennen lässt.

Unverzichtbar sind die ICE 3 auf der Neubaustrecke zwischen Rhein/Main – Köln. Sie können nämlich als einzige Hochgeschwindigkeitszüge der Deutschen Bahn Steigungen von 40 Promille bewältigen, wie sie auf der 2002 eröffneten Strecke vorkommen. Auf diesem Abschnitt ist der ICE 3 zeitweise mit einer Reisegeschwindigkeit von 300 km/h unterwegs. Die Fahrzeit von Frankfurt nach Köln ist auf gut eine Stunde zusammengeschnurrt.

Über diese Strecke werden auch internationale Einsätze des ICE 3M geführt, nach Amsterdam und nach Brüssel.

Im Juni 2007 kam eine prestigeträchtige Strecke für den ICE 3 hinzu. Nach jahrelanger Tüftelei war die Zulassung da und der Weg frei für den Einstieg ins französische Hochgeschwindigkeitsnetz. Unter dem Kürzel ICE 3MF ist der Hochgeschwindigkeitszug nicht nur mit zusätzlichen Stromabnehmern ausgerüstet, sondern auch mit zahlreichen neuen Sicherheitselementen ausgerüstet, die im Bahnverkehr des Nachbarlandes erforderlich sind, unter anderem mit Knallkapseln und Warnleuchten zum Stoppen entgegenkommender Züge und mit zusätzlichen Abdeckungen zum Schutz vor aufgewirbeltem Schotter. Auf der Strecke zwischen Frankfurt und Paris erreicht der ICE 3MF

Bild links: Streckenweise mit prestigeträchtigen 300 km/h und mehr unterwegs: ein ICE 3 bei der Einfahrt in den Dortmunder Hauptbahnhof.

Bild unten: Bremsen mit aller Macht: Die Wirbelstrombremse funktioniert über eine im Magnetfeld bewegte Metallscheibe. Sie wurde für den ICE 3 entwickelt.

ICE
H
300m

in Frankreich 320 km/h, die höchste planmäßige Geschwindigkeit eines ICE-Zuges überhaupt.
Um den grenzüberschreitenden Verkehr weiter zu forcieren, bestellte die Deutsche Bahn im November 2008 15 weitere Hochgeschwindigkeitszüge des Modells Siemens Velaro, die als Weiterentwicklung des ICE 3 gelten und die bereits nach Spanien, Russland und nach China verkauft wurden. Der deutsche Auftrag hat einen Wert von 495 Millionen Euro.
Der ICE 3 unterschied sich auch im Design grundlegend von den Vorgängermodellen, vor allem im Innenraum – die charakteristischen Merkmale außen (verspiegeltes Fensterband und roter Farbstreifen) blieben erhalten. Innen dominierten nun Verkleidungen aus Buchenholz und Elemente aus Chrom, Stein und Leder. Auch die Gepäckablagen wurden modernen Ansprüchen gemäß neu gestaltet. Sie waren nun aus gewölbt, sandbestrahlt, halbtransparentem Glas. Das Design des ICE 3 wurde mit dem Bundespreis Design prämiert. Auch die alt gedienten ICE 1 wurden ab Sommer 2005 grundlegend modernisiert. Das bezog sich nicht nur auf die Technik, sondern auch auf das Design. Das ursprünglich dominierende Mintgrün verschwand. Dafür hielten viele optische Elemente aus dem ICE 3 Einzug. Auch dieses so genannte Redesign wurde prämiert, mit dem Brunel-Award 2008, einem Preis für Eisenbahngestaltung.
Auf den ersten Blick dem ICE 3 ähnlich sehen zwei weitere ICE-Modelle, die in Deutschland im Einsatz sind: der ICE T und der ICE TD, beide sind mit Neigetechnik ausgestattet (das „T" im Namen lässt sich als Verweis auf das englische Verb „to tilt" für „neigen" interpretieren). Der ICE TD ist mit dieselelektrischem Antrieb

Bild oben: Exporterfolg für deutsche Zugtechnik: zwei AVE S-103, die spanische Version des deutschen ICE 3. Auf der neu gebauten Strecke Madrid – Barcelona sollen die Züge 630 Kilometer in 2:38 Stunden zurücklegen und dem Flugzeug kräftig Marktanteile streitig machen.

Rechte Seite: Noch ein Exporterfolg: Dieser Velaro RUS basiert ebenfalls auf ICE-Technik, musste aber für sein Einsatzgebiet Russland eigens auf klimatische Extrembedingungen vorbereitet werden. Auch bei minus 40 Grad Celsius soll der Velaro noch sein Ziel erreichen können.

ausgestattet. Beide Modelle wurden für Strecken konzipiert, die nicht für den Hochgeschwindigkeitsverkehr ausgebaut sind. Das zeigt sich auch an den jeweiligen Maximalgeschwin-

digkeiten: Der ICE TD erreicht 200 km/h, der ICE T 230 km/h.

Doch mit beiden Modellen hatte die Deutsche Bahn so ihre Probleme. Der Diesel-ICE war ab Juni 2001 auf den Strecken Nürnberg – Dresden und München – Zürich unterwegs. Ein Zug besteht aus vier Wagen, es lassen sich aber bis zu drei Einheiten zusammenspannen. Auch die Verbindung mit ICE 3 und ICE T ist möglich. Doch dieses Modell erwies sich anfällig für Störungen und war dem Unternehmen im Betrieb schlicht zu teuer. Deshalb zog sie den ICE TD zunächst aus dem Verkehr. Später setzte sie diese Züge zu Verstärkungs- und Entlastungszwecken hin und wieder ein. Ab Dezember 2007 wurden die Diesel-ICE zudem am anderen Ende der Republik wieder in Dienst genommen, auf den Strecken Hamburg – Arhus, sowie zwischen Hamburg und Kopenhagen, auf der so genannten „Vogelfluglinie“, mit zwischenzeitlicher Fährüberfahrt.

Dass der ICE T überhaupt unter dem Namen „Inter City Express“ läuft, wurde erst kurz vor der Inbetriebnah-

me entschieden. Während der Entwicklungsphase firmierte das Modell noch als IC T. Die Deutsche Bahn besitzt den ICE T in verschiedenen Längen, einmal mit fünf Wagen und in zwei verschiedenen Versionen mit sieben Wagen. Von der kürzeren Version lassen sich bis zu drei Züge aneinanderkoppeln, von der längeren bis zu zwei. Auch hier ist die Kompatibilität zum ICE 3 und zum ICE TD gegeben. Der ICE T ist auf den Strecken Düsseldorf – Magdeburg – Berlin, München – Nürnberg – Leipzig – Berlin, Frankfurt – Leipzig/Dresden sowie Stuttgart - Zürich unterwegs. Außerdem fahren seit dem Winterfahrplan 2007/2008 ICE T auf der Strecke Frankfurt – Wien, teilweise mit Verlängerung bis Dortmund. Abgesehen vom grenzüberschreitenden Verkehr aus und nach Deutschland gibt es auch vereinzelte inländische ICE-Verbindungen in der Schweiz und in Österreich.

Im Herbst 2008 allerdings traten auch beim ICE T Probleme auf. Bei einer Routineuntersuchung fanden Techniker einen zwei Millimeter tiefen Riss an einer Achse. Diese wurde ausgebaut und weiter untersucht. Als Konsequenz ordnete das Eisenbahn-Bundesamt eine drastische Verkürzung der Untersuchungsintervalle an. Das führte schon zu Zugausfällen. Auch die Neigetechnik wurde abgeschaltet. am 25. Oktober zog die Deutsche Bahn gar den Großteil der ICE-T-Flotte ganz aus dem Verkehr, weil die Hersteller nicht die von der Bahn garantierten Garantien über die Stabilität der Achsen lieferten. Die daraus resultierenden teils gravierenden Einschränkungen im Bahnverkehr sollten bis tief ins Jahr 2009 hinein andauern.

Untrennbar mit der Geschichte des ICE verbunden ist auch das Unglück von Eschede, der schwerste Unfall in der bundesdeutschen Eisenbahn-Geschichte und aller Hochgeschwindigkeitszüge weltweit, bei dem 101 Menschen starben und 88 schwer verletzt wurden. Ursache war der Bruch eines so genannten Radreifens, in dessen Folge der ICE 884 „Wilhelm Conrad Röntgen" bei einer Geschwindigkeit von etwa 200 km/h nahe der Ortschaft Eschede entgleiste, woraufhin mehrere Wagen gegen eine Brückenpfeiler geschleudert und dabei völlig zertrümmert wurden. Seit 11. Mai 2001 erinnert eine Gedenkstätte am Unglücksort an dieses Ereignis. Für jeden der Verstorbenen wurde ein

Bild oben: Auf der Transrapid-Versuchsanlage Emsland wurde bereits 1989 mit einer Geschwindigkeit von 436 km/h ein Weltrekord für personenbesetzte Magnetbahnfahrzeuge aufgestellt Der Fahrweg der Magnetschwebebahn benötigt wenig Grund und Boden. Er kann ebenerdig, oder wo aus Umweltschutzgründen erforderlich, auch aufgeständert geführt werden. Dabei können die Flächen unter dem Fahrweg voll genutzt werden.

Bild rechts: Anfang 2004 wurde mit dem Transrapid in Shanghai der Regelbetrieb als fahrplanmäßig schnellstes spurgebundenes Fahrzeug der Welt aufgenommen.

Kirschbaum gepflanzt. In der Mitte zwischen den Bäumen befindet sich eine Gedenktafel.

Trotz dieser Negativmeldungen ist der ICE zur zentralen Marke des deutschen Eisenbahnwesens geworden. Im Jahr 2007 beförderte die Deutsche Bahn 70,5 Millionen Reisende in ihren ICE's. Das bedeutet einen Anteil von 55 Prozent am gesamten Fernverkehr. Die ICE-Flotte macht planmäßig Halt an annähernd 180 Bahnhöfen in

Deutschland und sechs Nachbarländern (Österreich, Schweiz, Frankreich, Belgien, Niederlande und Dänemark). Bahnchef Hartmut Mehdorn zufolge prägt der ICE 90 Prozent des Images seines Unternehmens in Deutschland – obwohl die Hochgeschwindigkeitszüge „nur" acht bis zehn Prozent des Konzernumsatzes einbringen. Besonders auf Kinder üben die windschnittig wirkenden Züge eine besondere Faszination aus. Immer wieder sieht man sie mit ausgestrecktem Arm auf die großen Gefährte zeigen.

Transrapid in Deutschland

Die Bundesregierung beschloss am 2. März 1994 den Bau einer Strecke von Hamburg nach Berlin; das Vorhaben wurde jedoch im Jahre 2000 aufgegeben. Die Deutsche Bahn als vorgesehener Betreiber hatte Zweifel an der Passagierberechnung, die unter anderem von knapp 9 % jährlichen Wirtschaftswachstums zwischen 1989 und 2010 ausging. Stattdessen wurden Hamburg und Berlin durch den ICE verknüpft.
Auf das „kleinere" Modell, den sogenannten Metrorapid im Ruhrgebiet und Rheinland (von Dortmund nach Düsseldorf), wurde Ende Juni 2003 aus finanziellen und letztlich auch technischen Gründen verzichtet.
Doch nachdem der Bayerische Landtagsabgeordnete Joachim Haedke als erster Politiker eine Magnetschwebebahnverbindung zwischen dem Münchner Haupthahnhof und dem Münchner Flughafen forderte, wurde im Jahr 2005 beim Eisenbahn-Bundesamt die Planfeststellung zum Transrapid München eingeleitet. Die Strecke mit einer Länge von 37,4 km sollte die beiden infrastrukturell wichtigen Plätze mit 10 Minuten Fahrzeit verbinden. Mit einem Planfeststellungsbeschluss wurde Mitte 2008 gerechnet; das Beteiligungs- und Anhörungsverfahren wurde im Januar 2008 abgeschlossen. Das Projekt war mit ungeklärten Finanzierungsfragen und fehlender breiter gesellschaftlicher Akzeptanz belastet. Am 27. März 2008 beschlossen die Bundesregierung, die bayerische Staatsregierung und die Industrie, den Transrapid in München vom Hauptbahnhof zum Flughafen nicht zu bauen. Die gestiegene Kostenprognose von 1,85 Mrd. Euro im September 2007 auf über 3 Mrd. Euro im März 2008 wurde als Hauptgrund genannt.
Ursache der Kostenexplosion waren die drastische gestiegenen Baukosten, wohingegen die Transrapidsystemkosten annähernd gleich blieben. Das Bayerische Staatsministerium für Wirtschaft gab eine annähernde Verdopplung der zuletzt genannten Plankosten von 1,85 Mrd. Euro an, Zeitungen nannten 3,4 Mrd. Euro. Da Zweifel am Kosten-Nutzen-Verhältnis des Vorhabens bereits bei der geplanten Investitionssumme von 1,85 Mrd. Euro bestanden, war das Vorhaben nicht mehr als sinnvolle Investition begründbar.
Nach dem Aus für die Strecke in München beschlossen die Hersteller (Siemens und ThyssenKrupp) auf einer Beiratssitzung am 8. Mai 2008 die Auflösung des Gemeinschaftsunternehmens Transrapid International zum 1. Oktober 2008.

Transrapid in China

Am 31. Dezember 2002 wurde der Probebetrieb auf einer 30 km langen Strecke Shanghai / Volksrepublik China zum Flughafen Pudong gestartet. Am 12. November 2003 erzielte der Transrapid in Shanghai einen neuen Rekord von 501 km/h als schnellste kommerzielle Magnetbahn. Anfang 2004 wurde der Regelbetrieb als fahrplanmäßig schnellstes, spurengebundenes Fahrzeug der Welt aufgenommen.

DER ADLER

ZEITTAFEL

1800 *Richard Trevithick*, baut in England die erste Hochdruck-Dampfmaschine.

1804 Aufgrund einer Wette mit dem Grubenbesitzer *Hill* baut *Richard Trevithick* die erste funktionsfähige Dampflokomotive.

1811 *John Blenkinsop* konstruiert für die Middleton-Grube bei Leeds eine Dampflokomotive mit Zahnradantrieb, die *„Prince Regent."*

1813 *Timothy Hackworth* und *William Hedley* bauen mit der *„Puffing Billy"* für eine Kohlengrube bei Newcastle-upon-Tyne die erste über einen längeren Zeitraum in Betrieb befindliche Dampflokomotive, sie bleibt bis 1862 im Einsatz.

1814 *George Stephenson* baut mit der *„Blücher"* seine erste Dampflokomotive, der zahlreiche weitere Konstruktionen in immer wieder verbesserter Ausführung folgen.

1815 Für einen Wagen, der sowohl auf Schienen wie auch auf Straßen fahren können soll, erhält *Josef Baader* das erste deutsche Patent im Eisenbahnwesen.

1822 *Karl Anton Henschel*, der sich seit 1803 mit dem Entwurf eines Dampfwagens beschäftigt hat, veröffentlicht den Plan einer Pferdebahn von Frankfurt/Main nach Bremen.

1825 Mit der Verbindung von Stockton nach Darlington wird am 27.9. die erste öffentliche Dampfeisenbahn der Welt eingeweiht, die Lokomotive mit dem Namen *„Locomotion"* stammt ebenso wie die Planung der gesamten Anlage von *George Stephenson*.

1828 Mit dem ersten Abschnitt der Pferdebahn von Budweis nach Linz wird am 30.9. die erste öffentliche Eisenbahn des Kontinents eröffnet, die Gesamtstrecke wird am 1.8.1832 fertiggestellt.

1829 Bei dem am 6.10. stattfindenden *„Lokomotivrennen von Rainhill"*, bei dem die bestgeeignete Dampflok-Konstruktion gefunden werden soll, siegt die von Robert Stephenson gebaute *„Rocket"*.

1830 Am 15.9. wird als erste öffentliche Dampfeisenbahn für den Personenverkehr die Verbindung Liverpool – Manchester eröffnet.

1832 In den USA wird die Breitfußschiene patentiert.

1833 *Friedrich List* veröffentlicht seine Denkschrift „Über ein sächsisches Eisenbahnsystem als Grundlage eines allgemeinen deutschen Eisenbahnsystems" und den Entwurf eines deutschen Eisenbahnnetzes.

1835 7.12. Eröffnung der ersten deutschen Eisenbahn, der *Ludwigs-Eisenbahn* zwischen Nürnberg und Fürth, mit der Lokomotive *„Adler"*.

1836 11.7. Mit zwei Fässern Bier für den Bahnhofswirt in Fürth beginnt die Güterbeförderung auf der Eisenbahn.

1837 Beim Bau der *Leipzig-Dresdener Eisenbahn* werden erstmals Breitfußschienen und Holzschwellen verwendet.

1838 Die erste in Deutschland konstruierte betriebsfähige Dampflokomotive *„Saxonia"* wird in der *Maschinenfabrik Übigau* bei Dresden nach Plänen von *Prof. Andreas Schubert* gebaut.

1839 29.9. Als erste Strecke der *Taunus-Eisenbahn* wird die 14,8 lange Verbindung Frankfurt – Hattersheim fertiggestellt.
3.10. Mit der 8 km langen Strecke Neapel – Portici bekommt Italien seine erste Eisenbahn.

1840 Für die *München-Augsburger Eisenbahn* wird der erste deutsche Güterwagen, ein kurzer offener Zweiachser, gebaut
Bei der *Leipzig-Dresdener Eisenbahn* werden Korb-Signale und die ersten Flügel-Signale in Betrieb genommen.

1841 Die Maschinenfabriken *Borsig* in Berlin, *Keßler* in Karlsruhe und *Maffei* in München beginnen mit dem Bau von Dampflokomotiven.
20.6. Mit der Strecke Wien – Wien Neustadt nimmt die *Wien-Raaber-Eisenbahn* als zweite Dampfbahn in Österreich den Betrieb auf.

1842 16. 5. Die *Hamburg-Bergedorfer Eisenbahn* wird eröffnet.
23.10. Die *Berlin-Frankfurter Eisenbahn* eröffnet ihre Verbindung zwischen Berlin und Frankfurt/Oder.
Für die *Leipzig-Dresdener Eisenbahn* werden erstmals vierachsige Abteilwagen mit einfachen Drehschemeln konstruiert.
Robert Stephenson entwickelt die Schiebersteuerung für Dampflokomotiven.

1843 15.10. Mit der Fertigstellung der Verbindung Aachen – Herbesthal wird die Strecke Köln – Aachen der

Mit der Eröffnung der Dampfeisenbahn zwischen Nürnberg und Fürth am 7. Dezember 1835 begann in Deutschland das Zeitalter der Eisenbahn.

Dampflokomotive „Wesel" der Köln-Mindener Bahn von 1850.

Rheinischen Eisenbahn bis Belgien verlängert und damit zur ersten Bahnverbindung mit dem Ausland.

1844 15.2. Die *Bonn-Cölner Eisenbahn* nimmt ihren Betrieb auf.
18.9. Eröffnung der Strecke Altona – Kiel der dänischen *König-Christian-VIII.-Ostseebahn*.
1.10. Mit dem ersten Teilstück Nürnberg – Bamberg der *„Ludwigs-Süd-Nord-Bahn"* wird die erste Strecke der Bayerischen Staatsbahn eingeweiht.

1845 Der Brite *Thomas Russell Crampton* beginnt mit der Entwicklung der nach ihm benannten Dampflokomotiv-Bauart mit der Achsfolge 2A, die später auch bei deutschen Eisenbahnen mit Erfolg eingesetzt wird.

1846 1.9. Die *Köthen-Bernburger Eisenbahn* nimmt ihren Betrieb auf.
Als erste Eisenbahn in Polen wird die Strecke Warschau – Tschenstochau in Betrieb genommen.
Ungarn bekommt mit der Strecke Pest – Waitzen der *Ungarischen Centralbahn*, später *K.k. südöstliche Staatsbahn*, seine erste Eisenbahn.

1847 Die ersten vierachsigen Drehschemel-Güterwagen werden von den *Württembergischen Staatsbahnen* in den Dienst gestellt.
Statt der bisherigen Starrfettschmierung beginnt sich die Ölschmierung der Achsen durchzusetzen.

1848 1.5. Auf den Strecken des *Vereins Deutscher Eisenbahnverwaltungen* verkehren erstmals durchgehende Güterzüge.
29.7. Die erste Dampflokomotive der Firma *Henschel*, eine 2'B-Lok mit dem Namen *„Drache"* wird an die *Kurfürst-Friedrich-Wilhelms-Eisenbahn* geliefert.

1849 *Edmund Heusinger* erfindet die nach ihm benannte Lokomotiv-Steuerung mit Radialschieber und Schwingenkurbel.

1850 29.6. Die Strecke Geislingen – Ulm mit der Steilstrecke Geislinger Steige wird eröffnet, damit ist die Zentralbahn der *Württembergischen Staatsbahn* von Bietigheim bis Friedrichshafen fertiggestellt.
Bis zum Jahresende sind in Deutschland rund 6000 km Eisenbahnstrecken in Betrieb.

1851 25.10. Durch die Fertigstellung der hölzernen Elbbrücke wird die Strecke Magdeburg – Wittenberge vom linken Elbufer nach Wittenberge hinein verlängert.
William Adams erfindet die nach ihm benannte sich selbsttätig radial einstellende Laufachse.

1852 Die durchgehende Seilbremse System *Heberlein* kommt bei mehreren Bahngesellschaften erstmals zum Einsatz.
Als erste Eisenbahn Asiens wird die Strecke Bombay – Thana der britischen *Great Indian Peninsula Railway Company* fertiggestellt.

1853 Alfred Krupp beginnt die Herstellung von nahtlosen Radreifen für Eisenbahnräder.
In Norwegen wird mit der Strecke von Kristiania, dem späteren Oslo, nach Strømmen die erste Eisenbahnstrecke eröffnet.
Zur Verbindung der USA mit Kanada wird über den Niagara-Fluss die erste Eisenbahn-Hängebrücke der Welt gebaut.

1854 Mit der Strecke Karf–Wilhelminenhütte der *Oberschlesischen Eisenbahn* wird die erste Schmalspurbahn Deutschlands, Spurweite 785 mm, in Betrieb genommen.
17. 7. Die „Semmeringbahn" der *Österreichischen südlichen Staatsbahn* wird als erste Gebirgsbahn der Welt fertiggestellt.

1855 Die *Hannöversche Staatsbahn* setzt in Schnellzügen auf der Strecke Berlin – Köln erstmals einfache Schlafplatzwagen mit ausziehbaren Sitzen ein.
Die Eisenbahnverbindung vom Atlantik zum Pazifik durch die Landenge von Panama wird fertiggestellt.
Mit der Strecke Sydney – Parramatta erhält Australien erste Eisenbahn.

1856 Als erste schwedische Eisenbahn wird die Strecke Malmö – Lund in Betrieb genommen.
In Portugal wird mit der Strecke Lissabon – Carregado die erste Eisenbahn eröffnet, ihre Spurweite beträgt wie in Spanien 1670 mm.

1857 Der Amerikaner *Bissel* erfindet die nach ihm benannte deichselartige Laufachsen-Konstruktion.
Bei den *Midland Railways* in England werden erstmals Stahlschienen statt der bisher üblichen schmiedeeisernen Schienen verlegt.

1858 Bei der *Oberschlesischen Eisenbahn* werden probeweise Wagen mit Dampfheizung ausgerüstet, ein Dampfkessel befindet sich zunächst im Packwagen, später erfolgt die Dampfzufuhr von der Lokomotive aus.
Für die *Chicago & Alton Railroad* liefert *George Mortimer Pullman* die ersten komfortablen Schlafwagen.

1859 18.8. Die erste feste Eisenbahnbrücke über den Rhein verbindet bei Waldshut die *Badische Staatsbahn* über die *Schweizerische Nordostbahn* mit Basel und Zürich.
Bei den *Württembergischen Staatsbahnen* finden statt der bisher üblichen Speichenräder erstmals gewalzte Scheibenräder, die Hörder-Patenträder, Verwendung.
In Preußen wird der erste Salonwagen für den königlichen Hofzug gebaut.

1860 Die gesamte Streckenlänge der deutschen Eisenbahnen beträgt zum Jahresende knapp 12.000 km.
In Europa beträgt die Streckenlänge der Eisenbahnen am Jahresende fast 52.000 km, weltweit etwa 107.000 km.

1861 11.5. Durch die Fertigstellung der Rheinbrücke bei Kehl werden die Strecken der Badischen Staatsbahnen mit Frankreich verbunden.
Die bisher meist noch hölzernen Pufferteller werden durch eiserne Stangenpuffer mit Kegelfedern abgelöst.

1862 Auf der *Preußischen Ostbahn* werden erstmals Gepäckwagen mit Diensträumen und Schlaflagern für das Zugpersonal eingesetzt.
In Bayern wird der erste aus sechs Wagen bestehende Hofzug für *König Ludwig II.* fertiggestellt.

1863 In London wird die erste U-Bahn der Welt in Betrieb genommen.
Mit der Verbindung Kapstadt – Wellington erhält Südafrika die erste Eisenbahnverbindung, sie ist der Grundstein für das fast ausschließlich in der Kap-Spur 1067 mm erbaute größte Eisenbahnnetz Afrikas.

1864 14.3. Eröffnung der Strecke Winden – Maximiliansau der *Pfälzischen Maximiliansbahn*.
Der Schweizer *Niklaus Riggenbach* entwickelt die nach ihm benannte Gegendruckbremse, bei der durch Umsteuerung der Triebwerke die Zylinder als Kompressoren arbeiten.

1865 Bei der *Bayerischen Staatsbahn* wird die Petroleumbeleuchtung eingeführt.
Der Brite *William Adams* konstruiert das nach ihm benannte Drehgestell, das in den späteren Jahren vor allem für Güterwagen weltweite Verbreitung findet.

1866 15.12. Die *Hannöversche Staatsbahn*, die *Nassauische Eisenbahn* und die kurhessischen Strecken der *Main-Weser-Bahn* werden von Preußen übernommen.
Werner von Siemens erfindet die Dynamo-Maschine zur Erzeugung von Starkstrom.

1867 24.8. Die „Brennerbahn", Verbindung von Innsbruck mit Bozen, wird eröffnet.
L. Schwartzkopff in Berlin und *Krauß & Co.* in München beginnen mit dem Bau von Dampflokomotiven.

1868 30.6. In Ungarn wird die Magyar Államvasutak (MÁV) gegründet, die das mit der Gründung der Doppelmonarchie von Österreich getrennte Eisenbahnnetz übernimmt.
Das erste mechanische Weichen- und Signalstellwerk mit gegenseitiger Verriegelung wird von der *Braunschweigischen Eisenbahn* in Betrieb genommen.

1869 Die *Maschinenfabrik Darmstadt* beginnt mit dem Bau von Lokomotiven.
10.5. Die erste transkontinentale Eisenbahnverbindung quer durch die

Die erste elektrische Lokomotive von Siemens & Halske 1879 auf der Gewerbeausstellung in Berlin.

Vereinigten Staaten vom Atlantik bis zum Pazifik wird fertiggestellt.
Die erste Zahnradbahn der Welt wird am amerikanischen Mount Washington in Betrieb genommen.

1870 Am Jahresende umfasst das Streckennetz der deutschen Eisenbahnen fast 20.000 km, alle Hauptverbindungen zwischen den wichtigen Städten sind fertiggestellt.

1871 10.5. Die Strecken der *Französischen Ostbahn* im Elsass und in Lothringen werden mit der Übernahme durch Deutschland in die Reichseisenbahnen in Elsass-Lothringen umgewandelt.
21.5. Mit der Verbindung Vitznau – Rigi-Staffelhöhe wird in der Schweiz die erste Zahnradbahn Europas fertiggestellt, die technische Konzeption stammt von *Niklaus Riggenbach*.

1872 1.12. Mit der Fertigstellung der Elbbrücke wird erst jetzt eine Bahnverbindung zwischen Harburg und Hamburg hergestellt.
In Bayern wird die durchgehende Heberlein-Seilbremse für Personenwagen nach umfangreichen Versuchen allgemein eingeführt.
Die erste Eisenbahn Japans verbindet Tokio mit Yokohama.

1873 1.11. Als erste deutsche Gebirgsbahn wird die „Schwarzwaldbahn" Offenburg – Villingen – Donaueschingen – Singen der *Badischen Staatsbahn* fertiggestellt.
3.11. Eröffnung der Basler Rheinbrücke, dadurch von Basel Zentralbahnhof nach Basel Badischer Bahnhof durchgehende Verbindung zwischen der Schweiz und Deutschland.

1874 Bei den deutschen Eisenbahnen werden neben den bisher dominierenden Abteilwagen verstärkt Durchgangswagen beschafft, die nach einer Forderung des Reichseisenbahnamtes im Kriegsfall kurzfristig zu Lazarettwagen umgerüstet werden können.

1875 1. 4. Mit dem neuen „Bahnpolizeireglement für die Eisenbahnen Deutschlands" tritt eine einheitliche Signalordnung in Kraft, die unter anderem Einfahrsignale, das Fahren im Blockabstand und den Rechtsverkehr verbindlich vorschreibt.

1876 *Orenstein & Koppel* in Berlin beginnt mit dem Bau von Dampflokomotiven.
Anatole Mallet baut die erste nach dem Verbundsystem der doppelten Dampfdehnung arbeitende Lokomotive, sie hat die Achsfolge B1 und läuft bei der *Bayonne-Biarritzer Eisenbahn*.

1877 15.11. Mit der Strecke Tempelhof – Charlottenburg – Moabit wird die „Berliner Ringbahn" vollendet. Als erste nach den Preußischen Normalien gebaute Lokomotiven kommen die Gattungen P2 und G3 zum Einsatz.

1878 Die *Preußische Staatsbahn* entwickelt die ersten Normalien für Reisezugwagen, neben Abteilwagen und Durchgangswagen mit Mittelgang werden auch Seitengangwagen der Bauart „Heusinger" konstruiert, alle sind zweiachsig und haben eine LüP von 10.800 mm, ein Teil trägt bereits den später typischen preußischen Oberlichtaufbau.

1879 31.5. *Werner von Siemens* führt auf der Gewerbeausstellung in Berlin auf einer 300 m langen Kreisbahn die erste brauchbare elektrische Lokomotive der Welt vor.

1880 15.5. Mit der Strecke Leinefelde – Eschwege wird die „Kanonenbahn" genannte Verbindung von Berlin nach Elsass-Lothringen geschlossen; sie umfasst neben etwa 340 km ehemaligen Privatbahnstrecken u. a. auch die Neubauabschnitte Berlin – Belzig – Sangerhausen und Leinefelde – Treysa.

1881 Auf der „Internationalen Electrizitäts-Ausstellung" in Paris führt *Siemens* erstmals einen Straßenbahnwagen für Oberleitungsbetrieb vor.
Zwischen London und Brighton verkehrt erstmals der *„Pullman Limited Express"*, der spätere *„Brighton Belle"*; mit ihm setzt *George Mortimer Pullman* auch in Europa neue Maßstäbe für den Reisekomfort für Schienen.

Preußische Güterzuglokomotive G 3 von 1884.

Mit diesem Drehstrom-Triebwagen der AEG wurde 1903 mit 210,3 km/h der Weltrekord erreicht.

1882 Die ersten Tenderlokomotiven der preußischen Gattung T3, später BR 89.70, werden von *Henschel* geliefert; in etwa 1500 Exemplaren gebaut, wird diese Gattung später zu einer der populärsten deutschen Dampflokomotiven.
1.6. Die schweizerische *Gotthardbahn* mit ihrem 15 km langen Scheiteltunnel zwischen Göschenen und Airola nimmt nach zehnjähriger Bauzeit den Betrieb auf.

1883 6.7. Mit der *Drachenfelsbahn* wird die erste deutsche Zahnradbahn eröffnet, Spurweite 1000 mm, Antriebssystem *Riggenbach*.
5.6. Der *„Orient-Express"*, erster Luxuszug der CIWL, verkehrt erstmals fahrplanmäßig, zunächst nur zwischen Paris und Giurgiu in Rumänien.

1884 1.3. Die *Preußische Staatsbahn* übernimmt die *Rechte-Oder-Ufer-Bahn* und die *Posen-Kreuzburger Eisenbahn*.
Anatole Mallet entwickelt die später nach ihm benannte Gelenklokomotiv-Bauart.

1885 *Richard von Helmholzt* entwickelt bei der Lokomotivfabrik *Krauss* das „Krauss-Helmholtz-Drehgestell" mit durch die seitenbewegliche Kuppelachse gelenkten Laufachse.
Mehrere französische Bahngesellschaften führen erstmals den Wendezugbetrieb ein, eingesetzt werden Dampftriebwagen.

1886 1.1. In Sachsen ist mit der Übernahme der *Gaschwitz-Meuselwitzer Eisenbahn* die Verstaatlichung der privaten Eisenbahnen bereits weitgehend abgeschlossen.
Die *Bayerische Staatsbahn* führt die Einkammer-Druckluftbremse System „Westinghouse" ein.

1887 23.5. Die „Höllentalbahn" Freiburg – Neustadt der *Badischen Staatsbahn* wird eröffnet, das Teilstück zwischen Hirschsprung und Hinterzarten wird bis 1933 als Zahnradbahn betrieben.
Gottlieb Daimler baut den ersten Triebwagen mit Verbrennungsmotor, er leistet 12 PS und kommt als BW 1 bei der *Württ. Stsb.* probeweise zum Einsatz.

1888 1.10. Die Strecken Lissa – Jarotschin und Kankel – Ostrowo der der Preußischen Staatsbahn werden eröffnet.
12.8. Die „Orientbahn" zur Verbindung Westeuropas mit der Türkei wird fertiggestellt, auch der Luxuszug *„Orient-Express"* der CIWL fährt jetzt durchgehend von Paris bis Konstantinopel.

1889 25.7. Die „Murnau-Partenkirchener Eisenbahn" der *Münchener Lokalbahn AG* mit Anschluss an die Staatsbahnstrecke über Weilheim nach München wird eröffnet.
Siemens baut ein Versuchsfahrzeug mit einem 500 Volt-Drehstrommotor zur Erprobung auf dem eigenen Werkgelände.

1890 *Daimler* baut zusammen mit der *Maschinenfabrik Esslingen* eine schmalspurige Werkbahnlokomotive mit Benzinmotor und Zahnradgetriebe.
In London wird mit der fünf Kilometer langen Strecke der *City & South London Railway* die erste elektrische U-Bahn der Welt eröffnet.

1891 *Henschel* liefert der *Preußischen Staatsbahn* die ersten Prototypen der später in großen Stückzahlen gebauten Dampflokomotiven der Gattungen S3 und P4.
Der erste Oberleitungsbetrieb der Welt mit Bügelstromabnehmer wird auf der Straßenbahn Berlin-Lichterfeld aufgenommen.

1892 1.5. Auf der Strecke Berlin – Köln verkehrt erstmals ein D-Zug mit vierachsigen Seitengang-Abteilwagen der Bauart *„Heusinger"*, geschlossenen Plattformen und Faltenbalg-Übergängen.
Die mit 4783 m höchstgelegene Eisenbahn der Welt wird als peruanische Zentralbahn von Callao über Lima bis Galera in den Anden fertiggestellt.

1893 Die ersten Güterzuglokomotiven der in mehr als 2600 Exemplaren gebauten preußischen Gattung G 7.1-3, später BR 55, werden in Dienst gestellt.
Die *Preußische Staatsbahn* rüstet erstmals Wagen mit der Knorr-Druckluftbremse aus.
Rudolf Diesel konstruiert den nach ihm benannten Verbrennungsmotor.

1894 22.12. Eröffnung der *Krotzingen-Staufen-Sulzburger* Eisenbahn.
Bei der *Pfälzischen Eisenbahn* wird der erste Akkumulator-Triebwagen in Dienst gestellt.

1895 Für die mit 650 V Gleichstrom betriebene Strecke Meckenbeuren – Tettnang liefert die MAN die zwei Triebwagen LAG 360 und 361, später ET 184.4, die elektrische Ausrüstung mit Tatzlagermotoren stammt von Siemens und der schweizerischen Firma *Oerlikon*.

1896 23.6. Durch Zusammenschluss der *Preußischen Staatsbahn* mit der *Hessischen Staatsbahn* und den gemeinsamen Erwerb der *Hessischen Ludwigsbahn*, mit über 700 km Strecke größte der bisher noch privaten Bahnen, entsteht die *Preußisch-Hessische Staatseisenbahn*.
Die erste U-Bahn des Kontinents wird in Budapest eröffnet.

1897 3.7. Die meterspurige „Wangerooger Inselbahn" der *Oldenburger Staatsbahn* nimmt ihren Betrieb auf.
Die Lokomotivfabrik *Krauss* liefert für die *Bay. Stsb.* die ersten Personenzug-Tenderlokomotiven der Gattung DX II, später BR 73, die auch von der *Pfälz. Eisenbahn* und der *Reichseisenbahn Elsass-Lothringen* beschafft wird.

1898 Die CIWL gründet die *Deutsche Eisenbahn-Speisewagen-Gesellschaft* und wird bald führend unter den deutschen privaten Bahnbewirtschaftungs-Unternehmen.

Nach Erkenntnissen von *Wilhelm Schmidt* und *Robert Garbe* werden bei den Lokomotivfabriken *Vulkan* und *Henschel* die ersten brauchbaren Heißdampf-Lokomotiven der Welt gebaut.

1899 *Maffei* baut für die *Bay. Stsb.* mit den Lokalbahn-Lokomotiven der Gattung BB II, später BR 98.7, eine kleine Mallet-Maschine mit der Achsfolge B`B.
Siemens führt auf einer Versuchsstrecke zwischen Berlin-Lichterfelde und Zehlendorf erste Erprobungen mit einem Drehstromfahrzeug durch.

1900 1.8. Die Streckenlänge der deutschen Eisenbahn beträgt zur Jahrhundertwende etwa 51.000 km.
Zu Beginn den neuen Jahrhunderts hat das Streckennetz der Eisenbahnen in Europa eine Gesamtlänge von fast 284.000 km, weltweit gibt es etwa 790.000 km Eisenbahnstrecken.

1901 20.8. Die Verlängerung der Höllentalbahn von Neustadt nach Hüfingen/Donaueschingen der *Badischen Staatsbahn* wird eröffnet.
Robert Garbe entwirft mit der preußischen Gattung G8, der späteren BR 55.16-22, die erste Heißdampf-Güterzuglokomotive.

1902 *Maffei* konstruiert mit der bayerischen Gattung S 3/5, später BR 17.4, die erste dreigekuppelte Schnellzuglokomotive mit der Achsfolge 2`C.
Die ersten Heißdampf-Maschinen der preußischen Gattung T12, später BR 74.4-13, werden fertiggestellt.

1903 15.6. Zwischen dem Potsdamer Ringbahnhof und Lichterfelde Ost wird der elektrische Betrieb mit 550 V Gleichstrom und seitlicher Stromschiene aufgenommen, ab 15.7. verkehren auf dieser Strecke nur noch elektrische Triebwagen.
28.10. Einen neuen absoluten Geschwindigkeitsrekord für Verkehrsmittel aller Art stellt mit 210,2 km/h ein Versuchs-Triebwagen der AEG mit Drehstrom-Motor auf der 23 km langen Strecke Marienfelde – Zossen auf.

1904 Für die *Süddeutsche Lokalbahn* konstruiert *Siemens* mit der Lok LAG 1, später E 6901, die erste deutsche Einphasen-Wechselstrom-Lokomotive; sie arbeitet mit 5500 V 16 Hz, der Antrieb erfolgt über zwei Tatzlagermotoren.
Nach dreizehnjähriger Bauzeit wird die „Transsibirische Eisenbahn" fertiggestellt, sie verbindet Moskau mit dem 9400 km entfernten Wladiwostok.

1905 24.1. Die der *Süddeutschen Lokalbahn* gehörende Nebenbahn Murnau – Oberammergau nimmt als erste Bahn den elektrischen Betrieb mit Einphasen-Wechselstrom auf.
Die Schweizer Maschinenfabrik *Oerlikon* und *Winterthur* bauen für die Ver-

1914 lieferte Maffei die S 3/6 3644 an die Königlich-Bayerische Staatsbahn.

suchsstrecke Seebach – Wettingen die erste Einphasen-Wechselstrom-Lokomotive für 15.000 V 15 Hz.

1906 5.12 Der Hamburger Hauptbahnhof wird eingeweiht.
Die ersten 2`C-Lokomotiven der von *Robert Garbe* entwickelten preuß. Gattung P8, später BR 38.10-40, werden geliefert; mit insgesamt rund 3800 Exemplaren wird sie zur meistgebauten deutschen Personenzuglok.

1907 1.10. Die Hamburger S-Bahn nimmt auf der Strecke Blankenese – Ohlsdorf den elektrischen Betrieb mit Einphasen-Weschslestrom 6300 V 25 Hz und Oberleitung auf.
Maffei baut mit der badischen Gattung IVf, einer 2`C1`-Vierzylinder-Heißdampf-Verbundmaschine, die erste Pacific-Schnellzuglok in Deutschland.

1908 Für die *Bayerische Staatsbahn* baut *Maffei* mit den Lokomotiven der Gattung S 3/6, später BR 8.4-5 die derzeit leistungsfähigsten und wirtschaftlichsten, aber auch elegantesten Schnellzuglokomotiven.

1909 Die *Preußisch-Hessische Staatsbahn* bestellt die als *„Diesel-Klose-Sulzer-Thermolokomotive"* bekannt gewordene erste Groß-Diesellok der Welt, sie hat die Achsfolge 2`B2`, leistet 883 kW und wird ab 1913 im Versuchsbetrieb eingesetzt.

1910 Für den durchgehenden Verkehr mit Russland wird die „Breidsprecher-Spurwechselanlage" zum Austausch der Radsätze von Normalspur auf die russische Breitspur entwickelt.

1911 18.1. Als erste Fernstrecke der *Preußisch-Hessischen Staatsbahn* wird die Verbindung Dessau – Bitterfeld elektrifiziert, zunächst für 10.000 V 15 Hz.
Mit der preußischen Gattung S 10.1, später BR 17.10-12, wird die erste Heißdampf-Vierzylinder-Verbundlok in Dienst gestellt.

1912 18.10. Die *Bayerische Staatsbahn* eröffnet ihre Strecke von Garmisch-Partenkirchen über Mittenwald zur österreichischen Grenze bei Scharnitz.

1913 Die *Bayerische Staatsbahn* elektrifiziert als ihre erste Strecke die „Mittenwaldbahn" Garmisch – Scharnitz mit 15000 V $16^2/_3$ Hz; die Österreichische Staatsbahn übernimmt die Elektrifizierung der Anschlussstrecke über Seefeld nach Innsbruck.

1914 5.6. Zwischen Bitterfeld und Leipzig nimmt die *Preußisch-Hessische Staatsbahn* den elektrischen Betrieb auf, stellt ihn bei Kriegsausbruch jedoch ein, die Streckenausrüstung wird wieder demontiert.
Auf dem Abschnitt Hannover – Minden erreichen Schnellzüge mit fast 90 km/h die bisher höchste deutsche planmäßige Reisegeschwindigkeit.

1915 Der Leipziger Hauptbahnhof, er ersetzt den Dresdener, den Magdeburger und den Thüringer Bahnhof, wird in Betrieb genommen; sein Empfangsgebäude ist mit einer Breite von fast 300 m das größte in Deutschland.

1916 15.1. Als deutscher Ersatz für den mit Kriegsbeginn wie die anderen internationalen CIWL-Luxuszüge eingestellten *„Orient-Express"* verkehrt erstmals der *„Balkanzug"* von Berlin und München nach Konstantinopel.
24.11. In Berlin wird die *Mitteleuropäische Schlafwagen- und Speisewagen-Aktiengesellschaft* (MITROPA) gegründet.

1917 Bei der *Preußisch-Hessischen Staatsbahn* werden die ersten Güterzuglokomotiven der Gattung G12, später BR 58, in Dienst gestellt; bis 1921 werden mehr als 1300 Maschinen gebaut.

1918 31.1. Zusammen mit dem *Norddeutschen Lloyd* und der *Hamburg-Amerika-Linie* gründen die deutschen Länderbahnen das *Mitteleuropäische Reisebüro* (MER), Vorgänger des späteren *Deutschen Reisebüro* (DER).
Die *Preußisch-Hessische Staatsbahn* führt die von *Georg Knorr* und *Bruno Kunze* entwickelte und nach ihm benannte Güterzugbremse ein.

1919 Zu den bisherigen Zuggattungen D-Zug, Schnellzug, Eilzug und Personenzug wird zusätzlich der „Beschleunigte Personenzug" eingeführt, der zwar auf Fernstrecken verkehrt, jedoch aus herkömmlichen Personenwagen gebildet wird und auch die 4. Klasse führt.

1920 1.4. Die deutschen Länderbahnen gehen in das Eigentum des Reiches über und werden später zur *Deutschen Reichsbahn* zusammengefasst. Durch die Gebietsverluste wird das Streckennetz um etwa 8000 km auf knapp 54.000 km reduziert.

1921 3.5. Als eine der ersten Neubau-Strecken in der Reichsbahn-Epoche wird die Verbindung Nienburg – Minden fertiggestellt.
17.8. Auf der schlesischen Strecke Ruhbank – Landshut – Liebau wird der elektrische Verkehr aufgenommen.
In Amerika werden im Güterverkehr erstmals Container verwendet.

Die erste Schnellzug-Dampflokomotive (Baureihe 01) des Einheitsbauprogramms der Deutschen Reichsbahn wurde 1925 von Borsig ausgeliefert.

1922 Mit den Lokomotiven der Gattung P10, später BR 39, wird die Entwicklung der Länderbahn-Gattungen abgeschlossen, diese derzeit leistungsstärkste Personenzuglok leitet den Übergang zu den Einheitsbauarten der Reichsbahn ein.

1923 Die „Kunze-Knorr-Bremse" für Reisezugwagen wird allgemein eingeführt; gleichzeitig erfolgt die Umstellung von den bisherigen Stangenpuffern auf die seit 1909 erprobten Hülsenpuffer.

1924 30. 8. Zur Sicherung der Reparationszahlungen an die Siegermächte übernimmt die Deutsche Reichsbahn-Gesellschaft (DRG) als selbständiges Unternehmen unter ausländischer Kontrolle den Betrieb und die Verwaltung der Reichsbahn.

1925 23.2. Auf der Strecke München – Garmisch wird der elektrische Betrieb aufgenommen, acht Monate später auch auf der Strecke München – Landshut.
Als erste Einheitslokomotiven der Reichsbahn werden die Prototypen der BR 01 und der BR 02 geliefert; die 2`C1`-Zweizylinder-Schnellzuglok BR 01 wird später in Serie gebaut.

1926 Der Italiener *Attilo Franco* entwickelt den später von *Piero Crosti* gebauten und nach beiden benannten Rauchgas-Vorwärmer zur besseren Abdampf-Nutzung.

1927 1.6. Mit der Einweihung des Hindenburgdammes wird die Bahnverbindung zwischen Niebüll und Westerland auf Sylt fertiggestellt.
Zwischen Berlin und dem Ruhrgebiet und Oberschlesien verkehren erstmals Großgüterwagen-Ganzzüge mit den Selbstentladewagen der Gattung OOt.

1928 15.5. Der Luxuszug *„Rheingold"* verkehrt unter der neu geschaffenen Gattung *„FFD-Zug"* erstmals zwischen Hoek van Holland und Basel.
Bis zum Jahresende sind rund 1200 km Reichsbahnstrecken elektrifiziert.

1929 Auf der Strecke von London nach Swindon verkehrt mit dem *„Cheltenham Flyer"* der mit einer Reisegeschwindigkeit von fast 107 km/h schnellste fahrplanmäßige Zug der Welt.
Für die amerikanische *Boston & Maine Railroad* baut *Krupp* die mit einer Leistung von 1050 kW derzeit stärkste Diesellok der Welt, sie besitzt einen Sechszylinder-Viertaktmotor und mechanische Kraftübertragung.

1930 8.7. Eröffnung der *Bayerischen Zugspitzbahn*, die als meterspurige Zahnradbahn nach dem System „Riggenbach" von Garmisch-Partenkirchen zur 2650 m hoch liegenden Station Schneefernerhaus führt.

1931 Nach verschiedenen Prototypen beginnt die Serienfertigung der elektrischen Lokomotiven der Baureihe E 44.0, der ersten deutschen laufachslosen Drehgestell-Lok.
Die Reichsbahn entscheidet sich für das induktiv arbeitende Zugsicherungssystem „Indusi", mit dem anschließend etwa 6700 km Strecke und fast 900 Lokomotiven ausgerüstet werden.

1932 Auf der Strecke Berlin – Hamburg wird erstmals eine Reisegeschwindigkeit von 96 km/h erzielt, die Reisezeit beträgt nur noch drei Stunden.
Nummerierung der Fahrplan-Tabellen vereinheitlicht, ein Jahr später gibt die DRG erstmals das *„Amtliche Kursbuch für das Reich"* heraus.

1933 15.5. Auf der Strecke Berlin – Hamburg wird der Dieseltriebwagen-Schnellverkehr mit dem zweiteiligen „Fliegenden Hamburger" SVT 877, später VT 04.0, aufgenommen; die Reisengeschwindigkeit beträgt fast 125 km/h.Die ersten elektrischen Triebwagen der Baureihe ET 65, später 465, werden in Dienst gestellt.
In den USA werden die ersten stromlinienförmigen Dieseltriebzüge des Typs *„Pioneer Zephyr"* für den Schnellverkehr zwischen den Großstädten gebaut.

1934 Mit der BR 61001 wird die erste stromlinienverkleidete Schnellfahr-Tenderlok, zugelassen für 175 km/h, gebaut; eine zweite ähnliche Lok folgt 1939.

1935 Die „Höllentalbahn“ Freiburg – Neustadt wird für den Versuchsbetrieb mit Industriestrom 20.000 V 50 Hz elektrifiziert.
Mit einer großen Ausstellung wird in Nürnberg das Jubiläum „100 Jahre deutsche Eisenbahnen“ gefeiert.

1936 7.4. Zwischen Berlin und Dresden wird der Schnellverkehr mit dem *„Henschel-Wegmann-Zug“*, gebildet aus der Stromlinien-Tenderlok BR 61 und vier windschnittigen Leichtbauwagen, aufgenommen; die Reisezeit beträgt für die 176 km lange Strecke 89 Minuten.

1937 Mit einer Reisegeschwindigkeit von fast 120 km/h liegt der FD-Zug 24 Berlin – Hamburg an der Spitze der Reichsbahnzüge mit Dampftraktion
Als Weiterentwicklung der BR 01 werden die ersten stromlinienverkleideten Dreizylinder-Lokomotiven der BR 01.10 in Dienst gestellt; zwei Jahre später folgt die BR 03.10, eine entsprechende Variante zur Einheitslok BR 03.
1.9. In Frankreich wird die staatliche *Société Nationale de Chemins de Fer Français* (SNCF) gegründet, in der die sechs großen regionalen Bahngesellschaften zusammengefasst werden.

1938 29.8. Die 1890 eröffnete schmalspurige „Müglitztalbahn“ Heidenau – Altenberg wird auf Normalspur umgebaut.
3.7. Die stromlinienförmige *„Mallard“* der britischen LNER erreicht mit fast 203 km/h einen neuen Weltrekord für Dampflokomotiven.

1939 Der Betrieb der schnellen und komfortablen FD- und FDt-Verbindungen wird mit Beginn des Krieges stark reduziert, später ganz eingestellt; auch der FFD „Rheingold“ verkehrt nicht mehr.
Die Deutsche Wehrmacht erhält die ersten dieselelektrischen Doppel-Lokomotiven der Bauart D 311, später V 188, ab 1968 Baureihe 288, die speziell zum Transport der schweren Eisenbahngeschütze konstruiert wurde.

1940 22.4. In Hamburg beginnt die Umstellung des S-Bahn-Netzes von Wechselstrom auf 1200 V Gleichstrom mit seitlicher Stromschiene.
Als Weiterentwicklung der E 93 werden die ersten elektrischen Güterzuglokomotiven der Baureihe E 94 in Dienst gestellt, die neben der E 44 auch im Krieg noch weitergebaut wird.

1941 Die beiden Prototypen der Personenzug-Dampflok BR 23 werden in Dienst gestellt, ein Serienbau unterbleibt, die Konstruktion einer 1`C1`-Personenzuglok wird jedoch nach 1945 von der Bundesbahn und von der Reichsbahn der DDR wieder aufgegriffen.

1942 Die erste Güterzuglokomotive der Kriegsbauart BR 52 wird fertiggestellt, von dieser vereinfachten Version der BR 50 wird bis 1945 die Rekordstückzahl von fast 6300 Maschinen produziert.
Mit den 2`DD2`-Mallet-Lokomotiven der Baureihe 40.000 werden von der *Union Pacific Railroad* in den USA die als *„Big Boy“* bekannt gewordenen größten Dampflokomotiven der Welt in Dienst gestellt.

1943 Die ersten Exemplare der schweren Kriegs-Güterzuglokomotiven der BR 42 werden geliefert, statt der geplanten 5000 Exemplare werden bis zum Kriegsende nur noch 846 Maschinen fertiggestellt.

1944 Die Kriegssituation führt zur verstärkten Reduzierung des zivilen Reiseverkehrs, zum Jahresende werden alle Schnell- und Eilzugverbindungen eingestellt und Reisegenehmigungen nur noch in Ausnahmen erteilt.

1945 Allein in den drei Westzonen sind bei Kriegsende rund 4700 km Bahnstrecken, 3500 Brücken, 71 Tunnels und mehr als 2300 Stellwerke zerstört; der Betrieb wird nur langsam aufgenommen, zunächst mit Zügen für die Besatzungsmächte.

1946 Für den Behörden- und Geschäftsverkehr wird die neue Gattung der „Dienst-D-Züge“ geschaffen.
Im März sind etwa 11.000 Lokomotiven, gut 17.000 Reisezugwagen und

Die 03 1080 im Bahnbetriebswerk Wien-Wesel, 1941.

137.000 Güterwagen wieder betriebsfähig.

1947 Mit dem *„Alpen-Nordsee-Express"* zwischen München und Bremerhaven verkehrt erstmals wieder ein für den zivilen Reiseverkehr zugelassener Zug mit Speise- und Schlafwagen.
Die *Österreichischen Bundesbahnen* (jetzt ÖBB statt BBÖ) werden neu gegründet.

1948 Die Reisegeschwindigkeiten bleiben noch deutlich hinter der Vorkriegszeit zurück, auf der Strecke Bremen – Osnabrück beträgt sie beispielsweise für Personenzüge knapp 37 km/h, zehn Jahr zuvor lag sie bei 50 km/h.

1949 12.5. Nach der Beendigung der Berlin-Blockade verkehrt auf der Transitstrecke über Helmstedt erstmals wieder ein Militärzug der westlichen Alliierten.
7.9. Nach der Gründung der Bundesrepublik wird die *Deutsche Bundesbahn* (DB) zur Nachfolgerin der Deutschen Reichsbahn in Westdeutschland erklärt.
Die Eisenbahn in der DDR behält den Namen *Deutsche Reichsbahn* (DR), ihr werden die mehr als 100 inzwischen verstaatlichten Privatbahnen angeschlossen.

1950 15.5. Auf der ersten nach dem Krieg elektrifizierten Fernstrecke Nürnberg – Regensburg wird der Betrieb aufgenommen.
Die „Deutsche Schlaf- und Speisewagen-Gesellschaft" (DSG) wird als Tochterunternehmen der DB gegründet; ihr Gegenstück in der DDR behält den Traditionsnamen MITROPA.

1951 20.5. Der *„Rheingold"* wird als F 163/164 zwischen Hoek van Holland und Basel SBB wieder eingeführt, zum Einsatz kommen überarbeitete, einheitlich blau lackierte Schürzenwagen der Bauart 1938 mit allen drei Wagenklassen.
Das Geschäftsjahr 1951 bringt der Bundesbahn mit einem Gewinn von fast 72 Millionen Mark letztmals ein positives wirtschaftliches Ergebnis.

1952 2.6. Der Reisezugverkehr von Westberlin in die DDR wird von der Reichsbahn eingestellt, damit werden der Anhalter Bahnhof und andere Fernbahnhöfe stillgelegt und später abgerissen.
Zur Ergänzung des *„Rheingold"* wird der F 9/10 *„Rheinpfeil"* eingeführt, er hat nur die 1. und 2. Wagenklasse und übernimmt im Jahr darauf Namen und Route des „Rheingold".

1953 Der *„Helvetia-Express"* Ft 78/77 Frankfurt – Zürich nimmt mit den neuen Diesel-Triebzügen der Baureihe VT 08.5 den internationalen Schnellverkehr auf, eine Art Vorläufer der späteren TEE.

1954 In einigen Großstadt-Bahnhöfen werden Gepäck-Schließfächer aufgestellt.
Das Entwicklungsprogramm für Neubau-Diesellokomotiven umfasst neben den Baureihen V 80 und V 200 die Rangierloks Köf II, V 60 und V 65 sowie die Streckenlokomotiven V 160 und V 320.

1955 5. 5. Fertigstellung der Elektrifizierung Stuttgart – Heidelberg über Mühlacker; gleichzeitig wird der neue Heidelberger Hauptbahnhof als Ersatz des früheren Kopfbahnhofs in Betrieb genommen.
Die Deutsche Bundesbahn führt das von dem Münchener Grafiker Prof. *Eduard Ege* entworfene DB-Signet ein.

1956 Die bisherige Differenzierung in lokbespannte F-Züge und Ft-Triebzüge wird auf die Gattung „F-Zug" reduziert; nach der Wagenklassen-Reform führen sie nur noch die 1. Klasse.
Als erste Neubau-Elektrolokomotive des Typenprogramms von 1954 wird die E41, später Baureihe 141, geliefert, sie hat wie die anderen Neubau-Lokomotiven Gummiringfeder-Antrieb und ist für den Einsatz im Nahverkehr mit Wendezugsteuerung ausgestattet.

1957 2.6. Im neugeschaffenen TEE-Netz stellt die Bundesbahn zunächst die vier Zugpaare *„Helvetia"* (Hamburg –

Siebenteiliger Dieseltriebzug Reihe VT 115 der Deutschen Bundesbahn für den TEE-Dienst.

1962 in Dienst gestellt, war die E 11 die erste neu entwickelte Elektrolok der DDR.

Zürich), *„Paris-Ruhr“* (Dortmund – Paris), *„Rhein-Main“* (Frankfurt – Amsterdam) und *„Saphir“* (Frankfurt – Ostende).

1958 1.6. Die Höchstgeschwindigkeit für die TEE und einige F-Züge wird von 120 auf 140 km/h heraufgesetzt.
17.11. Auf der Rheinstrecke wird von Basel bis Köln der durchgehende elektrische Betrieb eröffnet.

1959 Der TEE 78 *„Helvetia“* Hamburg – Zürich erreicht als schnellster Zug der Bundesbahn eine Reisegeschwindigkeit von mehr als 100 km/h.
Die Personenzuglok 23105 wird am Jahresende als letzte neue Dampflokomotive der Bundesbahn in Dienst gestellt.
Die Bundesbahn beschafft zur Erprobung der Beförderung kompletter Lkw-Züge, den so genannten Huckepackverkehr, den ersten Niederflurwagen.

1960 20.5. Die Höllental- und die Dreiseenbahn werden vom bisherigen Versuchsbetrieb mit 20000 V 50 Hz Industriestrom auf den normalen Betrieb mit 15000 V $16^2/_3$ Hz umgestellt.
29.5. Die Strecke Darmstadt – Aschaffenburg wird elektrifiziert.

1961 13.8. Mit dem Bau der Mauer in Berlin werden die auch weiterhin von der Reichsbahn betriebenen S-Bahn-Strecken im Westteil der Stadt vom Ost-Netz getrennt.
Mit der 5400 km langen Verbindung zwischen Moskau und dem Baikalsee wird die längste elektrifizierte Fernstrecke der Welt fertiggestellt.

1962 Mit neuem Wagen-Material und der erstmals seit 1939 wieder zugelassenen Spitzengeschwindigkeit von 160 km/h wird der F9/10 *„Rheingold“* wieder zum Flaggschiff der Bundesbahn. Lokomotiven und Wagen erhalten die neue Farbkombination dunkelblau/elfenbein.

1963 14. 5. Mit der Fährverbindung von Puttgarden zum dänischen Rødbyhavn wird die *„Vogelfluglinie“* genannte Eisenbahnverbindung nach Skandinavien eröffnet.
26.5. Der F9 *„Rheingold“* wird mit einer Reisegeschwindigkeit von 136,5 km/h auf dem Abschnitt Karlsruhe – Freiburg schnellster fahrplanmäßiger Zug Europas.

1964 Die ersten Diesellokomotiven der Baureihe V 90, später 290/291, werden als schwerste Rangierlokomotiven der Bundesbahn in Dienst gestellt.
Als erste Strecke des japanischen *„Shinkansen“*-Schnellbahnnetzes der JNR wird die neue „Tokaido-Bahn“ Tokio – Osaka eröffnet; die auf ihr verkehrenden normalspurigen *„Hikari“*-Triebzüge fahren mit max. 210 km/h, damit besitzt Japan die schnellste fahrplanmäßige Bahnverbindung der Welt.

1965 30.5. Der bisherige F 9/10 *„Rheingold“* wird in das TEE-Netz integriert und über Basel hinaus bis Genf verlängert; gleichzeitig werden weitere TEE von Dieseltriebwagen auf lokbespannte Züge umgestellt und erstmals auch nicht grenzüberschreitende F-Züge in das TEE-Netz übernommen.

1966 Durch die fortschreitende Elektrifizierung werden für mehr als ein Drittel der Schnellzüge Höchstgeschwindigkeiten von mehr als 120 km/h möglich, zwei Jahre später sind es bereits rund 50%.

1967 Für die Triebfahrzeuge wird ein neues Nummern-System festgelegt, das sich aus einer dreistelligen Baureihen-Nr., einer Ordnungs-Nr. und einer Kontroll-Ziffer für die elektronische Datenverarbeitung zusammensetzt.

1968 Bei Buchholz/Nordheide feiert die Bundesbahn ihren 8000. elektrifizierten Streckenkilometer, die wichtigsten Hauptstrecken sind damit komplett „unter Draht“.
Bei der SNCF beginnt die Erprobung des Gasturbinen-Antriebs mit einem zweiteiligen Triebwagen, Vorläufer des späteren *„Turbotrain“* der Bauart RTG.

1969 Der traditionelle Begriff „Personenzug“ wird offiziell durch die Be-

Am 17. Oktober 1984 erreichte die E-Lok der Baureihe 120 mit 265 km/h. den Geschwindigkeitsweltrekord für Drehstrom-Lokomotiven.

zeichnung „Nahverkehrszug“ ersetzt. Schnellster Zug der Bundesbahn ist der F13 *„Porta Westfalica“*, der auf der Strecke Köln – Hannover eine Reisegeschwindigkeit von 120 km/h erreicht.

1970 11.12. Die Elektrifizierung der Strecke Hamm/Unna – Soest – Altenbeken – Kassel wird fertiggestellt, damit sind etwa 25.000 Gleiskilometer des DB-Netzes elektrifiziert.
Die ersten Serienlokomotiven der Baureihe 103, mit einer Stundenleistung von 7780 kW die stärkste Bauart der Bundesbahn, werden in Dienst gestellt.

1971 26.9. Das *„Intercity-System“* mit erstmals im Zweistunden-Rhythmus verkehrenden Schnellzügen 1. Klasse wird eingeführt.
Messerschmidt-Bölkow-Blohm stellt auf einer kurzen Teststrecke das erste Magnetschwebe-Fahrzeug der Welt vor.

1972 16.3. Der Frankfurter Rhein-Main-Flughafen wird als erster in Deutschland mit einer unterirdischen Bahnstation an den Schienenverkehr angeschlossen.

1973 3.6. Das Intercity-B-Netz zweiklassiger City-D-Züge (DC) ergänzt die vier Linien des A-Netzes; auf weiteren Strecken werden IC-Anschlusszüge eingerichtet.
13.9. Bei einer Versuchsfahrt erreicht die Elektrolok 103118 auf der für Schnellfahrversuche ausgebauten Strecke Neubeckum – Gütersloh mit 252,9 km/h neuen deutschen Rekord für Schienenfahrzeuge.

1974 Als Weiterentwicklung der Baureihe 110 wird die erste elektrische Lokomotive der Baureihe 111 geliefert, bei der vor allem Drehgestelle und Führerstände neu konzipiert sind.

1975 28.9. Mit der Elektrifizierung der Schwarzwaldbahn Offenburg – Villingen sind rund 10.000 Strecken-Kilometer der Bundesbahn „unter Draht“, 1949 waren es erst 1500 km.
Das Magnetschwebe-Fahrzeug *„Transrapid 04“* erreicht bei Tests die Rekordgeschwindigkeit von fast 206 km/h.

1976 30.5. Auf der Intercity-Linie 4 München – Bremen verkehren die ersten IC-Züge auch mit Wagen 2. Klasse.
Die italienische FS stellt mit dem ETR 400 *„Pendolino“* einen für maximal 250 km/h konstruierten Schnelltriebzug für die „Direttissima“ Rom – Florenz in Betrieb.

1977 26.10. Bei der Bundesbahn wird die Dampftraktion endgültig eingestellt, die letzten Züge verkehren mit Lokomotiven der BR 042 und 043 zwischen Rheine und Emden.

1978 28.5. Zwischen Köln und Hamburg verkehren im Vorgriff auf das System *„Intercity 79“* bereits alle IC mit beiden Wagenklassen und im Stundentakt; im Zuge der Umstellung fahren auch erstmals zwei nationale TEE mit Wagen 2. Klasse.
Der erste französische *„Train à Grande Vitesse“* (TGV) der Serienausführung mit Elektroantrieb wird in Betrieb genommen und auf verschiedenen Strecken erprobt.

1979 27.5. Das Intercity-System *„IC 79“* mit im festen Stundentakt auf vier Linien verkehrenden Zügen 1. und 2. Klasse wird im Rahmen eines geplanten *„Integrierten Bedienungssystems“* (IBS) eingeführt.
30.9. auf der Strecke Donauwörth – Ingolstadt wird der elektrische Betrieb aufgenommen.
Auf der *Internationalen Verkehrsausstellung* (IVA) in Hamburg verkehrt auf einer Vorführstrecke das Magnetschwebe-Fahrzeug *„Transrapid 05“*.

1980 28.9. Die 200 km/h-Strecken der Bundesbahn werden um den Abschnitt Brackwede – Hamm erweitert.
13.8. Die Vorserien-Lok 120002 erreicht auf der Strecke Celle – Uelzen mit 231 km/h einen neuen Weltrekord für Drehstrom-Fahrzeuge, der seit 1903 bei 210,2 km/h lag.

1981 Mit den drei letzten Maschinen der Baureihe 169 wird die älteste elektrische Lokomotive der Bundesbahn außer Dienst gestellt, sie stammt aus dem Jahre 1909.
Krupp baut für die USA mit einem 36achsigen Tragschnabelwagen das größte Schienenfahrzeug der Welt; es ist 92 m lang und hat eine Tragkraft von 807 t.

1982 27.3. Zwischen Düsseldorf und dem Frankfurter Flughafen nehmen die von der Lufthansa gemieteten Schnelltriebzüge der Baureihe 403/404 als *„Airport Express"* den Betrieb auf.
23.5. Im neuen Sommerfahrplan gibt es nur noch sieben TEE-Verbindungen im Bereich der Bundesbahn, davon sind nur drei echte internationale Züge.

1983 Mit Ausnahme des „Rheingold", der einen in Mannheim abzweigenden Flügelzug nach München erhält, werden alle restlichen deutschen TEE eingestellt oder in IC umgewandelt.
Im Zuge der Neubaustrecke Hannover – Würzburg wird bei Gemünden die längste Spannbeton-Eisenbahnbrücke der Welt fertiggestellt, ihr Mittelteil hat eine Weite von 135 m.

1984 3.6. Das *„InterCargo"* genannte System von 88 Nacht-Güterzügen, zur Bedienung von mehr als 1000 Bahnhöfen des Bundesgebietes, wird eingeführt.
17.10. Mit 253 km/h erreicht zwischen Augsburg und Donauwörth die Prototyplok 120001 neuen deutschen Rekord und neuen Weltrekord für Drehstromfahrzeuge.
1985 26.11. 1. offizielle Fahrt des InterCity Experimental (ICE)
Unter der Bezeichnung „IC 85" wird das Intercity-Netz der Bundesbahn auf fünf Linien erweitert und die Durchschnittsgeschwindigkeit von 100 auf etwa 108 km/h erhöht, so verkürzt sich die Fahrzeit von Hamburg nach München um fast eine Stunde.

1986 1.6. Das Fährschiff *„Karl Carstens"* ist auf der Vogelfluglinie im Einsatz.
1.9. Albanien erhält in Hani i Hotit Verbindung mit dem übrigen europäischen Bahnnetz.
13.11. Der DB-Vorstand beschließt ein neues Farbkonzept für die Züge.

1987 13.1. Die 1. Serienlokomotive der Baureihe 120 wird abgeliefert.
1.4. Die Japanischen Staatsbahn JNR wird in sechs privatrechtliche Gesellschaften für Personen- und eine für Güterverkehr aufgeteilt.
25.10. Der 1. InterRegio nimmt den Betrieb auf.
15.12. Der Berliner Ostbahnhof wird in Berlin Hbf umbenannt.

1988 13.3. Der Seikantunnel in Japan, mit rund 50 km längster Eisenbahntunnel der Welt, wird in Betrieb genommen. (Kapspur)
27.5. Der erste Neubauabschnitts Fulda – Würzburg wird eröffnet.
24.9. Eine Dampflokomotive bei der Reichsbahn in der DDR hat ihre offiziell letzte Fahrt.

1989 1.3. Kurs´90 (Pilot-Fka Gießen und Wiesbaden Hbf) wird eingeführt.
19.7. Das Bundeskabinett entscheidet sich für die rechtsrheinische Trassenführung der Neubaustrecke Köln – Rhein/Main.
24.9. Der TGV Atlantique Paris – Le Mans und Tours wird eröffnet.

1990 22.3. Der Bundesrat stimmt einer Änderung der EBO zu und schafft damit die rechtlichen Voraussetzungen für den Hochgeschwindigkeitsverkehr.
2.6. Die Deutschen Bahnen geben ein gemeinsames Kursbuch heraus.

1992 1.4. Die Aufgaben der Bahnpolizei gehen auf den Bundesgrenzschutz über.
21.4. Die Hochgeschwindigkeitsstrecke Madrid – Sevilla, mit 471 km längste Europas, wird eröffnet.
31.5. Die Strecke Dirretissima Florenz – Rom ist nach 23 Jahren Bauzeit durchgehend fertig.

1993 17.2. Die Bahnreform wird vom Bundeskabinett verabschiedet.

Aus der Deutschen Bundesbahn und der Deutschen Reichsbahn wurde 1994 die Deutsche Bahn AG gegründet.

13.9. Auf der Strecke München – Augsburg – Donauwörth werden Doppelstockwagen eingesetzt (Eröffnungsfahrt am 10.9.).
17.12. Der Bundesrat stimmt einer Bahnreform mit 61:7 Stimmen zu.
31.12. Zusammenführung der Deutschen Bundesbahn und der Deutschen Reichsbahn.

1994 1.1. Die Deutsche Bahn AG wird gegründet.
1.4. Die unter Margret Thatcher eingeleitete Privatisierung der Britischen Staatsbahn tritt in Kraft.
6.5. Der Kanaltunnel zwischen Frankreich und Großbritannien wird eröffnet.
8.5.Die TGV-Strecke wird durchgehend von Paris bis Calais in Betrieb genommen.

1995 1.1. Die S-Bahn Berlin wird selbständige GmbH.
13.12. Baubeginn der Gesamtstrecke mit „erstem Spatenstich" am Frankfurter Kreuz.

1996 27.11.Der erste neue S-Bahnzug 474 wird in Hamburg vorgestellt.

1997 13.5. Start des Baubeginns für die Neubaustrecke Köln – Rhein/Main in Nordrhein-Westfalen am Bf Siegburg.
1.6. Der Eisenbahnverkehr auf der festen Verbindung über den Großen Belt in Dänemark wird eröffnet.

1998 12.3. Der Berlin Alexanderplatz wird nach Umbau wiedereröffnet.
Das ICE-Werk Berlin-Rummelsburg nimmt ihren Betrieb auf.
15.9. Die Neubaustrecke Berlin – Hannover wird von Bundeskanzler Dr. Helmut Kohl eröffnet.
Der 1. ICE wird „Claus Graf Stauffenberg" getauft.
27.9. Die Neubaustrecke Berlin – Hannover nimmt ihren Betrieb auf.
25.10. Rekordfahrt eines ICE von Frankfurt (Main) – Berlin Zoo über 611 km in 3Std. 18Min. (> 185 km/h)

1999 15.4. Der ICE-Neigezug (ICE T) von Stuttgart – Horb hat seine erste Fahrt.
27.5. Erste Fahrt des ICE T zum Flughafen Frankfurt Fernbahnhof.

2000 16. 5. Neuer Name der GdED: TRANSNET Gewerkschaft GdED
1.7. Eröffnung der festen Verbindung über den Öresund zwischen Kopenhagen und Malmö.
5.11. Die 1.Klasse, in der S-Bahn Hamburg, wird abgeschafft.

2001 7.6. Eröffnung des TGV-Méditerranée Valence – Marseille.
22.6. Eröffnungsfahrt CIR-ELKE-Pilotstrecke Karlsruhe – Basel (Sonderzug Frankfurt - Freiburg) Alcatel SEL.
28.6. Die Donaubrücke für die Neubaustrecke in Ingolstadt ist fertiggestellt.

2002 1.1. Die DB Cargo übernimmt 20% des Aktienkapitals von BLS Cargo (Schweiz).
31.12. Offizielle Jungfernfahrt des Transrapid in Schanghai.

2003 1.8. Das neue Preissystem wird in wesentlichen Punkten korrigiert.
1.9. Die DB Cargo wird Railion Deutschland.
14.10. Der Kunststoffverbund-Bremssohlen (K-Sohlen) für Güterwagen wird vom Internationalen Eisenbahnverband UIC unbefristet zugelassen.

2004 15.1. Die Strecke Alice Springs – Darwin in Australien wird eröffnet.
13.6. Flughafenanbindung Köln/Bonn wird in Betrieb genommen.
12.12. Die Strecke Hamburg – Berlin wird als Ausbaustrecke mit 230 km/h in Betrieb genommen.

2005 17.2. Kw Reichenhall: Restwasserturbine Kibling nimmt den Betrieb auf.
18.10. Bei einem Großbrand in einem Nürnberger Depot der Deutschen Bahn werden 24 historische Lokomotiven zerstört. Der Schaden wird auf 50 Millionen Euro geschätzt.

2006 Nach fünf Jahren Bauzeit hat China Ende Juni die höchste Eisenbahnlinie der Welt durch das Hochland Tibets eingeweiht. Der Zug startete aus dem 2.800 Meter hoch gelegenen Golmund Richtung Tibets Hauptstadt Lhasa. Die Bahnlinie steigt auf eine Höhe von über 5.000 Metren über den Meeresspiegel und damit rund 200 Meter höher als die Lima-Huancayo-Linie in Peru.
22.9. Auf der Transrapid-Versuchsanlage Emsland ereignete sich ein schwerer Unfall bei dem 23 Menschen starben und zehn weitere verletzt wurden.

2007 Ein Konsortium von Bombardier Alstom hat einen Auftrag von der französischen Staatsbahn(SNCF) über 51 elektrische Triebzüge bzw. 165 Wagen vom Typ TER 2N NG erhalten. Der Gesamtauftrag hat einen Wert von 322 Millionen Euro. Der TER 2N NG ist ein doppelstöckiger elektrischer Regionalzug, der eine Höchstgeschwindigkeit von 160 km/h erreicht.
Die spanische Eisenbahngesellschaft Renfe nahm den von Siemens entwickelten Hochgeschwindigkeitszug Velaro E (Renfe BR 103) am 22. Juni offiziell in Betrieb. Der 200 Meter lange Triebzug erreicht eine Höchstgeschwindigkeit von 350 km/h.

2008 Nach der Entgleisung eines ICE 3 in Köln am 9.7 wurden die Laufkilometergrenzwerte zwischen zwei Laufwerksuntersuchungen bei Triebzügen der Baureihen 403, 406, 411 und 415 mehrmals herabgesetzt.
Nach dem Aus für die Strecke zwischen dem Münchner Hauptbahnhof und dem Münchner Flughafen beschlossen die Hersteller (Siemens und ThyssenKrupp) am 8. Mai die Auflösung des Gemeinschaftsunternehmens Transrapid International zum 1. Oktober 2008.

INDEX

Bildnachweis:
AEG-Telefunken; BBC Mannheim; Bergbau-Museum Bochum; British Transport Museum; Deutsche Bahn; Deutsche Gesellschaft für Eisenbahngeschichte; Deutsches Museum München; Französische Staatsbahnen; Historisches Museum Basel; Illustrated London News; Krauss-Maffei AG; Friedrich Krupp GmbH, MAN Maschinenfabrik Augsburg-Nürnberg; Maschinenfabrik Oerlikon/BBC; Messerschmitt-Bölkow-Blohm; Österreichische Bundesbahn; Österreichisches Eisenbahnmuseum Wien; Sammlung Rossberg; Schweizerische Bundesbahnen; Schweizerische Lokomotiv- und Maschinenfabrik Winterthur; Science Museum London; Siemens AG; ThyssenKrupp Transrapid; Ungarische Staatsbahnen; Union Pacific Railroad Company; Verkehrsmuseum Nürnberg. Da einige Vorlagen nicht eindeutig zugeordnet werden können, werden berechtigte Honoraransprüche selbstverständlich abgegolten.

Lieferbare Titel aus dem Otus Verlag: **www.otus.ch**

Herstellung und Organisation: Dr. Christian Zentner, München
Texte: Sebastian Krass
Umschlaggestaltung: Paul Zentner
Layout: Petra Obermeier, München

ISBN 978-3-907200-51-3